निबन्धों की दुनिया

प्रेमचन्द

निबन्धों की दुनिया

प्रेमचन्द

प्रधान सम्पादक

निर्मला जैन

सम्पादक

रेखा सेठी

वाणी प्रकाशन

प्रकाशन के उत्कृष्टतम 63 वर्ष

सजिल्द पहला संस्करण : 2012
सजिल्द दूसरा संस्करण : 2026

vaniprakashan.com

वाणी प्रकाशन
4695, 21-ए, दरियागंज, नयी दिल्ली-110 002
फ़ोन : + 91 11 23273167, 23275710
शाखाएँ
अशोक राजपथ, पटना-800 004, बिहार
कॉफ़ी हाउस कैम्पस, महात्मा गांधी मार्ग, प्रयागराज-211 001, उत्तर प्रदेश
महात्मा गांधी अन्तरराष्ट्रीय हिन्दी विश्वविद्यालय, वर्धा-442 001, महाराष्ट्र
sales@vaniprakashan.in
vaniprakashan@gmail.com

Nibandhon Ki Duniya : Premchand
Chief Editor : Nirmala Jain
Editor : Rekha Sethi
ISBN : 978-93-5072-164-3
Literary Essays

मूल्य : ₹495

जी.एस. ऑफ़सेट, दिल्ली-110 095 में मुद्रित
वाणी प्रकाशन का लोगो मक़बूल फ़िदा हुसैन की कूची से

अनुक्रम

प्रेमचन्द

प्रेमचन्द का रचना-कर्म साहित्य और जीवन की दूरी पाटने की मुहिम है। उनका समस्त लेखन अपने परिवेश के प्रति जागरूक, उस रचनाकार की अभिव्यक्ति है जिसके विचारों में सत्य की ऊर्जा है और दृष्टि में परिवर्तन की चाह। वे आजीवन मानते रहे कि साहित्य वह मशाल है जिसकी रोशनी सामाजिक जीवन की राहों में उजाला करती है। वह समाज का अनुसरण ही नहीं करती बल्कि उसका दिशानिर्देश करती है। साहित्य का आदर्श स्थापित करते हुए उन्होंने लिखा—"जिस साहित्य से हमारी सुरुचि न जागे, आध्यात्मिक और मानसिक तृप्ति न मिले, हम में शक्ति और गति न पैदा हो, हमारा सौन्दर्य-प्रेम न जाग्रत हो—जो हम में सच्चा संकल्प और कठिनाइयों पर विजय पाने की सच्ची दृढ़ता न उत्पन्न करे, वह आज हमारे लिए बेकार है, वह साहित्य कहाने का अधिकारी नहीं।" प्रेमचन्द का साहित्य जीवन के उच्चादर्शों, सामाजिक सचाइयों, राष्ट्रीय-सांस्कृतिक एकता के गौरवपूर्ण बिन्दुओं से झलमलाता है। सुलझी हुई सामाजिक समझ और मानवीय गरिमा के उन्नयन की बेचैनी, उन्हें हम सबका अपना लेखक बनाती है जिन पर न केवल हिन्दी साहित्य को बल्कि समूची भारतीय परम्परा को नाज़ है।

31 जुलाई, 1880 को प्रेमचन्द का जन्म बनारस के पास लमही नामक गाँव में हुआ। माँ की असमय मृत्यु, विमाता द्वारा की गयी उपेक्षा और तिरस्कार से जूझते हुए, उनका बाल-जीवन आर्थिक कठिनाइयों में गुज़रा लेकिन साथ ही बालपन की फ़क्कड़ाना मस्ती को भी उन्होंने भरपूर जिया। वे एक मौलवी साहब के यहाँ उर्दू-फारसी पढ़ने जाते थे। उनकी आरम्भिक शिक्षा इसी रूप में हुई। अनेक ऐसे संस्मरण मिलते हैं जिनमें प्रेमचन्द ने यह ज़िक्र किया है कि वे मौलवी साहब के यहाँ जाने की बजाय खुले खेतों में खेलते फिरते थे। यहाँ-वहाँ खेलते हुए भटकना उनकी बचपन की स्पृहणीय स्मृतियों में रहा। बचपन की इस स्वतन्त्रता को बेमेल विवाह की बेड़ियों में क़ैद कर दिया गया। इसी बीच पिता की भी मृत्यु हो गयी। ज़िम्मेदारियों का बोझ बढ़ता गया। जैसे-तैसे मैट्रिक पास किया और फिर बाद में बी.ए. की डिग्री प्राप्त की। 1906 में सामाजिक परिवर्तन के

अग्रदूत बनकर उन्होंने बाल विधवा शिवरानी देवी से विवाह कर लिया। जीविकोपार्जन के लिए वे कई वर्ष अध्यापक और स्कूलों के इंस्पेक्टर रहे। महात्मा गाँधी की पुकार पर अनेक भारतवासियों की तरह उन्होंने भी सरकारी नौकरी छोड़ दी और फिर पूरी तरह लेखन के प्रति समर्पित हो गये।

लेखन की शुरुआत प्रेमचन्द ने उर्दू भाषा से की। उनका असली नाम धनपतराय था पर जब उन्होंने लेखन की दुनिया में कदम रखा तब बचपन में प्यार से दिये गये नाम 'नवाब' को अपनाया और नवाबराय हो गये। 1907 में उनका पहला कहानी संग्रह 'सोज़ेवतन' प्रकाशित हुआ। देशभक्ति से लबालब भरी इस संग्रह की कहानियों पर अंग्रेज़ सरकार की वक्र दृष्टि पड़ी। पुस्तक की प्रतियाँ ज़ब्त कर ली गयीं और लेखक से जवाब तलब किया गया। आगे लिखने के लिए प्रेमचन्द को नवाबराय नाम छोड़ देना पड़ा। इसके बाद वे 'प्रेमचन्द' नाम से लिखने लगे। आरम्भिक दौर में प्रेमचन्द ने अपनी सभी रचनाओं के पहले प्रारूप उर्दू में लिखे जबकि उनके हिन्दी रूप ही पहले प्रकाशित हुए। हिन्दी लेखक के रूप में उनकी लोकप्रियता इतनी बढ़ी कि 'रंगभूमि' उपन्यास के लेखन के बाद वे पूरी तरह हिन्दी में ही लिखने लगे। उनके यहाँ भाषा का आदर्श हिन्दी-उर्दू का मिला-जुला रूप रहा जिसे उन्होंने हिन्दुस्तानी कहा। उन्होंने कुल पन्द्रह उपन्यास और तीन-सौ से अधिक कहानियाँ लिखीं।

प्रेमचन्द के आरम्भिक उपन्यासों में 'प्रेमा', 'वरदान', 'प्रतिज्ञा' उल्लेखनीय हैं। 'सेवासदन' के प्रकाशन से उन्हें उपन्यासकार रूप में प्रतिष्ठा मिली। इसके बाद 'प्रेमाश्रम' 'निर्मला', 'रंगभूमि', 'कायाकल्प', 'गबन', 'कर्मभूमि', 'गोदान' और 'मंगलसूत्र' (अपूर्ण) की रचना कर प्रेमचन्द हिन्दी साहित्य में अमर हो गये।

प्रेमचन्द की कहानियाँ भी अपना प्रतिमान स्वयं है। 'पंच परमेश्वर', 'नमक का दारोगा', 'शतरंज के खिलाड़ी', 'सद्‌गति', 'सवा सेर गेहूँ', 'ठाकुर का कुआँ', 'पूस की रात', 'कफ़न' आदि अनेक कहानियाँ उनकी ख्याति का आधार हैं। ये कहानियाँ बदलते समय के साथ अपनी प्रासंगिकता सिद्ध करती रही हैं। उनके अनेक पाठ किये गये। उन्हें विभिन्न दृष्टि-बिन्दुओं से पढ़ा गया। यही उनकी गतिशीलता एवं जीवन्तता का प्रमाण है। प्रेमचन्द की सभी कहानियाँ 'मानसरोवर' के आठ भागों में संकलित हैं।

कथा-साहित्य के अतिरिक्त प्रेमचन्द ने 'कर्बला' नाम का एक नाटक भी लिखा। कुछ अनुवाद किये, बाल-साहित्य लिखा और 'माधुरी', 'जागरण' एवं 'हंस' का सम्पादन किया। बीच-बीच में 'ज़माना' तथा 'मर्यादा' नामक पत्रिकाओं का सम्पादन-भार भी ग्रहण किया। सामाजिक टकराहट के उस दौर में प्रेमचन्द ऐसे लेखक बनकर उभरते हैं जिन्हें अपने समय की धड़कन की बखूबी पहचान है। सामाजिक-राजनीतिक मुद्‌दों पर उनकी सक्रिय सोच है। गतिशीलता और परिवर्तन

में उनका अथक विश्वास है। अपनी कलम को वह सामजिक परिवर्तन का माध्यम मानते हैं और अपने लेखन से मनुष्य का सोया देवत्व जगाने की चेष्टा करते हैं।

प्रेमचन्द ने कभी व्यवस्थित ढंग से निबन्ध नहीं लिखे फिर भी 'निबन्धों की दुनिया' शृंखला में उन्हें शामिल करने के पीछे यह आग्रह रहा कि अपने समय के इस महत्त्वपूर्ण लेखक के वैचारिक क्षितिज को टटोला जाए। प्रेमचन्द का कथा-साहित्य अपने युग और समाज का आईना है। उनके लिए राजनीतिक पराधीनता युग की सबसे बड़ी सच्चाई है। उस पर तरह-तरह की ऊँच-नीच, जाति-व्यवस्था, धर्म-संस्कारों, रूढ़ियों से बँधे समाज की कराह उनकी लगभग हर कृति में सुनाई पड़ती है। अनुभूति की जो तपिश उनके कथा-साहित्य में है वही उनके वैचारिक साहित्य में भी है। परिस्थितियों की विकटता झेलते उनके पात्र लेखकीय सहानुभूति से सिरजे गये हैं। अपनी कहानियों-उपन्यासों में प्रेमचन्द दीन दुखियों के वकील बनकर आते हैं। अपने वैचारिक साहित्य में भी वे उन्हीं मुद्दों को सामाजिक राजनीतिक स्तर पर उठाते हैं। उनके लिखे लेख, सम्पादकीय टिप्पणियाँ अपने युग के ज्वलन्त सवालों को पूरी प्रखरता के साथ अभिव्यक्त करती हैं। यह प्रेमचन्द की महानता का सबूत है कि उनके चिन्तन और रचनात्मक जगत में एकरूपता दिखाई पड़ती है। गरीब, दमित जनता के प्रति सहानुभूति तथा औपनिवेशिक सामन्तवाद एवं महाजनी सभ्यता का विरोध जिस तरह उनके कथा-साहित्य का प्रमुख स्वर है उनके वैचारिक स्रोत का भी प्रमुख आधार वही है। 'प्रगतिशील लेखक संघ' के सभापति पद से भाषण देते हुए प्रेमचन्द ने साहित्यिक सोद्देश्यता को साहित्य-आस्वाद की कसौटी बनाकर प्रतिष्ठित किया। यह चिन्तनधारा साहित्य में युगान्तर प्रस्तुत करती है। उनके ऐसे भाषण, लेख, सम्पादकीय, कहानी संग्रहों की भूमिकाएँ—सब में अनेक ऐसे सन्दर्भ प्रस्तुत हैं जिनमें उनके विचार तत्कालीन समय-समाज और साहित्यिक रूझानों पर ही केन्द्रित नहीं रहते बल्कि परवर्ती युगों की साहित्यिक समझ का आधार भी बनते हैं। उनके दृष्टिकोण को व्याख्यायित करने वाली ऐसी अनेक रचनाएँ किसी वैचारिक निबन्ध से कम नहीं हैं। प्रस्तुत संकलन के लिए ऐसी ही रचनाओं को चुना गया है।

वैचारिक मन्थन की दृष्टि से प्रेमचन्द के विचारों की दो स्पष्ट श्रेणियाँ हैं—साहित्य सम्बन्धी तथा तत्कालीन समाज और राजनीति से सम्बन्धित। जिस समय प्रेमचन्द ने साहित्य की दुनिया में कदम रखा तब साहित्यिक माहौल पूरी तरह तिलस्मी-ऐय्यारी कथा-कहानियों से लैस था। प्रेमचन्द ने यह तस्वीर बदलनी चाही। उन्होंने कहा "साहित्य का लक्ष्य केवल महफिल सजाना और मनोरजंन का सामान जुटाना नहीं है—उसका दरजा इतना न गिराइए। वह देश-भक्ति और राजनीति के पीछे चलनेवाली सच्चाई भी नहीं, बल्कि उनके आगे मशाल दिखाती हुई चलनेवाली सच्चाई है।" प्रेमचन्द साहित्य का नया सौन्दर्यशास्त्र रच रहे थे।

उन्होंने आग्रह किया कि हमें सुन्दरता की कसौटी बदलनी होगी। उनके सम्मुख उस आदर्श समाज और राष्ट्र की परिकल्पना है जहाँ किसी को दूसरे के श्रम पर मोटे होने का अधिकार नहीं है और इसके लिए वे साहित्य से अपेक्षा करते हैं कि वह हर दलित, पीड़ित या वंचित व्यक्ति और समूह की हिमायत करते हुए समाज की न्याय वृत्ति को जगाए। प्रेमचन्द का लेखन शोषितों-पीड़ितों के लिए समतामूलक समाज की स्थापना का अभियान है। साहित्य की उपयोगितावादी दृष्टि को तरजीह देते हुए प्रेमचन्द साहित्य को बहुत बड़ा दायित्व सौंपते हैं। उसका लक्ष्य 'जीवन का परिष्कार और विकास' है। वह अपने युग का सबसे प्रामाणिक इतिहास होते हुए भी केवल सत्य का अनुगामी नहीं हो सकता, उसे तो अपने शब्दों-भावों की ताकत से मनुष्य की मानवता और समाज की न्याय भावना को जाग्रत करना है। प्रेमचन्द के साहित्य में आदर्श और यथार्थ के द्वन्द्व का उत्स उनकी इन्हीं धारणाओं में छिपा है।

'मानसरोवर', 'गल्प-रत्न', 'प्रेमचन्द की सर्वश्रेष्ठ कहानियाँ', 'प्रेम-द्वादशी' आदि कहानी-संग्रहों की भूमिका लिखते हुए प्रेमचन्द ने कहानी-कला पर गम्भीरतापूर्वक विचार किया। कहानी कला–(1), (2), (3)–इन तीन निबन्धों में कहानी के उद्देश्य, स्वरूप और भारतीय सन्दर्भ में उसके विकास की रेखाओं को उकेरा गया है। ये तीनों निबन्ध प्रस्तुत रूप में 'साहित्य का उद्देश्य' के अन्तर्गत संकलित हैं। यहाँ प्रस्तुत विचार लगभग वही हैं जो कहानी संग्रहों की भूमिकाओं में हैं। कहीं-कहीं पुनरावृत्ति भी हुई है लेकिन प्रेमचन्द की कथा-दृष्टि को समग्रता में समझने के लिए तीनों निबन्धों को लेना आवश्यक लगा।

प्रेमचन्द के अनुसार 'सबसे उत्तम कहानी वह होती है, जिसका आधार किसी मनोवैज्ञानिक सत्य पर हो।' 'मनोवैज्ञानिक सत्य' से उनका तात्पर्य है कि "बुरा आदमी भी बिलकुल बुरा नहीं होता, उसमें कहीं देवता अवश्य छिपा होता है।" व्यक्ति के उस देवत्व को खोलकर दिखा देना कहानी का लक्ष्य होना चाहिए। यह 'देवत्व की तलाश' लम्बे समय तक प्रेमचन्दीय साहित्य को आन्दोलित करती रही। इसीलिए उनका साहित्य यथार्थ से जुड़ा होकर भी पूर्णतः यथार्थ नहीं है।

साहित्य में यथार्थ और आदर्श की भूमिका पर प्रेमचन्द ने विस्तार से विचार किया है। कहानी के सन्दर्भ में ही नहीं उपन्यास के सन्दर्भ में भी यह सवाल उनके लिए यक्ष प्रश्न बना रहा। 'उपन्यास के विषय' पर टिप्पणी करते हुए उन्होंने लिखा–"जिस उपन्यास को समाप्त करने के बाद पाठक अपने अन्दर उत्कर्ष का अनुभव करे, उसके सद्भाव जाग उठें, वही सफल उपन्यास है।" अपने प्रत्येक उपन्यास में प्रेमचन्द ने इस लक्ष्य को पाने का प्रयास किया। उनके पात्र-परिस्थितियाँ अवश्य ही जीवन से प्रेरित हैं लेकिन आदर्श की महीन डोर कहीं-न-कहीं उन्हें बाँधे रहती है। प्रेमचन्द के बहु-उद्धृत कथन हैं कि किस तरह

यथार्थवाद हमारी दुर्बलताओं का चित्र है और आदर्शवाद सत्य का उत्प्रेरक। उन्होंने उन्हीं उपन्यासों को श्रेष्ठ माना जिनमें आदर्श और यथार्थ का समन्वय हो, जिसे वे 'आदर्शोन्मुख यर्थाथवाद' की संज्ञा देते हैं। गहराई से देखने पर आदर्श और यथार्थ का यह द्वन्द्व भारतीय और योरोपीय दृष्टि का अन्तर है। प्रेम द्वादशी की भूमिका में उन्होंने लिखा है—''हमने उपन्यास और गल्प का कलेवर योरोप से लिया है, लेकिन हमें इसका प्रयत्न करना होगा कि उस कलेवर में भारतीय आत्मा सुरक्षित रहे।''

साहित्य के सवालों के ही समान पेचीदा एक मसला भाषा का भी है। उस युग में भाषा का सम्बन्ध राष्ट्रीय अस्मिता से जोड़ा गया। प्रेमचन्द ने भी स्वीकार किया कि "राष्ट्रीय भाषा के बिना किसी राष्ट्र के अस्तित्व की कल्पना ही नहीं हो सकती। राष्ट्र की बुनियाद राष्ट्र की भाषा है। एक ओर अपनी अलग पहचान बनाने के लिए अपनी भाषा विकसित करने का प्रश्न हमारे सामने था तो दूसरी ओर उपनिवेशवादी सत्ता और ताकत के प्रतीक रूप में अंग्रेजी के प्रभुत्व को भी रोकना था। अंग्रेज़ी के वर्चस्व के विरुद्ध सब अपने-अपने ढंग से भाषा के प्रश्न को सुलझना चाहते थे। उसी समय में हिन्दी-उर्दू की पारस्परिक प्रतिस्पर्धा तीव्र हो रही थी। दोनों ओर ऐसे लोगों का बोल-बाला था जो धार्मिक कट्टरता को भाषा पर लादने के पक्षधर थे। हिन्दी को संस्कृतनिष्ठ एवं उर्दू को अरबी-फ़ारसी के और करीब ले जाने की कोशिश जारी थी। ऐसे में प्रेमचन्द का दृष्टिकोण उदारवादी रहा। उनके द्वारा सुझाए गये विकल्प आज भी इस मसले को सुलझाने की सही दिशा प्रस्तुत करते हैं। उन्होंने भाषा के 'हिन्दुस्तानी' रूप को तरजीह दी। भाषा की कसौटी एक ही होनी चाहिये कि वह जन-साधारण को समझ में आये। उसके लिए वे हिन्दी-उर्दू के बोलचाल के शब्दों को लेने का ही आग्रह नहीं करते बल्कि उन सभी शब्दों और मुहावरों को राष्ट्र भाषा में स्वीकारने का आग्रह करते हैं जो जनता में प्रचलित हैं चाहे वे पंजाबी के हों, बांग्ला के, मराठी या गुजराती के। प्रेमचन्द की परिकल्पना एक ऐसी कौमी ज़बान की है जिसमें प्रान्तीय भाषाओं के शब्द भी खुले मन से ग्रहण किये जाएँ। वे तो लिपि में भी ऐसी एकरूपता लाने के पक्षधर थे जिसमें सभी भारतीय भाषाएँ लिखी जा सकें।

पारिभाषिक शब्दावली की समस्या को सुलझाने के लिए भी प्रेमचन्द ने उदारवादी नज़रिया अपनाया। यद्यपि अंग्रेज़ी भाषा के प्रचार-प्रसार को वे पराधीनता का सबसे बड़ा लक्षण मानते थे फिर भी पारिभाषिक शब्दों के लिए उन्होंने जापान का आदर्श स्वीकारना ही बेहतर समझा और सुझाव दिया कि ''नये सिरे के पारिभाषिक शब्द बनाने की जगह कहीं अच्छा यह होगा कि अंग्रेज़ी के प्रचलित पारिभाषिक शब्दों में कुछ आवश्यक परिवर्तन करके उन्हीं को ग्रहण कर लिया जाए।'' अपने इस सुझाव के लिए वे आगे तर्क देते हैं —''यदि हमारी भाषा में बटन, लालटेन और बाइसिकिल सरीखे सैकड़ों विदेशी शब्द खप सकते हैं तो फिर

पारिभाषिक शब्दों को लेने में कौन-सी बात बाधक हो सकती है?'' स्वतन्त्र भारत के संविधान में हिन्दी को राजभाषा का दर्जा दिया गया लेकिन उदारवादी दृष्टि के अभाव में वह अखिल भारतीय जन अपेक्षाओं को वहन करने में असमर्थ रही है। प्रेमचन्द द्वारा दिखाई गयी दिशा ही उसे जन-मन से जोड़ सकती थी। ऐसा न कर हमने बहुत बड़ी ऐतिहासिक भूल की है जिसकी वजह से अंग्रेज़ी का प्रभुत्व बहुत हद तक आज भी कायम है।

प्रेमचन्द की सम्पादकीय टिप्पणियों में उस युग का प्रामाणिक इतिहास झलकता है। गाँधी जी के अनशन, अंग्रेज़ सरकार के षड्यंत्र, हिन्दू मुस्लिम एकता, राष्ट्रभाषा और राष्ट्रलिपि के प्रश्न, औपनिवेशिक शासन में ज़मीदारों-महाजनों द्वारा गरीब किसानों का शोषण, अछूतों-स्त्रियों के सवाल अर्थात् सामाजिक परिवर्तन के सभी मुद्दे उनके एजेंडे पर हैं। इन विषयों पर उनकी कलम बड़ी तेज़ी से चलती है। उनके लेखन में केवल हालात का तफ़सरा नहीं बल्कि भविष्य का मानचित्र है। फिर भी असली सवाल है कि यह भविष्य–परिकल्पना कैसी है? प्रेमचन्द का चिन्तन भावुकता के आवरण में लिपटा हुआ है। एक खास किस्म की भारतीयता उनकी दृष्टि पर छायी रहती है। सम्भवतः इसका कारण भारत की पराधीनता है। किसी भी विचार का तटस्थ मूल्यांकन करने से पहले उनके मन पर यह हावी रहता है कि योरोपीय मॉडल हमारे लिए आदर्श नहीं है चाहे वह साहित्य का हो या जीवन का। यूरोप का यथार्थवाद उन्हें स्वीकार्य नहीं है, पश्चिम से आती स्त्री स्वाधीनता की आँधी, जो उनके अनुसार उच्छृंखलता अधिक है, भारतीय समाज में नारीत्व के आदर्श के सम्मुख हेय है। इसी तरह, डेमोक्रेसी का ढाँचा जो वोट और प्रकारान्तर से पैसे पर टिका है प्रेमचन्द की दृष्टि में ग्राह्य नहीं है। वे साहित्यिक जगत के गाँधी हैं जहाँ प्रश्नाकुलता से अधिक श्रद्धा का भाव प्रखर है। 'पुराना ज़माना : नया ज़माना' निबन्ध में वे लिखते हैं – ''पुराने ज़माने में सभ्यता का अर्थ आत्मा की सभ्यता और आचार की सभ्यता होता था। वर्तमान युग में सभ्यता का अर्थ है स्वार्थ और आडम्बर।'' प्रेमचन्द के चिन्तन पर उनकी मूल्य दृष्टि का प्रभाव बहुत अधिक है। ऐसा नहीं कि वे आधुनिकता के सकारात्मक पहलुओं को न पहचानते हों। समाजवाद की आहट में 'बेजुबानों की ताकत' और 'काश्तकारों की हिमायत' की आवाज़ है – नये युग के इन लक्षणों का वे स्वागत करते हैं लेकिन अन्धा पूँजीवाद, घोर व्यावसायिकता, विलास और वासना पर आधारित सभ्यता मनुष्य के लिए कल्याणकारी नहीं हो सकती, इस बात में उन्हें ज़रा भी सन्देह नहीं है।

'महाजनी सभ्यता' लेख में प्रेमचन्द ने अपने युग की दर्दनाक सच्चाई का खुलासा करते हुए लिखा–''मनुष्य समाज दो भागों में बँट गया है। बड़ा हिस्सा तो मरने और खपने वालों का है, और बहुत ही छोटा हिस्सा उन लोगों का, जो अपनी

शक्ति और प्रभाव से बड़े समुदाय को अपने बस में किये हुए हैं। इन्हें इस बड़े भाग के साथ किसी तरह की हमदर्दी नहीं, ज़रा भी रु-रिआयत नहीं। उसका अस्तित्व केवल इसलिए है कि अपने मालिकों के लिए पसीना बहाये, खून गिराये और एक दिन चुपचाप इस दुनिया से विदा हो जाए।" प्रेमचन्द जितना ज़्यादा इस सच्चाई को करीब से देखते हैं उतना ही उनके मन में यह विश्वास पक्का होता जाता है कि ये स्थितियाँ अब बहुत दिनों तक नहीं रहेंगी। अब 'एक पूँजीपति लाखों मज़दूरों का खून पीता रहकर मोटा नहीं हो सकता।' समाजवाद के उदय ने उनके मन में नयी सभ्यता के आगमन का स्वप्न जगाया। प्रेमचन्द के कथा-साहित्य में जीवन के कटु यथार्थ की सही पहचान और भविष्य में मुक्ति की आकांक्षा का धूप-छाँही रंग उनके इसी चिन्तन का परिणाम है। अपने जीवन और लेखन में उन्होंने परिस्थितियों से कभी हार नहीं मानी। परिवर्तन का स्वप्न और मुक्ति की चाह इस बात से भी पैदा होते हैं कि उन्हें राजनीतिक स्वतन्त्रता की सम्भाव्यता पर पूरा विश्वास है। स्वाभिमानी देशभक्त की तरह प्रेमचन्द को लगता है कि राजनीतिक स्वाधीनता के साथ ही इस देश की अधिकांश समस्याओं का अन्त हो जाएगा। हम एक ऐसे युग में प्रवेश करेंगे जहाँ सत्ता और व्यवस्था अधिक न्यायमूलक होगी।

निबन्धों की इस दुनिया में प्रेमचन्द द्वारा लिखी एक-दो पृष्ठों की उन टिप्पणियों को छोड़ देना संगत नहीं लगा जो किसी एक विषय पर उनके दृष्टिकोण के विभिन्न पहलुओं को पेश करती हैं, जैसे – अछूतों के मन्दिर प्रवेश का प्रश्न या फिर स्त्री अधिकारों के सवाल। इन टिप्पणियों में उनका दलित-विमर्श और स्त्री-विमर्श पढ़ा जा सकता है, जो आज अनेक कारणों से विवादों के घेरे में है। पिछले कुछ वर्षों से यह बहस चली आ रही है कि क्या प्रेमचन्द वास्तव में दलितों के हितैषी हैं या फिर उनकी सहानुभूति में दलित जीवन का प्रामाणिक भाव-बोध सिरे से गायब है। इस संकलन में हरिजनों के मन्दिर प्रवेश के प्रश्न को लेकर प्रेमचन्द की लिखी आठ सम्पादकीय टिप्पणियाँ हैं जो लगभग डेढ़ साल के समय पर फैली हुई हैं। प्रेमचन्द के लिए हरिजनों के मन्दिर प्रवेश का प्रश्न अनेक दृष्टियों से महत्त्वपूर्ण हैं। दलितों के लिए यह समाज के बन्द दरवाज़े खोलने की पहल है। इस मुद्दे को लेकर उस समय काफी हलचल हुई वाइसराय को डेपुटेशन भेजे गये। तिलकधारी हिन्दुओं ने इसका विरोध किया और महात्मा गाँधी ने हरिजनों के अधिकार के लिए कई बार अनशन किये। दलित नेताओं जिनमें डॉ. अम्बेडकर शामिल थे, ने यह राय रखी कि दलितों के लिए यह ज़्यादा आवश्यक है कि सवर्ण हिन्दू अछूत जातियों से सज्जनता का व्यवहार करें। एक विचार यह भी था कि अछूतों को मन्दिर प्रवेश से अधिक आर्थिक विकास की ज़रूरत है। प्रेमचन्द इन दलीलों को स्वीकार करते हुए भी इस मसले पर महात्मा

गाँधी का अनुसरण करते हैं। उनके अनुसार भारत एक धर्म प्रधान राष्ट्र है और ऐसे देश में हरिजनों को बराबरी का दर्जा देने व उनके प्रति सामाजिक व्यवहार में बदलाव लाने के लिए यह अनिवार्य कदम है। उन्होंने कठोर शब्दों में उस सामाजिक बँटवारे की निन्दा की जो इंसानों के बीच पवित्र-अपवित्र का भेद खड़ा करता है। वे लिखते हैं—"हम स्वीकार करते हैं, शूद्रों के साथ हमने अन्याय किया है। हमने उन्हें जी भरकर रौंदा, कुचला, दला। इस अन्याय ने जिस हृदय को सबसे ज़्यादा दुखी किया, वह उसी तपस्वी का हृदय है, जिसने अपना जीवन दलित भाइयों की सेवा में ही व्यतीत किया है।" निश्चित है कि प्रेमचन्द दलित-उद्धार के लिए गाँधी जी के महान् तप की ओर आँखे लगाये बैठे हैं। वे मानते हैं कि समय आ गया है जब ऊँच-नीच, जात-पात की बेड़ियों को उतार फेंकना होगा, लेकिन उसके समाधान वे गाँधी जी के नैतिक आग्रह तथा राजनीतिक सक्रियता में ही तलाशते हैं।

स्त्री सुधारों को लेकर भी उनके मन की दशा ऐसी ही है। प्रेमचन्द ने स्त्री अधिकारों की पक्षधरता करते हुए पुरुष के ही समान स्त्री को सम्पत्ति में अधिकार, तलाक का हक, विधवाओं को गुज़ारा आदि देने का प्रस्ताव रखा। इन सभी मुद्दों पर वे परिवर्तन के अग्रदूत हैं। वे मानते हैं कि स्त्री को कुलदेवी का दर्जा देकर भी पुरुष जाति ने सदा स्त्रियों पर मनमाने अत्याचार किये हैं। वे सावधान करते हैं कि "यदि पुरुषों को अब भी उन पर शासन करने का उन्माद हो तो उसे शीघ्र से शीघ्र दूर कर देना चाहिए, क्योंकि वह चाहें दें या न दें देवियाँ अपने स्वत्वों को लेकर ही रहेंगी।" इतना होने पर भी उनकी सोच अन्तर्विरोधों से मुक्त नहीं है। उन्हें चिन्ता है कि तलाकों की संख्या क्यों बढ़ती जा रही है? महिला सुधार सभाओं में सन्तान निग्रह के उपायों पर खुलकर बात क्यों की जा रही है? स्त्रियाँ माँ बनने के दायित्व से मुँह क्यों मोड़ना चाहती हैं? आदि। 1934 में उन्होंने एक टिप्पणी लिखी जिसका शीर्षक था— "क्या स्त्रियों का पजामा पहनना जुर्म है?" इसमें उन्होंने उस मजिस्ट्रेट की भर्त्सना की जिसने गोरी औरतों की नकल करते हुए एक भारतीय स्त्री द्वारा पजामा पहनने पर उस स्त्री को जुर्माने की सज़ा सुनायी। इसके साथ ही प्रेमचन्द ने यह भी लिखा—"हमें तो काली देवी की कुरुचि पर दया आती है, जो साड़ी ऐसी लोचदार चीज़ को छोड़कर पजामा पहनने चली।" इस वक्तव्य के पीछे निश्चित तौर पर यह सोच काम कर रही है कि पश्चिम की विलासिता, सिनेमा-स्टारों के अर्धनग्न चित्र भारतीय स्त्रियों को प्रतिकूल दिशा में अग्रसरित न कर दें जिससे नारीत्व का भारतीय आदर्श कहीं खंडित न हो जाए।

'निबन्धों की दुनिया' का यह संकलन प्रेमचन्द के विविध-आयामी चिन्तन पर केन्द्रित है। इन बड़े-बड़े प्रश्नों से जूझने के साथ-साथ उन्होंने 'बच्चों की स्वाधीनता', 'पचास साल बाद के भारत', 'एकता', 'सिनेमा और जीवन' जैसे

विषयों पर भी लिखा। उनके विचार अनिवार्यतः अपने समय की समस्याओं से जुड़े हैं। इन सम्पादकीय टिप्पणियों में भले ही वे विस्तार से और अपेक्षित गहराई के साथ विश्लेषण न कर सके हों लेकिन उनकी वैचारिक ईमानदारी साफ़ झलकती है। एक बात और, उनकी मुद्रा हमेशा गम्भीर बनी रहती है। व्यंग्य-विनोद तथा चुटकी लेने की अदा उनके यहाँ न के बराबर है।

यूँ तो प्रेमचन्द रचनावली बीस खंडों में प्रकाशित हो चुकी है जिसकी भूमिका डॉ. रामविलास शर्मा ने लिखी और उसे उनका दिशानिर्देश भी प्राप्त हुआ। फिर भी मूल स्रोत से सामग्री लेने की चेष्टा में यहाँ संकलित सामग्री अमृतराय द्वारा सम्पादित 'विविध प्रसंग' के तीन भागों तथा 'साहित्य का उद्देश्य' जैसे संचयनों से ली गयी है। कुछ महत्वपूर्ण लेख जैसे 'महाजनी सभ्यता' कमल किशोर गोयनका के सम्पादन में प्रकाशित 'प्रेमचन्द का अप्राप्य साहित्य' से भी लिये गये हैं। इन लेखों के संकलन-सम्पादन में 'प्रेमचन्द विश्वकोष' (सम्पादक कमलकिशोर गोयनका) से भी सहायता मिली। प्रेमचन्द के विविधमुखी अध्ययन में संलग्न मैं उन सभी लेखकों के प्रति आभार व्यक्त करना चाहती हूँ जो प्रेमचन्द की रचनाशीलता को निरन्तर टटोलते हुए उन्हें आज भी उतना ही प्रासंगिक बनाये हुए हैं जितना वे अपने समय में थे। अभी हाल ही में नयी दिल्ली के रेलवे स्टेशन पर मुझे प्रेमचन्द की लोकप्रियता का नया अनुभव हुआ। स्टेशन के लगभग हर बुक-स्टॉल पर अंग्रेज़ी की खूब बिकने वाली किताबों की भीड़ में जो एक भारतीय लेखक हर जगह अपनी उपस्थिति बनाये हुए था, वे प्रेमचन्द ही थे। उनकी कहानियाँ और उपन्यास आज भी चाव से पढ़े जाते हैं। उनके विचारों पर केन्द्रित यह संकलन उन्हें समझने में सहायक होगा, इसी विश्वास के साथ इसे पाठकों को सौंपती हूँ।

– रेखा सेठी

साहित्य

साहित्य का उद्देश्य

सज्जनो,

यह सम्मेलन हमारे साहित्य के इतिहास में एक स्मरणीय घटना है। हमारे सम्मेलनों और अंजुमनों में अब तक आम तौर पर भाषा और उसके प्रचार पर ही बहस की जाती रही है। यहाँ तक कि उर्दू और हिन्दी का जो आरम्भिक साहित्य मौजूद है, उसका उद्देश्य विचारों और भावों पर असर डालना नहीं, केवल भाषा का निर्माण करना था। वह भी एक बड़े महत्त्व का कार्य था। जब तक भाषा एक स्थायी रूप न प्राप्त कर ले, उसमें विचारों और भावों को व्यक्त करने की शक्ति ही कहाँ से आएगी? हमारी भाषा के 'पायनियरों' ने – रास्ता साफ करनेवालों ने – हिन्दुस्तानी भाषा का निर्माण करके जाति पर जो एहसान किया है, उसके लिए हम उनके कृतज्ञ न हों तो यह हमारी कृतघ्नता होगी।

भाषा साधन है, साध्य नहीं। अब हमारी भाषा ने वह रूप प्राप्त कर लिया है कि हम भाषा से आगे बढ़कर भाव की ओर ध्यान दें और इस पर विचार करें कि जिस उद्देश्य से यह निर्माण-कार्य आरम्भ किया गया था, वह क्योंकर पूरा हो। वही भाषा, जिसमें आरम्भ में 'बागोबहार' और 'बैताल-पचीसी' की रचना ही सबसे बड़ी साहित्य-सेवा थी, अब इस योग्य हो गयी है कि उसमें शास्त्र और विज्ञान के प्रश्नों की भी विवेचना की जा सके और यह सम्मेलन इस सच्चाई की स्पष्ट स्वीकृति है।

भाषा बोल-चाल की भी होती है और लिखने की भी। बोल-चाल की भाषा तो मीर अम्मन और लल्लूलाल के जमाने में भी मौजूद थी, पर उन्होंने जिस भाषा की दाग बेल डाली, वह लिखने की भाषा थी और वही साहित्य है। बोल-चाल से हम अपने करीब के लोगों पर अपने विचार प्रकट करते हैं–अपने हर्ष-शोक के भावों का चित्र खींचते हैं। साहित्यकार वही काम लेखनी द्वारा करता है। हाँ, उसके श्रोताओं की परिधि बहुत विस्तृत होती है, और अगर उसके बयान में सच्चाई है, तो शताब्दियों और युगों तक उसकी रचनाएँ हृदयों को प्रभावित करती रहती हैं।

परन्तु मेरा अभिप्राय यह नहीं है कि जो कुछ लिख दिया जाय, वह सब का सब साहित्य है। साहित्य उसी रचना को कहेंगे जिसमें कोई सच्चाई प्रकट की

गयी हो, जिसकी भाषा प्रौढ़, परिमार्जित एवं सुन्दर हो और जिसमें दिल और दिमाग पर असर डालने का गुण हो। और साहित्य में यह गुण पूर्ण रूप से उसी अवस्था में उत्पन्न होता है। जब उसमें जीवन की सचाइयाँ और अनुभूतियाँ व्यक्त की गयी हों। तिलस्माती कहानियों, भूत-प्रेत की कथाओं और प्रेम-वियोग के आख्यानों से किसी जमाने में हम भले ही प्रभावित हुए हों; पर अब उनमें हमारे लिए बहुत कम दिलचस्पी है। इसमें सन्देह नहीं कि मानव-प्रकृति का मर्मज्ञ साहित्यकार राजकुमारों की प्रेम-गाथाओं और तिलस्माती कहानियों में भी जीवन की सचाइयाँ वर्णन कर सकता है, और सौन्दर्य की सृष्टि कर सकता है; परन्तु इससे भी सत्य की पुष्टि ही होती है कि साहित्य में प्रभाव उत्पन्न करने के लिए यह आवश्यक है कि वह जीवन की सचाइयों का दर्पण हो। फिर आप उसे जिस चौखटे में चाहें, लगा सकते हैं—चिड़े की कहानी और गुलोबुलबुल की दास्तान भी उसके लिए उपयुक्त हो सकती है।

साहित्य की बहुत-सी परिभाषाएँ की गयी हैं; पर मेरे विचार से उसकी सर्वोत्तम परिभाषा 'जीवन की आलोचना' है। चाहे वह निबन्ध के रूप में हो, चाहे कहानियों के, या काव्य के, उसे हमारे जीवन की आलोचना और व्यवस्था करनी चाहिए।

हमने जिस युग को अभी पार किया है, उसे जीवन से कोई मतलब न था। हमारे साहित्यकार कल्पना की एक सृष्टि खड़ा करके उसमें मनमाने तिलस्म बाँधा करते थे। कहीं फिसानये अजायब की दास्तान थी, कहीं बोस्ताने ख़याल की और कहीं चन्द्रकाता-सन्तति की। इन आख्यानों का उद्देश्य केवल मनोरंजन था और हमारे अद्भुत-रस-प्रेम की तृप्ति; साहित्य का जीवन से कोई लगाव है, यह कल्पनातीत था। कहानी कहानी है, जीवन जीवन। दोनों परस्पर-विरोधी वस्तुएँ समझी जाती थीं। कवियों पर भी व्यक्तिवाद का रंग चढ़ा हुआ था। प्रेम का आदर्श वासनाओं को तृप्त करना था, और सौन्दर्य का आँखों को। इन्हीं शृंगारिक भावों को प्रकट करने में कवि-मंडली अपनी प्रतिभा और कल्पना के चमत्कार दिखाया करती थी। पद्य में कोई नयी शब्द-योजना, नयी कल्पना का होना दाद पाने के लिए काफी था—चाहे वह वस्तु-स्थिति से कितनी हो दूर क्यों न हो। आशियाना और क़फ़स, वर्क़ और ख़िरमन की कल्पनाएँ, विरह दशाओं के वर्णन में निराशा और वेदना की विविध अवस्थाएँ इस खूबी से दिखायी जाती थीं कि सुननेवाले दिल थाम लेते थे। और आज भी इस ढंग की कविता कितनी लोक-प्रिय है, इसे हम और आप खूब जानते हैं।

निस्सन्देह, काव्य और साहित्य का उद्देश्य हमारी अनुभूतियों की तीव्रता को बढ़ाना है; पर मनुष्य का जीवन केवल स्त्री-पुरुष-प्रेम का जीवन नहीं है। क्या वह साहित्य, जिसका विषय शृंगारिक मनोभावों और उनसे उत्पन्न होनेवाली विरह व्यथा, निराशा आदि तक ही सीमित हो—जिसमें दुनिया और दुनिया की कठिनाइयों

से दूर भागना ही जीवन की सार्थकता समझी गयी हो, हमारी विचार और भाव सम्बन्धी आवश्यकताओं को पूरा कर सकता है? शृंगारिक मनोभाव मानव-जीवन का एक अंग मात्र है, और जिस साहित्य का अधिकांश इसी से सम्बन्ध रखता हो, वह उस जाति और उस युग के लिए गर्व करने की वस्तु नहीं हो सकता और न उसकी सुरुचि का ही प्रमाण हो सकता है।

क्या हिन्दी और क्या उर्दू—कविता में दोनों की एक ही हालत थी। उस समय साहित्य और काव्य के विषय में जो लोक-रुचि थी, उसके प्रभाव से अलिप्त रहना सहज न था। सराहना और कद्रदानी की हवस तो हर एक को होती है। कवियों के लिए उनकी रचना ही जीविका का साधन थी। और कविता की कद्रदानी रईसों और अमीरों के सिवा और कौन कर सकता है? हमारे कवियों को साधारण जीवन का सामना करने और उनकी सचाइयों से प्रभावित होने के या तो अवसर ही न थे, या हर छोटे-बड़े पर कुछ ऐसी मानसिक गिरावट छायी हुई थी कि मानसिक और बौद्धिक जीवन रह ही न गया था।

हम इसका दोष उस समय के साहित्यकारों पर ही नहीं रख सकते। साहित्य अपने काल का प्रतिबिम्ब होता है। जो भाव और विचार लोगों के हृदयों को स्पन्दित करते हैं, वही साहित्य पर भी अपनी छाया डालते हैं। ऐसे पतन के काल में लोग या तो आशिकी करते हैं, या अध्यात्म और वैराग्य में मन रमाते हैं। जब साहित्य पर संसार की नश्वरता का रंग चढ़ा हो, और उसका एक-एक शब्द नैराश्य में डूबा हो, समय की प्रतिकूलता के रोने से भरा हो और शृंगारिक भावों का प्रतिबिम्ब बन गया हो, तो समझ लीजिए कि जाति जड़ता और ह्रास के पंजे में फँस चुकी है और उसमें उद्योग तथा संघर्ष का बल बाकी नहीं रहा; उसने ऊँचे लक्ष्यों की ओर से आँखें बन्द कर ली हैं और उसमें से दुनिया को देखने-समझने की शक्ति लुप्त हो गयी है।

परन्तु हमारी साहित्यिक रुचि बड़ी तेजी से बदल रही है। अब साहित्य केवल मन-बहलाव की चीज नहीं है, मनोरंजन के सिवा उसका और भी कुछ उद्देश्य है। अब वह केवल नायक-नायिका के संयोग-वियोग की कहानी नहीं सुनाता; किन्तु जीवन की समस्याओं पर भी विचार करता है, और उन्हें हल करता है। अब वह स्फूर्ति या प्रेरणा के लिए अद्‌भुत आश्चर्यजनक घटनाएँ नहीं ढूँढ़ता और न अनुप्रास का अन्वेषण करता है; किन्तु उसे उन प्रश्नों से दिलचस्पी है, जिनसे समाज या व्यक्ति प्रभावित होते हैं। उसकी उत्कृष्टता की वर्तमान कसौटी अनुभूति की वह तीव्रता है, जिससे वह हमारे भावों और विचारों में गति पैदा करता है।

नीति-शास्त्र और साहित्य-शास्त्र का लक्ष्य एक ही है—केवल उपदेश की विधि में अन्तर है। नीति-शास्त्र तर्कों और उपदेशों के द्वारा बुद्धि और मन पर प्रभाव डालने का यत्न करता है, साहित्य ने अपने लिए मानसिक अवस्थाओं और भावों

का क्षेत्र चुन लिया है। हम जीवन में जो कुछ देखते हैं, या जो कुछ हम पर गुजरती है, वही अनुभव और वही चोटें कल्पना में पहुँचकर साहित्य सृजन की प्रेरणा करती हैं। कवि या साहित्यकार में अनुभूति की जितनी तीव्रता होती है, उसकी रचना उतनी ही आकर्षक और ऊँचे दर्जे की होती है। जिस साहित्य से हमारी सुरुचि न जागे, आध्यात्मिक और मानसिक तृप्ति न मिले, हममें शक्ति और गति न पैदा हो, हमारा सौन्दर्य-प्रेम न जाग्रत हो—जो हममें सच्चा संकल्प और कठिनाइयों पर विजय पाने की सच्ची दृढ़ता न उत्पन्न करे, वह आज हमारे लिए बेकार है, वह साहित्य कहाने का अधिकारी नहीं।

पुराने जमाने में समाज की लगाम मजहब के हाथ में थी। मनुष्य को आध्यात्मिक और नैतिक सभ्यता का आधार धार्मिक आदेश था और वह भय या प्रलोभन से काम लेता था—पुण्य-पाप के मसले उसके साधन थे।

अब साहित्य ने यह काम अपने जिम्मे ले लिया है और उसका साधन सौन्दर्य-प्रेम है। वह मनुष्य में इसी सौन्दर्य-प्रेम को जगाने का यत्न करता है। ऐसा कोई मनुष्य नहीं जिसमें सौन्दर्य की अनुभूति न हो। साहित्यकार में यह वृत्ति जितनी ही जाग्रत और सक्रिय होती है, उसकी रचना उतनी ही प्रभावमयी होती है। प्रकृति-निरीक्षण और अपनी अनुभूति की तीक्ष्णता की बदौलत उसके सौन्दर्य-बोध में इतनी तीव्रता आ जाती है कि जो कुछ असुन्दर है, अभद्र है, मनुष्यता से रहित है, वह उसके लिए असह्य हो जाता है। उस पर वह शब्दों और भावों की सारी शक्ति से वार करता है। यों कहिए कि वह मानवता, दिव्यता और भद्रता का बाना बाँधे होता है। जो दलित है, पीड़ित है, वंचित है—चाहे वह व्यक्ति हो या समूह, उसकी हिमायत और वकालत करना उसका फ़र्ज़ है। उसकी अदालत समाज है। इसी अदालत के सामने वह अपना इस्तगासा पेश करता है और उसकी न्याय-वृत्ति तथा सौन्दर्य-वृत्ति को जाग्रत करके अपना यत्न सफल समझता है।

पर साधारण वकीलों की तरह साहित्यकार अपने मुवक्किल की ओर से उचित-अनुचित सब तरह के दावे नहीं पेश करता, अतिरंजना से काम नहीं लेता, अपनी ओर से बातें गढ़ता नहीं। वह जानता है कि इन युक्तियों से वह समाज की अदालत पर असर नहीं डाल सकता। उस अदालत का हृदय-परिवर्तन तभी सम्भव है, जब आप सत्य से तनिक भी विमुख न हों, नहीं तो अदालत की धारणा आपकी ओर से खराब हो जायगी और वह आपके खिलाफ फैसला सुना देगी। वह कहानी लिखता है, पर वास्तविकता का ध्यान रखते हुए; मूर्ति बनाता है पर ऐसी कि उसमें सजीवता हो और भावव्यंजकता भी—वह मानव-प्रकृति का सूक्ष्म दृष्टि से अवलोकन करता है, मनोविज्ञान का अध्ययन करता है और इसका यत्न करता है कि उसके पात्र हर हालत में और हर मौके पर इस तरह आचरण करें, जैसे रक्त-मांस का बना मनुष्य करता है। अपनी सहज सहानुभूति और सौन्दर्य-प्रेम के

कारण वह जीवन के उन सूक्ष्म स्थानों तक जा पहुँचता है, जहाँ मनुष्य अपनी मनुष्यता के कारण पहुँचने में असमर्थ होता है।

आधुनिक साहित्य में वस्तु-स्थिति-चित्रण की प्रवृत्ति इतनी बढ़ रही है कि आज की कहानी यथासम्भव प्रत्यक्ष अनुभवों की सीमा के बाहर नहीं जाती। हमें केवल इतना सोचने से ही सन्तोष नहीं होता कि मनोविज्ञान की दृष्टि से सभी पात्र मनुष्यों से मिलते-जुलते हैं; बल्कि हम यह इत्मीनान चाहते हैं कि वे सचमुच के मनुष्य हैं, और लेखक ने यथासम्भव उनका जीवन-चरित्र ही लिखा है क्योंकि कल्पना के गढ़े हुए आदमियों में हमारा विश्वास नहीं है : उनके कार्यों और विचारों से हम प्रभावित नहीं होते। हमें इसका निश्चय हो जाना चाहिए कि लेखक ने जो सृष्टि की है, वह प्रत्यक्ष अनुभवों के आधार पर की गयी है और अपने पात्रों की जबान से वह खुद बोल रहा है।

इसीलिए साहित्य को कुछ समालोचकों ने लेखक का मनोवैज्ञानिक जीवन-चरित्र कहा है।

एक ही घटना या स्थिति से सभी समान रूप में प्रभावित नहीं होते। हर आदमी की मनोवृत्ति और दृष्टिकोण अलग है। रचना कौशल इसी में है कि लेखक जिस मनोवृत्ति या दृष्टिकोण से किसी बात को देखे, पाठक भी उसमें उससे सहमत हो जाय। यही उसकी सफलता है। इसके साथ ही हम साहित्यकार से यह भी आशा रखते हैं कि वह अपनी बहुज्ञता और अपने विचारों की विस्तृति से हमें जाग्रत करे, हमारी दृष्टि तथा मानसिक परिधि को विस्तृत करे—उसकी दृष्टि इतनी सूक्ष्म, इतनी गहरी और इतनी विस्तृत हो कि उसकी रचना से हमें अध्यात्मिक आनन्द और बल मिले।

सुधार की जिस अवस्था में वह हो, उससे अच्छी अवस्था आने की प्रेरणा हर आदमी में मौजूद रहती है। हममें जो कमजोरियाँ हैं वह मर्ज की तरह हमसे चिमटी हुई हैं। जैसे शारीरिक स्वास्थ्य एक प्राकृतिक बात है और रोग उसका उलटा उसी तरह नैतिक और मानसिक स्वास्थ्य भी प्राकृतिक बात है और हम मानसिक तथा नैतिक गिरावट से उसी तरह सन्तुष्ट नहीं रहते, जैसे कोई रोगी अपने रोग से सन्तुष्ट नहीं रहता। जैसे वह सदा किसी चिकित्सक की तलाश में रहता है, उसी तरह हम भी इस फिक्र में रहते हैं कि किसी तरह अपनी कमजोरियों को परे फेंककर अधिक अच्छे मनुष्य बनें। इसलिए हम साधु-फकीरों की खोज में रहते हैं, पूजा-पाठ करते हैं, बड़े-बूढ़ों के पास बैठते हैं, विद्वानों के व्याख्यान सुनते हैं और साहित्य का अध्ययन करते हैं।

और हमारी सारी-कमजोरियों की जिम्मेदारी हमारी कुरुचि और प्रेम-भाव से वंचित होने पर है। जहाँ सच्चा सौन्दर्य-प्रेम है, जहाँ प्रेम की विस्तृति है, वहाँ कमजोरियाँ कहाँ रह सकती हैं? प्रेम ही तो आध्यात्मिक भोजन है और सारी

कमजोरियाँ इसी भोजन के न मिलने अथवा दूषित भोजन के मिलने से पैदा होती हैं। कलाकार हममें सौन्दर्य की अनुभूति उत्पन्न करता है और प्रेम की उष्णता। उसका एक वाक्य, एक शब्द, एक संकेत, इस तरह हमारे अन्दर जा बैठता है कि हमारा अन्तःकरण प्रकाशित हो जाता है। पर जब तक कलाकार खुद सौन्दर्य-प्रेम से छककर मस्त न हो और उसकी आत्मा स्वयं इस ज्योति से प्रकाशित न हो, वह हमें यह प्रकाश क्योंकर दे सकता है?

प्रश्न यह है कि सौन्दर्य है क्या वस्तु? प्रकटतः यह प्रश्न निरर्थक-सा मालूम होता है क्योंकि सौन्दर्य के विषय में हमारे मन में कोई शंका-सन्देह नहीं। हमने सूरज का उगना और डूबना देखा है, ऊषा और सन्ध्या की लालिमा देखी है, सुन्दर सुगन्धि-भरे फूल देखे हैं, मीठी बोलियाँ बोलनेवाली चिड़ियाँ देखी हैं, कल-कल निनादिनी नदियाँ देखी हैं, नाचते हुए झरने देखे हैं—यही सौन्दर्य है।

इन दृश्यों को देखकर हमारा अन्तःकरण क्यों खिल उठता है? इसलिए कि इनमें रंग या ध्वनि का सामंजस्य है। बाजों का स्वरसाम्य अथवा मेल ही संगीत की मोहकता का कारण है। हमारी रचना ही तत्त्वों के समानुपात में संयोग से हुई है; इसलिए हमारी आत्मा सदा उसी साम्य तथा सामंजस्य की खोज में रहती है। साहित्य कलाकार के आध्यात्मिक सामंजस्य का व्यक्त रूप है और सामंजस्य सौन्दर्य की सृष्टि करता है, नाश नहीं। वह हममें वफादारी, सच्चाई, सहानुभूति, न्यायप्रियता और ममता के भावों की पुष्टि करता है। जहाँ ये भाव हैं, वहीं दृढ़ता है और जीवन है; जहाँ इनका अभाव है वहीं फूट, विरोध, स्वार्थपरता है—द्वेष, शत्रुता और मृत्यु है। यह बिलगाव, विरोध, प्रकृति-विरुद्ध जीवन के लक्षण हैं, जैसे रोग प्रकृति-विरुद्ध आहार-विहार का चिह्न है। जहाँ प्रकृति से अनुकूलता और साम्य है, वहाँ संकीर्णता और स्वार्थ का अस्तित्व कैसे सम्भव होगा? जब हमारी आत्मा प्रकृति के मुक्त वायुमंडल में पालित-पोषित होती है, तो नीचता-दुष्टता के कीड़े अपने आप हवा और रोशनी से मर जाते हैं। प्रकृति से अलग होकर अपने को सीमित कर लेने से ही ये सारी मानसिक और भागवत बीमारियाँ पैदा होती हैं। साहित्य हमारे जीवन को स्वाभाविक और स्वाधीन बनाता है। दूसरे शब्दों में, उसी की बदौलत मन का संस्कार होता है। यही उसका मुख्य उद्देश्य है।

'प्रगतिशील लेखक संघ', यह नाम ही मेरे विचार से गलत है। साहित्यकार या कलाकार स्वभावतः प्रगतिशील होता है। अगर यह उसका स्वभाव न होता, तो शायद वह साहित्यकार ही न होता। उसे अपने अन्दर भी एक कमी महसूस होती है और बाहर भी। इसी कमी को पूरा करने के लिए उसकी आत्मा बेचैन रहती है। अपनी कल्पना में वह व्यक्ति और समाज को सुख और स्वछन्दता की जिस अवस्था में देखना चाहता है, वह उसे दिखायी नहीं देती। इसलिए, वर्तमान मानसिक और सामाजिक अवस्थाओं से उसका दिल कुढ़ता रहता है। वह इन

अप्रिय अवस्थाओं का अन्त कर देना चाहता है, जिससे दुनिया में जीने और मरने के लिए इससे अधिक अच्छा स्थान हो जाय। यही वेदना और यही भाव उसके हृदय और मस्तिष्क को सक्रिय बनाये रखता है। उसका दर्द से भरा हृदय इसे सहन नहीं कर सकता कि एक समुदाय क्यों सामाजिक नियमों और रूढ़ियों के बन्धन में पड़कर कष्ट भोगता रहे? क्यों न ऐसे सामान इकट्ठा किये जायँ कि वह गुलामी और गरीबी से छुटकारा पा जाय? वह इस वेदना को जितनी बेचैनी के साथ अनुभव करता है, उतना ही उसकी रचना में जोर और सच्चाई पैदा होती है। अपनी अनुभूतियों को वह जिस क्रमानुपात में व्यक्त करता है, वही उसकी कलाकुशलता का रहस्य है। पर शायद इस विशेषता पर जोर देने की जरूरत इसलिए पड़ी कि प्रगति या उन्नति से प्रत्येक लेखक या ग्रन्थकार एक ही अर्थ नहीं ग्रहण करता। जिन अवस्थाओं को एक समुदाय उन्नति समझ सकता है, दूसरा समुदाय असन्दिग्ध अवनति मान सकता है; इसलिए कि यह साहित्यकार अपनी कला को किसी उद्देश्य के अधीन नहीं करना चाहता। उसके विचारों में कला केवल मनोभावों के व्यक्तिकरण का नाम है, चाहे उन भावों से व्यक्ति या समाज पर कैसा ही असर क्यों न पड़े।

उन्नति से हमारा तात्पर्य उस स्थिति से है, जिससे हममें दृढ़ता और कर्म-शक्ति उत्पन्न हो, जिससे हमें अपनी दुःखावस्था की अनुभूति हो, हम देखें कि किन अन्तर्बाह्य कारणों से हम इस निर्जीवता और ह्रास की अवस्था को पहुँच गये, और उन्हें दूर करने की कोशिश करें।

हमारे लिए कविता के वे भाव निरर्थक हैं, जिनसे संसार की नश्वरता का आधिपत्य हमारे हृदय पर और दृढ़ हो जाय, जिनसे हमारे हृदयों में नैराश्य छा जाय। वे प्रेम-कहानियाँ, जिनसे हमारे मासिक-पत्रों के पृष्ठ भरे रहते हैं, हमारे लिए अर्थहीन हैं, अगर वे हममें हरकत और गरमी नहीं पैदा करतीं। अगर हमने दो नवयुवकों की प्रेम-कहानी कह डाली, पर उससे हमारे सौंदर्य-प्रेम पर कोई असर न पड़ा और पड़ा भी तो केवल इतना ही कि हम उनकी विरह-व्यथा पर रोयें, तो इससे हममें कौन-सी मानसिक या रुचि सम्बन्धी गति पैदा हुई? इन बातों से किसी जमाने में हमें भावावेश हो जाता रहा हो, पर आज के लिए वे बेकार हैं। इस भावोत्तेजक कला का अब जमाना नहीं रहा। अब तो हमें उस कला की आवश्यकता है, जिसमें कर्म का सन्देश हो। अब तो हज़रते इक़बाल के साथ हम भी कहते हैं :

रमूजे हयात जोई जुज़दर तपिश नयाब,
दरकुलजुम आरमीदन नंगस्त आबे जूरा।
ब आशियाँ न नशीनम ज़े लज्जते परवाज,
गहे बशाख़े गुलम गहे बरसवे जूयम।

[अर्थात् अगर तुझे जीवन के रहस्य की खोज है, तो वह तुझे संघर्ष के सिवा

और कहीं नहीं मिलने का—सागर में जाकर विश्राम करना नदी के लिए लज्जा की बात हैं। आनन्द पाने के लिए मैं घोंसले में कभी बैठता नहीं,—कभी फूलों की टहनियों पर, तो कभी नदी-तट पर होता हूँ।]

अतः हमारे पथ में अहंवाद अथवा अपने व्यक्तिगत दृष्टिकोण को प्रधानता देना वह वस्तु है, जो हमें जड़ता, पतन और लापरवाही की ओर ले जाती है और ऐसी कला हमारे लिए न व्यक्ति-रूप में उपयोगी है और न समुदाय-रूप में।

मुझे यह कहने में हिचक नहीं कि मैं और चीजों की तरह कला को भी उपयोगिता की तुला पर तौलता हूँ। निस्सन्देह कला का उद्देश्य सौन्दर्य-वृत्ति की पुष्टि करना है और वह हमारे आध्यात्मिक आनन्द की कुंजी है; पर ऐसा कोई रुचिगत मानसिक तथा आध्यात्मिक आनन्द नहीं, जो अपनी उपयोगिता का पहलू न रखता हो। आनन्द स्वतः एक उपयोगिता-युक्त वस्तु है और उपयोगिता की दृष्टि से एक ही वस्तु से हमें सुख भी होता है, और दुःख भी। आसमान पर छायी लालिमा निस्सन्देह बड़ा सुन्दर दृश्य है; परन्तु आषाढ़ में अगर आकाश पर वैसी लालिमा छा जाय, तो वह हमें प्रसन्नता देनेवाली नहीं हो सकती। उस समय तो हम आसमान पर काली-काली घटाएँ देखकर ही आनन्दित होते हैं। फूलों को देखकर हमें इसलिए आनन्द होता है कि उनसे फलों की आशा होती है। प्रकृति से अपने जीवन का सुर मिलाकर रहने में हमें इसीलिए आध्यात्मिक सुख मिलता है कि उससे हमारा जीवन विकसित और पुष्ट होता है। प्रकृति का विधान-वृद्धि और विकास है, और जिन भावों, अनुभूतियों और विचारों से हमें आनन्द मिलता है, वे इसी वृद्धि और विकास के सहायक हैं। कलकार अपनी कला से सौन्दर्य की सृष्टि करके परिस्थिति को विकास के उपयोगी बनाता है।

परन्तु सौन्दर्य भी और पदार्थों की तरह स्वरूपस्थ और निरपेक्ष नहीं, उसकी स्थिति भी सापेक्ष है। एक रईस के लिए जो वस्तु सुख का साधन है, वही दूसरे के लिए दुःख का कारण हो सकती है। एक रईस अपने सुरक्षित सुरम्य उद्यान में बैठकर जब चिड़ियों का कल गान सुनता है तो उसे स्वर्गीय सुख की प्राप्ति होती है; परन्तु एक दूसरा सज्ञान मनुष्य वैभव की इस सामग्री को घृणिततम वस्तु समझता है।

बन्धुत्व और समता, सभ्यता तथा प्रेम सामाजिक जीवन के आरम्भ से ही, आदर्शवादियों का सुनहला स्वप्न रहे हैं। धर्म प्रवर्तकों ने धार्मिक, नैतिक और आध्यात्मिक बन्धनों से इस स्वप्न को सचाई बनाने का सतत किन्तु निष्फल यत्न किया है। महात्मा बुद्ध, हजरत ईसा, हजरत मुहम्मद आदि सभी पैगम्बरों और धर्म प्रवर्तकों ने नीति की नींव पर इस समता की इमारत खड़ी करनी चाही; पर किसी को सफलता न मिली और छोटे बड़े का भेद जिस निष्ठुर रूप में आज प्रकट हो रहा है, शायद कभी न हुआ था।

'आजमाये को आजमाना मूर्खता है', इस कहावत के अनुसार यदि हम अब भी धर्म और नीति का दामन पकड़कर समानता के ऊँचे लक्ष्य पर पहुँचना चाहें,

तो विफलता ही मिलेगी। क्या हम इस सपने को उत्तेजित मस्तिष्क की सृष्टि समझकर भूल जायँ? तब तो मनुष्य की उन्नति और पूर्णता के लिए कोई आदर्श ही बाकी न रह जायगा। इससे कहीं अच्छा है कि मनुष्य का अस्तित्व ही मिट जाय। जिस आदर्श को हमने सभ्यता के आरम्भ से पाला है, जिसके लिए मनुष्य ने, ईश्वर जाने कितनी कुरबानियाँ की हैं, जिसकी परिणति के लिए धर्मों का आविर्भाव हुआ, मानव-समाज का इतिहास जिस आदर्श की प्राप्ति का इतिहास है, उसे सर्वमान्य समझकर, एक अमिट सचाई समझकर, हमें उन्नति के मैदान में कदम रखना है। हमें एक ऐसे नये संघटन को सर्वाङ्गपूर्ण बनाना है, जहाँ समानता केवल नैतिक बन्धनों पर आश्रित न रहकर अधिक ठोस रूप प्राप्त कर ले। हमारे साहित्य को उसी आदर्श को अपने सामने रखना है।

हमें सुन्दरता की कसौटी बदलनी होगी। अभी तक यह कसौटी अमीरी और विलासिता के ढंग की थी। हमारा कलाकार अमीरों का पल्ला पकड़े रहना चाहता था, उन्हीं की कद्रदानी पर उसका अस्तित्व अवलम्बित था और उन्हीं के सुख-दुःख, आशा-निराशा, प्रतियोगिता और प्रतिद्वन्द्विता की व्याख्या कला का उद्देश्य था। उसकी निगाह अन्तःपुर और बँगलों की ओर उठती थी। झोपड़े और खंडहर उसके ध्यान के अधिकारी न थे। उन्हें वह मनुष्यता की परिधि के बाहर समझता था। कभी इनकी चर्चा करता भी था, तो इनका मजाक उड़ाने के लिए, ग्रामवासी की देहाती वेश-भूषा और तौर-तरीके पर हँसने के लिए। उसका शीन-काफ दुरुस्त न होना या मुहाविरों का गलत उपयोग उसके व्यंग्य-विद्रूप की स्थायी सामग्री थी। वह भी मनुष्य है, उसके भी हृदय है और उसमें भी आकांक्षाएँ हैं, यह कला की कल्पना के बाहर की बात थी।

कला नाम था और अब भी है, संकुचित रूप-पूजा का, शब्द योजना का, भाव-निबन्धन का। उसके लिए कोई आदर्श नहीं है, जीवन का कोई ऊँचा उद्देश्य नहीं है,—भक्ति, वैराग्य, अध्यात्म और दुनिया से किनाराकशी उसकी सबसे ऊँची कल्पनाएँ हैं। हमारे उस कलाकार के विचार से जीवन का चरम लक्ष्य यही है। उसकी दृष्टि अभी इतना व्यापक नहीं कि जीवन-संग्राम में सौन्दर्य का परमोत्कर्ष देखे। उपवास और नग्नता में भी सौन्दर्य का अस्तित्व सम्भव है, इसे कदाचित् वह स्वीकार नहीं करता। उसके लिए सौन्दर्य सुन्दर स्त्री में है—उस बच्चोंवाली गरीब रूप-रहित स्त्री में नहीं, जो बच्चे को खेत की मेंड़ पर सुलाये पसीना बहा रही है। उसने निश्चय कर लिया है कि रँगे होंठों, कपोलों और भौंहों में निस्सन्देह सुन्दरता का वास है,—उसके उलझे हुए बालों, पपड़ियाँ पड़े हुए होंठों और कुम्हलाये हुए गालों में सौन्दर्य का प्रवेश कहाँ?

पर यह संकीर्ण दृष्टि का दोष है। अगर उसकी सौन्दर्य देखने वाली दृष्टि में विस्तृति आ जाय तो वह देखेगा कि रँगे होंठों और कपोलों की आड़ में अगर रूप-गर्व और निष्ठुरता छिपी है, तो इन मुरझाये हुए होंठों और कुम्हलाये हुए गालों

के आँसुओं में त्याग, श्रद्धा और कष्ट-सहिष्णुता है। हाँ, उसमें नफासत नहीं, दिखावा नहीं, सुकुमारता नहीं।

हमारी कला यौवन के प्रेम में पागल है और यह नहीं जानती कि जवानी छाती पर हाथ रखकर कविता पढ़ने, नायिका की निष्ठुरता का रोना रोने या उसके रूप-गर्व और चोंचलों पर सिर धुनने में नहीं है। जवानी नाम है आदर्शवाद का, हिम्मत का, कठिनाई से मिलने की इच्छा का, आत्म-त्याग का। उसे तो इक़बाल के साथ कहना होगा –

अज दस्ते जुनूने मन जिब्रील ज बूँ सैदे,
यज दाँ बकमन्द आवर ऐ हिम्मते मरदाना।

[अर्थात् मेरे उन्मत्त हाथों के लिए, जिब्रील एक घटिया शिकार है। ऐ हिम्मते मरदाना, क्यों न अपनी कमन्द में तू खुदा को ही फाँस लाये?]

अथवा

चूँ मौज साजे साज दू बजूदम जे सैल बेपरवास्त,
गुमां मबर कि दरी बहर साहिले जोयम।

[अर्थात् तरंग की भाँति मेरे जीवन की तरी भी प्रवाह की ओर से बेपरवाह है, यह न सोचो कि इस समुद्र में मैं किनारा ढूँढ़ रहा हूँ।]

और यह अवस्था उस समय पैदा होगी, जब हमारा सौन्दर्य व्यापक हो जायगा, जब सारी सृष्टि उसकी परिधि में आ जायगी। वह किसी विशेष श्रेणी तक ही सीमित न होगा, उनकी उड़ान के लिए केवल बाग की चहारदीवारी न होगी, किन्तु वह वायु-मंडल होगा जो सारे भूमंडल को घेरे हुए है। तब कुरुचि हमारे लिए सह्य न होगी, तब हम उसकी जड़ खोदने के लिए कमर कसकर तैयार हो जायँगे। हम जब ऐसी व्यवस्था को सहन न कर सकेंगे कि हजारों आदमी कुछ अत्याचारियों की गुलामी करें, तभी हम केवल कागज के पृष्ठों पर सृष्टि करके ही सन्तुष्ट न हो जायँगे, बल्कि उस विधान के सृष्टि करेंगे, जो सौन्दर्य, सुरुचि, आत्म-सम्मान और मनुष्यता का विरोधी न हो।

साहित्यकार का लक्ष्य केवल महफिल सजाना और मनोरंजन का सामान जुटाना नहीं है–उसका दरजा इतना न गिराइए। वह देशभक्ति और राजनीति के पीछे चलने वाली सचाई भी नहीं, बल्कि उनके आगे मशाल दिखाती हुई चलनेवाली सचाई है।

हमें अक्सर यह शिकायत होती है कि साहित्यकारों के लिए समाज में कोई स्थान नहीं,–अर्थात् भारत के साहित्यकारों के लिए। सभ्य देशों में तो साहित्यकार समाज का सम्मानित सदस्य हैं, और बड़े-बड़े अमीर और मंत्रि-मंडल के सदस्य

उनसे मिलने में अपना गौरव समझते हैं; परन्तु हिन्दुस्तान तो अभी मध्य-युग की अवस्था में पड़ा हुआ है। यदि साहित्य ने अमीरों का याचक बनने को जीवन का सहारा बना लिया हो, और उन आन्दोलनों, हलचलों और क्रान्तियों से बेखबर हो जो समाज में हो रही हैं—अपनी ही दुनिया बनाकर उसमें रोता और हँसता हो, तो इस दुनिया में उसके लिए जगह न होने में कोई अन्याय नहीं है। जब साहित्यकार बनने के लिए अनुकूल रुचि के सिवा और कोई कैद नहीं रही, जैसे महात्मा बनने के लिए किसी प्रकार की शिक्षा की आवश्यकता नहीं, आध्यात्मिक उच्चता ही काफी है, तो महात्मा लोग दर-दर फिरने लगे, उसी तरह साहित्यकार भी निकल आये।

इसमें शक नहीं कि साहित्यकार पैदा होता है, बनाया नहीं जाता; पर यदि हम शिक्षा और जिज्ञासा से प्रकृति की इस देन को बढ़ा सकें, तो निश्चय ही हम साहित्य की अधिक सेवा कर सकेंगे। अरस्तू ने और दूसरे विद्वानों ने भी साहित्यकार बननेवालों के लिए कड़ी शर्तें लगायी हैं और उनको मानसिक, नैतिक, आध्यात्मिक और भागवत सभ्यता तथा शिक्षा के लिए सिद्धान्त और विधियाँ निश्चित कर दी हैं; मगर आज तो हिन्दी में साहित्यकार के लिए प्रवृत्तिमात्र अलम् समझी जाती है, और किसी प्रकार की तैयारी की उसके लिए आवश्यकता नहीं। वह राजनीति, समाज-शास्त्र या मनोविज्ञान से सर्वथा अपरिचित हो, फिर भी वह साहित्यकार है।

साहित्यकार के सामने आजकल जो आदर्श रखा गया है, उसके अनुसार ये सभी विद्याएँ उसका विशेष अंग बन गयी हैं और साहित्य की प्रवृत्ति अहंवाद या व्यक्तिवाद तक परिमित नहीं रही, बल्कि वह मनोवैज्ञानिक और सामाजिक होता जाता है। अब वह व्यक्ति को समाज से अलग नहीं देखता, किन्तु उसे समाज के एक अंग-रूप में देखता है। इसलिए नहीं कि वह समाज पर हुकूमत करे, उसे अपने स्वार्थ-साधन का औजार बनाये, मानो उसमें और समाज में सनातन शत्रुता है, बल्कि इसलिए कि समाज के अस्तित्व के साथ उसका अस्तित्व कायम है और समाज से अलग होकर उसका मूल्य शून्य के बराबर हो जाता है।

हममें से जिन्हें सर्वोत्तम शिक्षा और सर्वोत्तम मानसिक शक्तियाँ मिली हैं, उन पर समाज के प्रति उतनी ही जिम्मेदारी भी है। हम उस मानसिक पूँजीपति को पूजा के योग्य समझेंगे, जो समाज के पैसे से ऊँची शिक्षा प्राप्त कर उसे स्वार्थ साधन में लगाता है? समाज से निजी लाभ उठाना ऐसा काम है, जिसे कोई साहित्यकार कभी पसन्द न करेगा। उस मानसिक पूँजीपति का कर्त्तव्य है कि वह समाज के लाभ को अपने निजी लाभ से अधिक ध्यान देने योग्य समझे—अपनी विद्या और योग्यता से समाज को अधिक से अधिक लाभ पहुँचाने की कोशिश करे। वह साहित्य के किसी भी विभाग में प्रवेश क्यों न करे, उसे उस विभाग से विशेषतः और सब विभागों से सामान्यतः परिचय हो।

अगर हम अन्तर्राष्ट्रीय साहित्यकार-सम्मेलनों की रिपोर्ट पढ़ें, तो हम देखेंगे कि ऐसा कोई शास्त्रीय, सामाजिक, ऐतिहासिक और मनोवैज्ञानिक प्रश्न नहीं है,

जिस पर उसमें विचार-विनिमय न होता हो। इसके विरुद्ध, हम अपनी ज्ञानसीमा को देखते हैं तो हमें अपने अज्ञान पर लज्जा आती है। हमने समझ रखा है कि साहित्य-रचना के लिए आशुबुद्धि और तेज कलम काफी है। पर यही विचार हमारी साहित्यिक अवनति का कारण है। हमें अपने साहित्य का मानदंड ऊँचा करना होगा जिसमें वह सामज की अधिक मूल्यवान् सेवा कर सके, जिसमें समाज में उसे वह पद मिले जिसका वह अधिकारी है, जिसमें वह जीवन के प्रत्येक विभाग की आलोचना-विवेचना कर सके और हम दूसरी भाषाओं तथा साहित्यों का जूठा खाकर ही सन्तोष न करें, किन्तु खुद भी उस पूँजी को बढ़ायें।

हमें अपनी रुचि और प्रवृत्ति के अनुकूल विषय चुन लेने चाहिए और विषय पर पूर्ण अधिकार प्राप्त करना चाहिए। हम जिस आर्थिक अवस्था में जिन्दगी बिता रहे हैं, उसमें यह काम कठिन अवश्य है, पर हमारा आदर्श ऊँचा रहना चाहिए। हम पहाड़ की चोटी तक न पहुँच सकेंगे, तो कमर तक तो पहुँच ही जायँगे, जो जमीन पर पड़े रहने से कहीं अच्छा है। अगर हमारा अन्तर प्रेम की ज्योति से प्रकाशित हो और सेवा का आदर्श हमारे सामने हो, तो ऐसी कोई कठिनाई नहीं जिस पर हम विजय प्राप्त न कर सकें।

जिन्हें धन-वैभव प्यारा है, साहित्य-मन्दिर में उनके लिए स्थान नहीं है। यहाँ तो उन उपासकों की आवश्यकता है, जिन्होंने सेवा को ही अपने जीवन की सार्थकता मान लिया हो, जिनके दिल में दर्द की तड़प हो और मुहब्बत का जोश हो। अपनी इज्जत तो अपने हाथ है। अगर हम सच्चे दिल से समाज की सेवा करेंगे तो मान, प्रतिष्ठा और प्रसिद्धि सभी हमारे पाँव चूमेंगी। फिर मान-प्रतिष्ठा की चिन्ता हमें क्यों सताये? और उसके न मिलने से हम निराश क्यों हों? सेवा में जो आध्यात्मिक आनन्द है, वही हमारा पुरस्कार है—हमें समाज पर अपना बड़प्पन जताने, उस पर रोब जमाने की हवस क्यों हो? दूसरों से ज्यादा आराम के साथ रहने की इच्छा भी क्यों सताये? हम अमीरों की श्रेणी में अपनी गिनती क्यों करायें? हम तो समाज के झंडा लेकर चलनेवाले सिपाही हैं और सादी जिन्दगी के साथ ऊँची निगाह हमारे जीवन का लक्ष्य है। जो आदमी सच्चा कलाकार है, वह स्वार्थमय जीवन का प्रेमी नहीं हो सकता। उसे अपनी मनस्तुष्टि के लिए दिखावे की आवश्यकता नहीं—उससे तो उसे घृणा होती है। वह तो इकबाल के साथ कहता है—

मर्दुम आज   ादम आगूना रायूरम कि मरा,
मीतवां कुश्तव येक जामें जुलाले दीगरां।

[अर्थात् मैं आज़ाद हूँ और इतना हयादार हूँ कि मुझे दूसरों के निथरे हुए पानी के एक प्याले से मारा जा सकता है।]

हमारी परिषद् ने कुछ इसी प्रकार के सिद्धान्तों के साथ कर्म-क्षेत्र में प्रवेश

किया है। साहित्य का शराब-कबाब और राग-रंग का मुखापेक्षी बना रहना उसे पसन्द नहीं। वह उसे उद्योग और कर्म का सन्देशवाहक बनाने का दावेदार है। उसे भाषा से बहस नहीं। आदर्श व्यापक होने से भाषा अपने-आप सरल हो जाती है। भाव-सौन्दर्य बनाव-शृंगार से बेपरवाही ही दिखा सकता है। जो साहित्यकार अमीरों का मुँह जोहनेवाला है, वह रईसी रचना-शैली स्वीकार करता है; जो जन-साधारण का है वह जन-साधारण की भाषा में लिखता है। हमारा उद्देश्य देश में ऐसा वायु-मंडल उत्पन्न कर देना है, जिसमें अभीष्ट प्रकार का साहित्य उत्पन्न हो सके और पनप सके। हम चाहते हैं कि साहित्य केन्द्रों में हमारी परिषदें स्थापित हों और वहाँ साहित्य की रचनात्मक प्रवृत्तियों पर नियमपूर्वक चर्चा हो, निबन्ध पढ़े जायँ, बहस हो, आलोचना प्रत्यालोचना हो। तभी वह वायुमंडल तैयार होगा। तभी साहित्य में नये युग का आविर्भाव होगा।

हम हर एक सूबे में, हर एक जबान में, ऐसी परिषदें स्थापित कराना चाहते हैं, जिसमें हर एक भाषा में हम अपना सन्देश पहुँचा सकें। यह समझना भूल होगी कि यह हमारी कोई नयी कल्पना है। नहीं, देश के साहित्य-सेवियों के हृदयों में सामुदायिक भावनाएँ विद्यमान हैं। भारत की हर एक भाषा में इस विचार के बीज प्रकृति और परिस्थिति ने पहले से बो रखे हैं, जगह-जगह उसके अँकुए भी निकलने लगे हैं। उसको सींचना एवं उसके लक्ष्य को पुष्ट करना हमारा उद्देश्य है।

हम साहित्यकारों में कर्मशक्ति का अभाव है। यह एक कड़वी सच्चाई है, पर हम उसकी ओर से आँखें नहीं बन्द कर सकते। अभी तक हमने साहित्य का जो आदर्श अपने सामने रखा था, उसके लिए कर्म की आवश्यकता न थी, कर्माभाव ही उसका गुण था क्योंकि अक्सर कर्म अपने साथ पक्षपात और संकीर्णता को भी लाता है। अगर कोई आदमी धार्मिक होकर अपनी धार्मिकता पर गर्व करे, तो इससे कहीं अच्छा है कि वह धार्मिक न होकर 'खाओ पियो मौज करो,' का कायल हो। ऐसा स्वच्छन्दचारी तो ईश्वर की दया का अधिकारी हो भी सकता है; पर धार्मिकता का अभिमान रखनेवाले के लिए इसकी सम्भावना नहीं।

जो हो, जब तक साहित्य का काम केवल मनबहलाव का सामान जुटाना, केवल लोरियाँ गा-गाकर सुनाना, केवल आँसू बहाकर जी हल्का करना था, तब तक उसके लिए कर्म की आवश्यकता न थी। वह एक दीवाना था जिसका ग़म दूसरे खाते थे। मगर हम साहित्य को केवल मनोरंजन और विलासिता की वस्तु नहीं समझते। हमारी कसौटी पर वही साहित्य खरा उतरेगा जिसमें उच्च चिन्तन हो, स्वाधीनता का भाव हो, सौन्दर्य का सार हो, सृजन की आत्मा हो, जीवन की सच्चाइयों का प्रकाश हो—जो हममें गति, संघर्ष और बेचैनी पैदा करे, सुलाये नहीं क्योंकि अब और ज्यादा सोना मृत्यु का लक्षण है।*

---

*लखनऊ में होने वाले प्रगतिशील लेखक संघ के पहले अधिवेशन 1936 में सभापति आसन से दिया गया भाषण।

जीवन में साहित्य का स्थान

साहित्य का आधार जीवन है। इसी नींव पर साहित्य की दीवार खड़ी होती है, उसकी अटारियाँ, मीनार और गुम्बद बनते हैं; लेकिन बुनियाद मिट्टी के नीचे दबी पड़ी है। उसे देखने को भी जी नहीं चाहेगा। जीवन परमात्मा की सृष्टि है, इसलिए अनन्त है, अबोध है, अगम्य है। साहित्य मनुष्य की सृष्टि है; इसलिए सुबोध है, सुगम है और मर्यादाओं से परिमित है। जीवन परमात्मा को अपने कामों का जवाबदेह है या नहीं, हमें मालूम नहीं, लेकिन साहित्य तो मनुष्य के सामने जवाबदेह है। इसके लिए कानून हैं जिनसे वह इधर-उधर नहीं हो सकता। जीवन का उद्देश्य ही आनन्द है। मनुष्य जीवनपर्यन्त आनन्द ही की खोज में पड़ा रहता है। किसी को वह रत्न-द्रव्य में मिलता है, किसी को भरे-पूरे परिवार में, किसी को लम्बे-चौड़े भवन में, किसी को ऐश्वर्य में। लेकिन साहित्य का आनन्द, इस आनन्द से ऊँचा है, इससे पवित्र है, उसका आधार सुन्दर और सत्य है। वास्तव में सच्चा आनन्द सुन्दर और सत्य से मिलता है। उसी आनन्द को दर्साना, वही आनन्द उत्पन्न करना, साहित्य का उद्देश्य है। ऐश्वर्य या भोग के आनन्द में ग्लानि छिपी होती है। उससे अरुचि भी हो सकती है, पश्चात्ताप भी हो सकता है; पर सुन्दर से जो आनन्द प्राप्त होता है, वह अखंड है, अमर है।

साहित्य के नौ रस कहे गये हैं। प्रश्न होगा, वीभत्स में भी कोई आनन्द है? अगर ऐसा न होगा, तो वह रसों में गिना ही क्यों जाता। हाँ, है। वीभत्स में सुन्दर और सत्य मौजूद है। भारतेन्दु ने श्मशान का जो वर्णन किया है, वह कितना वीभत्स है। प्रेतों ओर पिशाचों का अधजले मांस के लोथड़े नोचना, हड्डियों को चटर-चटर चबाना, वीभत्स की पराकाष्ठा है; लेकिन वह वीभत्स होते हुए भी सुन्दर है, क्योंकि उसकी सृष्टि पीछे आने वाले स्वर्गीय दृश्य के आनन्द को तीव्र करने के लिए ही हुई है। साहित्य तो हर एक रस में सुन्दर खोजता है—राजा के महल में, रंक की झोपड़ी में, पहाड़ के शिखर पर, गन्दे नालों के अन्दर, उषा की लाली में, सावन-भादों की अँधेरी रात में। और यह आश्चर्य की बात है कि रंक की झोपड़ी में जितनी आसानी से सुन्दर मूर्तिमान दिखायी देता है उतना महलों में नहीं।

महलों में तो वह खोजने से मुश्किलों से मिलता है। जहाँ मनुष्य अपने मौलिक, यथार्थ अकृत्रिम रूप में है, वहीं आनन्द है। आनन्द कृत्रिमता और आडम्बर से कोसों भागता है। सत्य का कृत्रिम से क्या सम्बन्ध। अतएव हमारा विचार है कि साहित्य में केवल एक रस है और वह शृंगार है। कोई रस साहित्यिक-दृष्टि से रस नहीं रहता और न उस रचना की गणना साहित्य में की जा सकती है जो शृंगार-विहीन और असुन्दर हो। जो रचना केवल वासना-प्रधान हो, जिसका उद्देश्य कुत्सित भावों को जगाना हो, जो केवल बाह्य जगत् से सम्बन्ध रखे, वह साहित्य नहीं है। जासूसी उपन्यास अद्‌भुत होता है; लेकिन हम उसे साहित्य उसी वक्त कहेंगे, जब उसमें सुन्दर का समावेश हो, खूनी का पता लगाने के लिए सतत उद्योग, नाना प्रकार के कष्टों का झेलना, न्याय-मर्यादा की रक्षा करना, ये भाव रहें, जो इस अद्‌भुत रस की रचना को सुन्दर बना देते हैं।

सत्य से आत्मा का सम्बन्ध तीन प्रकार का है। एक जिज्ञासा का सम्बन्ध है, दूसरा प्रयोजन का सम्बन्ध है और तीसरा आनन्द का। जिज्ञासा का सम्बन्ध दर्शन का विषय है, प्रयोजन का सम्बन्ध विज्ञान का विषय है और साहित्य का विषय केवल आनन्द का सम्बन्ध है। सत्य जहाँ आनन्द का स्रोत बन जाता है, वहीं वह साहित्य हो जाता है। जिज्ञासा का सम्बन्ध विचार से है, प्रयोजन का सम्बन्ध स्वार्थ-बुद्धि से। आनन्द का सम्बन्ध मनोभावों से है। साहित्य का विकास मनोभावों द्वारा ही होता है। एक दृश्य घटना या कांड को हम तीनों ही भिन्न-भिन्न नज़रों से देख सकते हैं। हिम से ढँके हुए पर्वत पर उषा का दृश्य दार्शनिक के गहरे विचार की वस्तु है, वैज्ञानिक लिए अनुसन्धान की, और साहित्यिक के लिए विह्वलता की। विह्वलता एक प्रकार का आत्म-समर्पण है। यहाँ हम पृथक्ता का अनुभव नहीं करते। यहाँ ऊँच-नीच, भले-बुरे का भेद नहीं रह जाता। श्रीरामचन्द्र शबरी के जूठे बेर क्यों प्रेम से खाते हैं, कृष्ण भगवान विदुर के शाक को क्यों नाना व्यंजनों से रुचिकर समझते हैं? इसीलिए कि उन्होंने इस पार्थक्य को मिटा दिया है। उनकी आत्मा विशाल है। उसमें समस्त जगत् के लिए स्थान है। आत्मा आत्मा से मिल गयी है। जिसकी आत्मा जितनी ही विशाल है, वह उतना ही महान् पुरुष है। यहाँ तक कि ऐसे महान् पुरुष भी हो गये हैं, जो जड़ जगत् से भी अपनी आत्मा का मेल कर सके हैं।

आइए देखें, जीवन क्या है? जीवन केवल जीना, खाना, सोना और मर जाना नहीं है। यह तो पशुओं का जीवन है। मानव-जीवन में भी यह सभी प्रवृत्तियाँ होती हैं; क्योंकि वह भी तो पशु है। पर इनके उपरान्त कुछ और भी होता है। उनमें कुछ ऐसी मनोवृत्तियाँ होती हैं, जो प्रकृति के साथ हमारे मेल में बाधक होती हैं, कुछ ऐसी होती हैं, जो इस मेल में सहायक बन जाती हैं। जिन प्रवृत्तियों में प्रकृति के साथ हमारा सामंजस्य बढ़ता है, वह वांछनीय होती है, जिनसे सामंजस्य में बाधा

उत्पन्न होती है, वे दूषित हैं। अहंकार, क्रोध या द्वेष हमारे मन की बाधक प्रवृत्तियाँ हैं। यदि हम इनको बेरोक-टोक चलने दें, तो निस्सन्देह वह हमें नाश और पतन की ओर ले जायँगी, इसलिए हमें उनकी लगाम रोकनी पड़ती है, उन पर संयम रखना पड़ता है, जिससे वे अपनी सीमा से बाहर न जा सकें, हम उन पर जितना कठोर संयम रख सकते हैं, उतना ही मंगलमय हमारा जीवन हो जाता है।

किन्तु नटखट लड़कों से डाँटकर कहना—तुम बड़े बदमाश हो, हम तुम्हारे कान पकड़कर उखाड़ लेंगे—अक्सर व्यर्थ ही होता है; बल्कि उस प्रवृत्ति को और हठ की ओर ले जाकर पुष्ट कर देता है। जरूरत यह होती है, कि बालक में जो सद्वृत्तियाँ हैं उन्हें ऐसा उत्तेजित किया जाय कि दूषित वृत्तियाँ स्वाभाविक रूप से शान्त हो जायँ। इसी प्रकार मनुष्य को भी आत्मविकास के लिए संयम की आवश्यकता होती है। साहित्य ही मनोविकारों के रहस्य खोलकर सद्वृत्तियों को जगाता है। सत्य को रसों द्वारा हम जितनी आसानी से प्राप्त कर सकते हैं, ज्ञान और विवेक द्वारा नहीं कर सकते, उसी भाँति जैसे दुलार-चुमकारकर बच्चों को जितनी सफलता से वश में किया जा सकता है, डाँट-फटकार से सम्भव नहीं। कौन नहीं जानता कि प्रेम से कठोर-से-कठोर प्रकृति को नरम किया जा सकता है। साहित्य मस्तिष्क की वस्तु नहीं, हृदय की वस्तु है। जहाँ ज्ञान और उपदेश असफल होता है, वहाँ साहित्य बाजी ले जाता है। यही कारण है, कि हम उपनिषदों और अन्य धर्म-ग्रन्थों को साहित्य की सहायता लेते देखते हैं। हमारे धर्माचार्यों ने देखा कि मनुष्य पर सबसे अधिक प्रभाव मानव-जीवन के दुःख-सुख के वर्णन से ही हो सकता है और उन्होंने मानव-जीवन की वे कथाएँ रचीं, जो आज भी हमारे आनन्द की वस्तु हैं। बौद्धों की जातक-कथाएँ, तौरेह, कुरान, इंजील ये सभी मानवी कथाओं के संग्रहमात्र हैं। उन्हीं कथाओं पर हमारे बड़े-बड़े धर्म स्थिर हैं। वही कथाएँ धर्मों की आत्मा हैं। उन कथाओं को निकाल दीजिए, तो उस धर्म का अस्तित्व मिट जासगा। क्या उन धर्म-प्रवर्त्तकों ने अकारण ही मानव-जीवन की कथाओं का आश्रय लिया? नहीं, उन्होंने देखा कि हृदय द्वारा ही जनता की आत्मा तक अपना सन्देशा पहुँचाया जा सकता है। वे स्वयं विशाल हृदय के मनुष्य थे। उन्होंने मानव जीवन से अपनी आत्मा का मेल कर लिया था। समस्त मानवजाति से उनके जीवन का सामंजस्य था, फिर वे मानव-चरित्र की उपेक्षा कैसे करते?

आदिकाल से मनुष्य के लिए सबसे समीप मनुष्य है। हम जिसके सुख-दुःख, हँसने-रोने का मर्म समझ सकते हैं, उसी से हमारी आत्मा का अधिक मेल होता है। विद्यार्थी को विद्यार्थी-जीवन से, कृषक को कृषक-जीवन से जितनी रुचि है, उतनी अन्य जातियों से नहीं; लेकिन साहित्य-जगत् में प्रवेश पाते ही यह भेद, यह पार्थक्य मिट जाता है। हमारी मानवता जैसे विशाल और विराट् होकर समस्त मानव-जाति पर अधिकार पा जाती है। मानव-जाति ही नहीं, चर और अचर, जड़

और चेतन सभी उसके अधिकार में आ जाते हैं। उसे मानो विश्व की आत्मा पर साम्राज्य प्राप्त हो जाता है। श्री रामचन्द्र राजा थे; पर आज रंक भी उनके दुःख से उतना ही प्रभावित होता है, जितना कोई राजा हो सकता है। साहित्य वह जादू की लकड़ी है, जो पशुओं में, ईंट-पत्थरों में, पेड़-पौधों में विश्व की आत्मा का दर्शन करा देती है। मानव हृदय का जगत्, इस प्रत्यक्ष जगत् जैसा नहीं है। हम मनुष्य होने के कारण मानव-जगत् के प्राणियों में अपने को अधिक पाते हैं, उनके सुख-दुःख हर्ष और विषाद से ज्यादा विचलित होते हैं। हम अपने निकटतम बन्धु-बाँधवों से अपने को इतना निकट नहीं पाते; इसलिए कि हम उनके एक-एक विचार, एक-एक उद्‌गार को जानते हैं, उनका मन हमारी नजरों के सामने आईने की तरह खुला हुआ है। जीवन में ऐसे प्राणी हमें कहाँ मिलते हैं, जिनके अन्तःकरण में हम इतनी स्वाधीनता से विचर सकें। सच्चे साहित्यकार का यही लक्षण है कि उसके भावों में व्यापकता हो, उसने विश्व की आत्मा से ऐसी Harmony प्राप्त कर ली हो कि उसके भाव प्रत्येक प्राणी को अपने ही भाव मालूम हों।

साहित्यकार बहुधा अपने देश काल से प्रभावित होता है। जब कोई लहर देश में उठती है, तो साहित्यकार के लिए उसमें अविचलित रहना असम्भव हो जाता है और उसकी विशाल आत्मा अपने देश-बन्धुओं के कष्टों से विकल हो उठती है और इस तीव्र विकलता में वह रो उठता है; पर उसके रुदन में भी व्यापकता होती है। वह स्वदेश का होकर भी सार्वभौमिक रहता है। 'टाम काका की कुटिया' गुलामी की प्रथा से व्यथित हृदय की रचना है; पर आज उस प्रथा के उठ जाने पर भी उसमें वह व्यापकता है कि हम लोग भी उसे पढ़कर मुग्ध हो जाते हैं। सच्चा साहित्य कभी पुराना नहीं होता। वह सदा नया बना रहता है। दर्शन और विज्ञान समय की गति के अनुसार बदलते रहते हैं; पर साहित्य तो हृदय की वस्तु है और मानव हृदय में तब्दीलियाँ नहीं होतीं। हर्ष और विस्मय, क्रोध और द्वेष, आशा और भय, आज भी हमारे मन पर उसी तरह अधिकृत हैं, जैसे आदिकवि वाल्मीकि के समय में थे और कदाचित् अनन्त तक रहेंगे। रामायण के समय का समय अब नहीं है; महाभारत का समय भी अतीत हो गया; पर ये ग्रन्थ अभी तक नये हैं। साहित्य ही सच्चा इतिहास है क्योंकि उसमें अपने देश और काल का जैसा चित्र होता है, वैसा कोई इतिहास में नहीं हो सकता। घटनाओं की तालिका इतिहास नहीं है और न राजाओं की लड़ाइयाँ ही इतिहास हैं। इतिहास जीवन के विभिन्न अंगों की प्रगति का नाम है, और जीवन पर साहित्य से अधिक प्रकाश और कौन वस्तु डाल सकती है क्योंकि साहित्य अपने देश-काल का प्रतिबिम्ब होता है।

जीवन में साहित्य की उपयोगिता के विषय में कभी-कभी सन्देह किया जाता है। कहा जाता है, जो स्वभाव से अच्छे हैं, वह अच्छे ही रहेंगे, चाहे कुछ भी पढ़ें।

जो स्वभाव के बुरे हैं, वह बुरे ही रहेंगे, चाहे कुछ भी पढ़ें। इस कथन में सत्य की मात्रा बहुत कम है। इसे सत्य मान लेना मानव-चरित्र को बदल लेना होगा। जो सुन्दर है, उसकी ओर मनुष्य का स्वाभाविक आकर्षण होता है। हम कितने ही पतित हो जायँ, पर असुन्दर की ओर हमारा आकर्षण नहीं हो सकता। हम कर्म चाहे कितने ही बुरे करें, पर यह असम्भव है कि करुणा और दया और प्रेम और भक्ति का हमारे दिलों पर असर न हो। नादिरशाह से ज्यादा निर्दयी मनुष्य और कौन हो सकता है—हमारा आशय दिल्ली में कतलाम कराने वाले नादिरशाह से है। अगर दिल्ली का कतलाम सत्य घटना है, तो नादिरशाह के निर्दय होने में कोई सन्देह नहीं रहता। उस समय आपको मालूम है, किस बात से प्रभावित होकर उसने कतलाम को बन्द करने का हुक्म दिया था? दिल्ली के बादशाह का वजीर एक रसिक मनुष्य था। जब उसने देखा कि नादिरशाह का क्रोध किसी तरह नहीं शान्त होता और दिल्लीवालों के खून की नदी बहती चली जाती है, यहाँ तक कि खुद नादिरशाह के मुँह लगे अफसर भी उसके सामने आने का साहस नहीं करते, तो वह हथेलियों पर जान रखकर नादिरशाह के पास पहुँचा और यह शेर पढ़ा—

'कसे न माँद कि दीगरब तेगे नाज कुशी।
मगर कि जि न्दा कुनी खल्क रा व बाज कुशी।'

इसका अर्थ यह है कि तेरे प्रेम की तलवार ने अब किसी को ज़िन्दा न छोड़ा। अब तो तेरे लिए इसके सिवा और कोई उपाय नहीं है कि तू मुर्दों को फिर जिला दे और फिर उन्हें मारना शुरू करे। यह फारसी के एक प्रसिद्ध कवि का शृंगार-विषयक शेर है; पर इसे सुनकर कातिल के दिल में मनुष्य जाग उठा। इस शेर ने उसके हृदय के कोमल भाग को स्पर्श कर दिया और कतलाम तुरन्त बन्द करा दिया गया। नेपोलियन के जीवन की यह घटना भी प्रसिद्ध है, जब उसने एक अंग्रेज मल्लाह को झाऊ की नाव पर कैले का समुद्र पार करते देखा। जब फ्रांसीसी अपराधी मल्लाह को पकड़कर नेपोलियन के सामने लाये और उससे पूछा—तू इस भंगुर नौका पर क्यों समुद्र पार कर रहा था, तो अपराधी ने कहा—इसलिए कि मेरी वृद्धा माता घर पर अकेली है, मैं उसे एक बार देखना चाहता था। नेपोलियन की आँखों में आँसू छलछला आये। मनुष्य का कोमल भाग स्पन्दित हो उठा। उसने उस सैनिक को फ्रांसीसी नौका पर इंगलैंड भेज दिया। मनुष्य स्वभाव से देव तुल्य है। जमाने के छल प्रपंच और परिस्थितियों के वशीभूत होकर वह अपना देवत्व खो बैठता है। साहित्य इसी देवत्व को अपने स्थान पर प्रतिष्ठित करने की चेष्टा करता है—उपदेशों से नहीं, नसीहतों से नहीं, भावों को स्पन्दित करके, मन के कोमल तारों पर चोट लगाकर, प्रकृति से सामंजस्य उत्पन्न करके। हमारी सभ्यता साहित्य पर ही आधारित है। हम जो कुछ हैं, साहित्य के ही बनाये हैं। विश्व की आत्मा के

अन्तर्गत भी राष्ट्र या देश की एक आत्मा होती है। इसी आत्मा की प्रतिध्वनि है—साहित्य। योरप का साहित्य उठा लीजिए। आप वहाँ संघर्ष पायँगे। कहीं खूनी कांडों का प्रदर्शन है, कहीं जासूसी कमाल का। जैसे सारी संस्कृति उन्मत्त होकर मरु में जल खोज रही है। उस साहित्य का परिणाम यही है कि वैयक्तिक स्वार्थ-परायणता दिन-दिन बढ़ती जाती है, अर्थ-लोलुपता की कहीं सीमा नहीं, नित्य दंगे, नित्य लड़ाइयाँ। प्रत्येक वस्तु स्वार्थ के काँटे पर तौली जा रही है। यहाँ तक कि अब किसी युरोपियन महात्मा का उपदेश सुनकर भी सन्देह होता है कि इसके परदे में स्वार्थ न हो। साहित्य सामाजिक आदर्शों का स्रष्टा है। जब आदर्श ही भ्रष्ट हो गया, तो समाज के पतन में बहुत दिन नहीं लगते। नयी सभ्यता का जीवन डेढ़ सौ साल से अधिक नहीं पर अभी से संसार उससे तंग आ गया है। इसके बदले में उसे कोई ऐसी वस्तु नहीं, मिल रही है, जिसे वहाँ स्थापित कर सके। उसकी दशा उस मनुष्य की-सी है, जो यह तो समझ रहा है कि वह जिस रास्ते पर जा रहा है, वह ठीक रास्ता नहीं है; पर वह इतनी दूर आ चुका है, कि अब लौटने की उसमें सामर्थ्य नहीं है। वह आगे ही जायगा। चाहे उधर कोई समुद्र ही क्यों न लहरें मार रहा हो। उसमें नैराश्य का हिंसक बल है, आशा की उदार शक्ति नहीं। भारतीय साहित्य का आदर्श उसका त्याग और उत्सर्ग है। योरप का कोई व्यक्ति लखपती होकर, जायदाद खरीद कर, कम्पनियों में हिस्से लेकर, और ऊँची सोसायटी में मिलकर अपने को कृतकार्य समझता है। भारत अपने को उस समय कृतकार्य समझता है, जब वह इस माया-बन्धन से मुक्त हो जाता है, जब उसमें भोग और अधिकार का मोह नहीं रहता। किसी राष्ट्र की सबसे मूल्यवान् सम्पत्ति उसके साहित्यिक आदर्श होते हैं। व्यास और वाल्मीकि ने जिन आदर्शों की सृष्टि की, वह आज भी भारत का सिर ऊँचा किये हुए हैं। राम अगर वाल्मीकि के साँचे में न ढलते, तो राम न रहते। सीता भी उसी साँचे में ढलकर सीता हुईं। यह सत्य है कि हम सब ऐसे चरित्रों का निर्माण नहीं कर सकते; पर एक धन्वन्तरि के होने पर भी संसार में वैद्यों की आवश्यकता रही है और रहेगी।

ऐसा महान् दायित्व जिस वस्तु पर है, उसके निर्माताओं का पद कुछ कम जिम्मेदारी का नहीं है। कलम हाथ में लेते ही हमारे सिर बड़ी भारी जिम्मेदारी आ जाती है। साधारणतः युवावस्था में हमारी निगाह पहले विध्वंस करने की ओर उठ जाती है। हम सुधार करने की धुन में अन्धाधुन्ध शर चलाना शुरू करते हैं। खुदाई फौजदार बन जाते हैं। तुरन्त आँखें काले धब्बों की ओर पहुँच जाती हैं। यथार्थवाद के प्रवाह में बहने लगते हैं। बुराइयों के नग्न चित्र खींचने में कला की कृतकार्यता समझते हैं। यह सत्य है कि कोई मकान गिराकर ही उसकी जगह नया मकान बनाया जाता है। पुराने ढकोसलों और बन्धनों को तोड़ने की जरूरत है; पर इसे साहित्य नहीं कह सकते। साहित्य तो वही है, जो साहित्य की मर्यादाओं को पालन

करे। हम अक्सर साहित्य का मर्म समझे बिना ही लिखना शुरू कर देते हैं। शायद हम समझते हैं कि मजेदार, चटपटी और ओजपूर्ण भाषा लिखना ही साहित्य है। भाषा भी साहित्य का एक अंग है; पर साहित्य विध्वंस नहीं करता, निर्माण करता है। वह मानव-चरित्र की कालिमाएँ नहीं दिखाता, उसकी उज्ज्वलताएँ दिखाता है। मकान गिरानेवाला इंजीनियर नहीं कहलाता। इंजीनियर तो निर्माण ही करता है। हममें जो युवक साहित्य को अपने जीवन का ध्येय बनाना चाहते हैं, उन्हें बहुत आत्मसंयम की आवश्यकता है, क्योंकि वह अपने को एक महान् पद के लिए तैयार कर रहा है, जो अदालतों में बहस करने या कुरसी पर बैठकर मुकदमे का फैसला करने से कहीं ऊँचा है। उसके लिए केवल डिग्रियाँ और ऊँची शिक्षा काफी नहीं। चित्त की साधना, संयम, सौन्दर्य, तत्व का ज्ञान, इसकी कहीं ज्यादा जरूरत है। साहित्यकार को आदर्शवादी होना चाहिए। भावों का परिमार्जन भी उतना ही वांछनीय है जब तक हमारे साहित्य-सेवी इस आदर्श तक न पहुँचेंगे तब तक हमारे साहित्य से मंगल की आशा नहीं की जा सकती। अमर साहित्य के निर्माता विलासी प्रवृत्ति के मनुष्य नहीं थे। वाल्मीकि और व्यास दोनों तपस्वी थे। सूर और तुलसी भी विलासिता के उपासक न थे। कबीर भी तपस्वी ही थे। हमारा साहित्य अगर आज उन्नति नहीं करता तो इसका कारण यह है कि हमने साहित्य-रचना के लिए कोई तैयारी नहीं की। दो-चार नुस्खे याद करके हकीम बन बैठे। साहित्य का उत्थान राष्ट्र का उत्थान है और हमारी ईश्वर से यही याचना है कि हममें सच्चे साहित्य सेवी उत्पन्न हों, सच्चे तपस्वी, सच्चे आत्मज्ञानी।

कहानी-कला : 1

गल्प, आख्यायिका या छोटी कहानी लिखने की प्रथा प्राचीन काल से चली आती है। धर्म-ग्रन्थों में जो दृष्टान्त भरे पड़े हैं, वे छोटी कहानियाँ ही हैं; पर कितनी उच्च कोटि की। महाभारत, उपनिषद्, बुद्ध-जातक, बाइबिल, सभी सद्ग्रन्थों में जन-शिक्षा का यही साधन उपयुक्त समझा गया है। ज्ञान और तत्व की बातें इतनी सरल रीति से और क्योंकर समझायी जातीं? किन्तु प्राचीन ऋषि इन दृष्टान्तों द्वारा केवल आध्यात्मिक और नैतिक तत्वों का निरूपण करते थे। उनका अभिप्राय केवल मनोरंजन न होता था। सद्ग्रन्थों के रूपकों और बाइबिल के Parables देखकर तो यही कहना पड़ता है कि अगले जो कुछ कर गये, वह हमारी शक्ति से बाहर है, कितनी विशुद्ध कल्पना, कितना मौलिक निरूपण, कितनी ओजस्विनी रचना-शैली है कि उसे देखकर वर्तमान साहित्यिक की बुद्धि चकरा जाती है। आजकल आख्यायिका का अर्थ बहुत व्यापक हो गया है। उसमें प्रेम की कहानियाँ, जासूसी किस्से, भ्रमण-वृत्तान्त, अद्भुत घटना, विज्ञान की बातें, यहाँ तक कि मित्रों की गप-शप भी शामिल कर दी जाती हैं। एक अँगरेजी समालोचक के मतानुसार तो कोई रचना, जो पन्द्रह मिनटों में पढ़ी जा सके, गल्प कही जा सकती है। और तो और, उसका यथार्थ उद्देश्य इतना अनिश्चित हो गया है कि उसमें किसी प्रकार का उपदेश होना दूषण समझा जाने लगा है। वह कहानी सबसे नाकिस समझी जाती है, जिसमें उपदेश की छाया भी पड़ जाय।

आख्यायिकाओं द्वारा नैतिक उपदेश देने की प्रथा धर्मग्रन्थों ही में नहीं, साहित्य-ग्रन्थों में भी प्रचलित थी। कथा-सरित्सागर इसका उदाहरण है। इसके पश्चात् बहुत-सी आख्यायिकाओं को एक श्रृंखला में बाँधने की प्रथा चली। बैताल-पचीसी और सिंहासन-बत्तीसी इसी श्रेणी की पुस्तकें हैं। उनमें कितनी नैतिक और धार्मिक समस्याएँ हल की गयी हैं, यह उन लोगों से छिपा नहीं है, जिन्होंने उनका अध्ययन किया है। अरबी में सहस्र-रजनी-चरित्र इसी भाँति का अद्भुत संग्रह है; किन्तु उसमें किसी प्रकार का उपदेश देने की चेष्टा नहीं की गयी है। उसमें सभी रसों का समावेश है, पर अदभुत रस ही की प्रधानता है, और

अद्‌भुत रस में उपदेश की गुंजाइश नहीं रहती। कदाचित् उसी आदर्श को लेकर इस देश में शुक बहत्तरी के ढंग की कथाएँ रची गयीं, जिनमें स्त्रियों की बेबफाई का राग अलापा गया है। यूनान में हकीम ईसप ने एक नया ही ढंग निकाला। उन्होंने पशुपक्षियों की कहानियों द्वारा उपदेश देने का आविष्कार किया।

मध्यकाल काव्य और नाटक-रचना का काल था; आख्यायिकाओं की ओर बहुत कम ध्यान दिया गया। उस समय कहीं तो भक्ति-काव्य की प्रधानता रही, कहीं राजाओं के कीर्तिमान की। हाँ, शेखसादी ने फारसी में गुलिस्ताँ-बोस्ताँ की रचना करके आख्यायिकाओं की मर्यादा रखी। यह उपदेश-कुसुम इतना मनोहर और सुन्दर है कि चिरकाल तक प्रेमियों के हृदय इसके सुगन्ध से रंजित होते रहेंगे। उन्नीसवीं शताब्दी में फिर आख्यायिकाओं की ओर साहित्यकारों की प्रवृत्ति हुई; और तभी से सभ्य-साहित्य में इनका विशेष महत्त्व है। योरप की सभी भाषाओं में गल्पों का यथेष्ट प्रचार है; पर मेरे विचार में फ्रांस और रूस के साहित्य में जितनी उच्च-कोटि की गल्पें पायी जाती हैं, उतनी अन्य योरपीय भाषाओं में नहीं। अँगरेजी में भी डिकेंस, वेल्स, हार्डी, किप्लिंग, शार्लट ब्रांटी आदि ने कहानियाँ लिखी हैं, लेकिन इनकी रचनाएँ भी मोपासाँ, बालजक या पियेर लोती के टक्कर की नहीं। फ्रांसीसी कहानियों में सरसता की मात्रा बहुत अधिक रहती है। इसके अतिरिक्त मोपासाँ और बालजक ने आख्यायिका के आदर्श को हाथ से नहीं जाने दिया है। उनमें आध्यात्मिक या सामाजिक गुत्थियाँ अवश्य सुनझायी गयी हैं। रूस में सबसे उत्तम कहानियाँ काउंट टॉलस्टॉय की हैं। इनमें कई तो ऐसी हैं, जो प्राचीन काल के दृष्टान्तों की उच्च कोटि की हैं। चेखव ने बहुत कहानियाँ लिखी हैं, और योरप में उनका प्रचार भी बहुत है; किन्तु उनमें रूस के विलास-प्रिय समाज के जीवन-चित्रों के सिवा और कोई विशेषता नहीं। दास्तावेस्की ने भी उपन्यासों के अतिरिक्त कहानियाँ लिखी हैं; पर उनमें मनोभावों की दुर्बलता दिखाने ही की चेष्टा की गयी है। भारत में बंकिमचन्द्र और डॉक्टर रवीन्द्रनाथ ने कहानियाँ लिखी हैं, और उनमें से कितनी ही बहुत उच्च-कोटि की हैं।

प्रश्न यह हो सकता है कि आख्यायिका और उपन्यास में आकार के अतिरिक्त और भी कोई अन्तर है? हाँ, है और बहुत बड़ा अन्तर है। उपन्यास घटनाओं, पात्रों और चरित्रों का समूह है; आख्यायिका केवल एक घटना है—अन्य बातें सब उसी घटना के अन्तर्गत होती हैं। इस विचार से उसकी तुलना ड्रामा से की जा सकती है। उपन्यास में आप चाहे जितने स्थान लायें, चाहे जितने दृश्य दिखायें, चाहे जितने चरित्र खींचें; पर यह कोई आवश्यक बात नहीं कि ये सब घटनाएँ और चरित्र एक ही केन्द्र पर मिल जायँ। उनमें कितने ही चरित्र तो केवल मनोभाव दिखाने के लिए ही रहते हैं; पर आख्यायिका में इस बाहुल्य की गुंजाइश नहीं, बल्कि कई सुविज्ञ जनों की सम्मति तो यह है कि उसमें केवल एक ही घटना या

चरित्र का उल्लेख होना चाहिए। उपन्यास में आपकी कलम में जितनी शक्ति हो उतना जोर दिखाइए, राजनीति पर तर्क कीजिए, किसी महफिल के वर्णन में दस-बीस पृष्ठ लिख डालिए; (भाषा सरस होनी चाहिए) ये कोई दूषण नहीं। आख्यायिका में आप महफिल के सामने से चले जायँगे, और बहुत उत्सुक होने पर भी आप उसकी ओर निगाह नहीं उठा सकते। वहाँ तो एक शब्द, एक वाक्य भी ऐसा न होना चाहिए, जो गल्प के उद्देश्य को स्पष्ट न करता हो। इसके सिवा, कहानी की भाषा बहुत ही सरल और सुबोध होनी चाहिए। उपन्यास वे लोग पढ़ते हैं, जिनके पास रुपया है; और समय भी उन्हीं के पास रहता है, जिनके पास धन होता है। आख्यायिका साधारण जनता के लिए लिखी जाती है, जिनके पास न धन है, न समय। यहाँ तो सरलता पैदा कीजिए, यही कमाल है। कहानी वह ध्रुपद की तान है जिसमें गायक महफिल शुरू होते ही अपनी सम्पूर्ण प्रतिभा दिखा देता है, एक क्षण में चित्त को इतने माधुर्य से परिपूरित कर देता है, जितना रात भर गाना सुनने से भी नहीं हो सकता।

हम जब किसी अपरिचित प्राणी से मिलते हैं, तो स्वभावतः यह जानना चाहते हैं कि यह कौन है। पहले उससे परिचय करना आवश्यक समझते हैं। पर आजकल कथा भिन्न-भिन्न रूप से आरम्भ की जाती है। कहीं दो मित्रों की बातचीत से कथा आरम्भ हो जाती है, कहीं पुलिसकोर्ट के एक दृश्य से। परिचय पीछे आता है! वह अंग्रेजी आख्यायिकाओं की नकल है। इससे कहानी अनायास ही जटिल और दुर्बोध हो जाती है। योरपवालों की देखा-देखी यन्त्रों द्वारा, डायरी या टिप्पणियों द्वारा भी कहानियाँ लिखी जाती हैं। मैंने स्वयं इन सभी प्रथाओं पर रचना की है; पर वास्तव में इससे कहानी की सरलता में बाधा पड़ती है। योरप के विज्ञ समालोचक कहानियों के लिए किसी अन्त की भी जरूरत नहीं समझते। इसका कारण यही है कि वे लोग कहानियाँ केवल मनोरंजन के लिए पढ़ते हैं। आपको एक लेडी लन्दन के किसी होटल में मिल जाती है। उसके साथ उसकी वृद्धा माता भी है। माता कन्या से किसी विशेष पुरुष से विवाह करने के लिए आग्रह करती है। लड़की ने अपना दूसरा वर ठीक कर रखा है। माँ बिगड़कर कहती है, मैं तुझे अपना धन न दूँगी। कन्या कहती है, मुझे इसकी परवा नहीं। अन्त में माता अपनी लड़की से रूठकर चली जाती है। लड़की निराशा की दशा में बैठी है कि उसका अपना पसन्द किया युवक आता है। दोनों में बातचीत होती है। युवक का प्रेम सच्चा है। वह बिना धन के ही विवाह करने पर राजी हो जाता है। विवाह होता है। कुछ दिनों तक स्त्री-पुरुष सुख-पूर्वक रहते हैं। इसके बाद पुरुष धनाभाव से किसी दूसरी धनवान् स्त्री की टोह लेने लगता है। उसकी स्त्री को इसकी खबर हो जाती है, और वह एक दिन घर से निकल जाती है। बस, कहानी समाप्त कर दी जाती है। क्योंकि realists अर्थात् यथार्थवादियों का कथन

है कि संसार में नेकी-वदी का फल कहीं मिलता नजर नहीं आता; बल्कि बहुधा बुराई का परिणाम अच्छा और भलाई का बुरा होता है। आदर्शवादी कहता है, यथार्थ का यथार्थ रूप दिखाने से फायदा ही क्या, वह तो अपनी आँखों से देखते ही हैं। कुछ देर के लिए तो हमें इन कुत्सित व्यवहारों से अलग रहना चाहिए, नहीं तो साहित्य का मुख्य उद्देश्य ही गायब हो जाता है। वह साहित्य को समाज का दर्पण-मात्र नहीं मानता, बल्कि दीपक मानता है, जिसका काम प्रकाश फैलाना है। भारत का प्राचीन साहित्य आदर्शवाद ही का समर्थक है। हमें भी आदर्श ही की मर्यादा का पालन करना चाहिए। हाँ, यथार्थ का उसमें ऐसा सम्मिश्रण होना चाहिए कि सत्य से दूर न जाना पड़े।

कहानी-कला : 2

एक आलोचक ने लिखा है कि इतिहास में सब-कुछ यथार्थ होते हुए भी वह असत्य है, और कथा-साहित्य में सब-कुछ काल्पनिक होते हुए भी वह सत्य है।

इस कथन का आशय इसके सिवा और क्या हो सकता है कि इतिहास आदि से अन्त तक हत्या, संग्राम और धोखे का ही प्रदर्शन है, जो असुन्दर है, इसलिए असत्य है। लोभ की क्रूर से क्रूर, अहंकार की नीच से नीच, ईर्ष्या की अधम-से-अधम घटनाएँ आपको वहाँ मिलेंगी, और आप सोचने लगेंगे, 'मनुष्य इतना अमानुष है! थोड़े-से स्वार्थ के लिए भाई भाई की हत्या कर डालता है, बेटा बाप की हत्या कर डालता है और राजा असंख्य प्रजा की हत्या कर डालता है!' उसे पढ़कर मन में ग्लानि होती है, आनन्द नहीं। और जो वस्तु आनन्द नहीं प्रदान कर सकती वह सुन्दर नहीं हो सकती, और जो सुन्दर नहीं हो सकती वह सत्य भी नहीं हो सकती। जहाँ आनन्द है, वहीं सत्य है। साहित्य काल्पनिक वस्तु है; पर उसका प्रधान गुण है आनन्द प्रदान करना, और इसलिए वह सत्य है।

मनुष्य ने जगत् में जो कुछ सत्य और सुन्दर पाया है और पा रहा है उसी को साहित्य कहते हैं, और कहानी भी साहित्य का एक भाग है।

मनुष्य-जाति के लिए मनुष्य ही सबसे विकट पहेली है। वह खुद अपनी समझ में नहीं आता। किसी-न-किसी रूप में वह अपनी ही आलोचना किया करता है—अपने ही मनोरहस्य खोला करता है। मानव-संस्कृति का विकास ही इसलिए हुआ है कि मनुष्य अपने को समझे। अध्यात्म और दर्शन की भाँति साहित्य भी इसी सत्य की खोज में लगा हुआ है—अन्तर इतना ही है कि वह इस उद्योग में रस का मिश्रण करके उसे आनन्दप्रद बना देता है, इसलिए अध्यात्म और दर्शन केवल ज्ञानियों के लिए है, साहित्य मनुष्य-मात्र के लिए।

जैसा हम ऊपर कह चुके हैं, कहानी या आख्यायिका साहित्य का एक प्रधान अंग है; आज से नहीं, आदि काल से ही। हाँ, आजकल की आख्यायिका और प्राचीन काल की आख्यायिका में समय की गति और रुचि के परिवर्तन से, बहुत-कुछ अन्तर हो गया है। प्राचीन आख्यायिका कुतूहल-प्रधान होती थी या

अध्यात्मक-विषयक। उपनिषद् और महाभारत में आध्यात्मिक रहस्यों को समझाने के लिए आख्यायिकाओं का आश्रय लिया गया है। बौद्ध-जातक भी आख्यायिका के सिवा और क्या है? बाइबिल में भी दृष्टान्तों और आख्यायिकाओं के द्वारा ही धर्म के तत्व समझाये गये हैं। सत्य इस रूप में आकर साकार हो जाता है और तभी जनता उसे समझती है और उसका व्यवहार करती है।

वर्तमान आख्यायिका मनोवैज्ञानिक विश्लेषण और जीवन के यथार्थ और स्वाभाविक चित्रण को अपना ध्येय समझती है। उसमें कल्पना की मात्रा कम और अनुभूतियों की मात्रा अधिक होती है। इतना ही नहीं बल्कि अनुभूतियाँ ही रचनाशील भावना से अनुरंजित होकर कहानी बन जाती हैं।

मगर यह समझना भूल होगी कि कहानी जीवन का यथार्थ चित्र है। यथार्थ जीवन का चित्र तो मनुष्य स्वयं हो सकता है; मगर कहानी के पात्रों के सुख-दुःख से हम जितना प्रभावित होते हैं, उतना यथार्थ जीवन से नहीं होते—जब तक वह निजत्व की परिधि में न जाय। कहानियों में पात्रों से हमें एक ही दो मिनट के परिचय में निजत्व हो जाता है और हम उनके साथ हँसने और रोने लगते हैं। उनका हर्ष और विषाद हमारा अपना हर्ष और विषाद हो जाता है। इतना ही नहीं, बल्कि कहानी पढ़कर वे लोग भी रोते या हँसते देखे जाते हैं, जिन पर साधारणतः सुख-दुःख का कोई असर नहीं पड़ता। जिनकी आँखें श्मशान में या कब्रिस्तान में भी सजल नहीं होतीं, वे लोग उपन्यास के मर्मस्पर्शी स्थलों पर पहुँचकर रोने लगते हैं।

शायद इसका यह भी कारण हो कि स्थूल प्राणी सूक्ष्म मन के उतने समीप नहीं पहुँच सकते, जितने कि कथा के सूक्ष्म चरित्र के। कथा के चरित्रों और मन के बीच में जड़ता का यह पर्दा नहीं होता, जो एक मनुष्य के हृदय को दूसरे मनुष्य के हृदय से दूर रखता है और अगर हम यथार्थ को हूबहू खींचकर रख दें, तो उसमें कला कहाँ है? कला केवल यथार्थ की नकल का नाम नहीं है।

कला दीखती तो यथार्थ है; पर यथार्थ होती नहीं। उसकी खूबी यही है कि वह यथार्थ न होते हुए भी यथार्थ मालूम हो। उसका माप-दंड भी जीवन के माप-दंड से अलग है। जीवन में बहुधा हमारा अन्त उस समय हो जाता है जब यह वांछनीय नहीं होता। जीवन किसी का दायी नहीं है, उसके सुख-दुःख, हानि-लाभ, जीवन-मरण में कोई क्रम, कोई सम्बन्ध नहीं ज्ञात होता—कम से कम मनुष्य के लिए वह अज्ञेय है। लेकिन कथा-साहित्य मनुष्य का रचा हुआ जगत् है और परिमित होने के कारण सम्पूर्णतः हमारे सामने आ जाता है, और जहाँ वह हमारी मानवी-न्याय-बुद्धि या अनुभूति का अतिक्रमण करता हुआ पाया जाता है, हम उसे दंड देने के लिए तैयार हो जाते हैं। कथा में अगर किसी को सुख प्राप्त होता है तो इसका कारण बताना होगा, दुःख भी मिलता है तो उसका कारण बताना होगा। यहाँ कोई चरित्र

मर नहीं सकता, जब तक कि मानव-न्यायबुद्धि उसकी मौत न माँगे। स्रष्टा को जनता की अदालत में अपनी हर एक कृति के लिए जवाब देना पड़ेगा। कला का रहस्य भ्रान्ति है, जिस पर यथार्थ का आवरण पड़ा हो।

हमें यह स्वीकार कर लेने में संकोच न होना चाहिए कि उपन्यासों की ही तरह आख्यायिका की कला भी हमने पच्छिम से ली है—कम-से-कम इसका आज का विकसित रूप तो पच्छिम का है ही। अनेक कारणों से जीवन की अन्य धाराओं की तरह ही साहित्य में भी हमारी प्रगति रुक गयी और हमने प्राचीन से जौ-भर भी इधर-उधर हटना निषिद्ध समझ लिया। साहित्य के लिए प्राचीनों ने जो मर्यादाएँ बाँध दी थीं, उनका उल्लंघन करना वर्जित था। अतएव, काव्य, नाटक, कथा, किसी में भी हम आगे कदम न बढ़ा सके। कोई वस्तु बहुत सुन्दर होने पर भी अरुचिकर हो जाती है, जब तक उनमें कुछ नवीनता न लायी जाय। एक ही तरह के नाटक, एक ही तरह के काव्य पढ़ते-पढ़ते आदमी ऊब जाता है और वह कोई नयी चीज चाहता है—चाहे वह उतनी सुन्दर और उत्कृष्ट न हो। हमारे यहाँ या तो इच्छा उठी ही नहीं, या हमने उसे इतना कुचला कि वह जड़ीभूत हो गयी। पश्चिम प्रगति करता रहा—उसे नवीनता की भूख थी, मर्यादाओं की बेड़ियों से चिढ़। जीवन के हर एक विभाग में उसकी इस अस्थिरता तथा असन्तोष की बेड़ियों से मुक्त हो जाने की छाप लगी हुई है। साहित्य में भी उसने क्रान्ति मचा दी।

शेक्सपियर के नाटक अनुपम हैं; पर आज उन नाटकों को जनता के जीवन से कोई सम्बन्ध नहीं। आज के नाटक का उद्देश्य कुछ और है, आदर्श कुछ और है, विषय कुछ और है, शैली कुछ और है। कथा-साहित्य में भी विकास हुआ और उसके विषय में चाहे उतना बड़ा परिवर्तन न हुआ हो; पर शैली तो बिलकुल ही बदल गयी। अलिफलैला उस वक्त का आदर्श था—उसमें बहुरूपता थीं, वैचित्र्य था, कुतूहल था, रोमांस था—पर उसमें जीवन की समस्याएँ न थी, मनोविज्ञान के रहस्य न थे, अनुभूतियों की इतनी प्रचुरता न थी, जीवन अपने सत्य-रूप में इतना स्पष्ट न था। उसका रूपान्तर हुआ और उपन्यास का उदय हुआ, जो कथा और नाटक के बीच की वस्तु है। पुराने दृष्टान्त भी रूपान्तरित होकर कहानी बन गये।

मगर सौ बरस पहले यूरप भी इस कला से अनभिज्ञ था। बड़े-बड़े उच्च-कोटि के दार्शनिक, ऐतिहासिक तथा सामाजिक उपन्यास लिखे जाते थे; लेकिन छोटी-छोटी कहानियों की ओर किसी का ध्यान न जाता था। हाँ, परियों और भूतों की कहानियाँ लिखी जाती थीं। किन्तु इसी एक शताब्दी के अन्दर, या उससे भी कम में समझिए, छोटी कहानियों ने साहित्य के और सभी अंगों पर विजय प्राप्त कर ली है, और यह कहना गलत न होगा कि जैसे किसी जमाने में काव्य ही साहित्यिक अभिव्यक्ति का व्यापक रूप था वैसे ही आज कहानी है। और उसे यह गौरव प्राप्त हुआ है यूरोप के कितने ही महान् कलाकारों की प्रतिभा से, जिनमें बालजक,

मोपासाँ, चेखव, टॉलस्टाय, मैक्सिम गोर्की आदि मुख्य हैं। हिन्दी में पच्चीस-तीस साल पहले तक कहानी का जन्म न हुआ था। परन्तु आज तो कोई ऐसी पत्रिका नहीं जिसमें दो-चार कहानियाँ न हों—यहाँ तक कि कई पत्रिकाओं में केवल कहानियाँ ही दी जाती हैं।

कहानियों के इस प्राबल्य का मुख्य कारण आजकल का जीवन-संग्राम और समयाभाव है। अब वह जमाना नहीं रहा कि हम 'बोस्ताने खयाल' लेकर बैठ जायँ और सारे दिन उसी की कुंजों में विचरते रहें। अब तो हम जीवन-संग्राम में इतने तन्मय हो गये हैं कि हमें मनोरंजन के लिए समय ही नहीं मिलता, अगर कुछ मनोरंजन स्वास्थ्य के लिए अनिवार्य न होता, और हम विक्षिप्त हुए बिना नित्य अठारह घंटे काम कर सकते, तो शायद हम मनोरंजन का नाम भी न लेते। लेकिन प्रकृति ने हमें विवश कर दिया है। हम चाहते हैं कि थोड़े से थोड़े समय में अधिक मनोरंजन हो जाय— इसीलिए सिनेमा-गृहों की संख्या दिन-दिन बढ़ती जाती है। जिस उपन्यास को पढ़ने में महीनों लगते, उसका आनन्द हम दो घंटों में उठा लेते हैं। कहानी के लिए पन्द्रह-बीस मिनट ही काफी है। अतएव हम कहानी ऐसी चाहते हैं कि वह थोड़े से थोड़े शब्दों में कही जाय, उसमें एक वाक्य, एक शब्द भी अनावश्यक न आने पाये, उसका पहला ही वाक्य मन को आकर्षित कर ले और अन्त तक उसे मुग्ध किये रहे; और उसमें कुछ चटपटापन हो, कुछ ताजगी हो, कुछ विकास हो, और इसके साथ ही कुछ तत्व भी हो। तत्वहीन कहानी से चाहे मनोरंजन भले ही हो जाय, मानसिक तृप्ति नहीं होती। यह सच है कि हम कहानियों में उपदेश नहीं चाहते; लेकिन विचारों को उत्तेजित करने के लिए, मन के सुन्दर भावों को जाग्रत करने के लिए, कुछ-न-कुछ अवश्य चाहते हैं। वही कहानी सफल होती है, जिसमें इन दोनों में से—मनोरंजन और मानसिक तृप्ति में से—एक अवश्य उपलब्ध हो।

सबसे उत्तम कहानी वह होती है, जिसका आधार किसी मनोवैज्ञानिक सत्य पर हो। साधु पिता का अपने कुव्यसनी पुत्र की दशा में दुःखी होना मनोवैज्ञानिक सत्य है। इस आवेग में पिता के मनोवेगों को चित्रित करना और तदनुकूल उसके व्यवहारों को प्रदर्शित करना कहानी को आकर्षक बना सकता है। बुरा आदमी भी बिलकुल बुरा नहीं होता, उसमें कहीं देवता अवश्य छिपा होता है—यह मनोवैज्ञानिक सत्य है। उस देवता को खोलकर दिखा देना सफल आख्यायिका-लेखक का काम है। विपत्ति पर विपत्ति पड़ने से मनुष्य कितना दिलेर हो जाता है—यहाँ तक कि वह बड़े से बड़े संकट का सामना करने के लिए ताल ठोंककर तैयार हो जाता है, उसकी दुर्वासना भाग जाती है, उसके हृदय के किसी गुप्त स्थान में छिपे हुए जौहर निकल आते हैं और हमें चकित कर देते हैं—यह मनोवैज्ञानिक सत्य है। एक ही घटना या दुर्घटना भिन्न-भिन्न प्रकृति के मनुष्यों को भिन्न-भिन्न रूप से प्रभावित

करती है—हम कहानी में इसको सफलता के साथ दिखा सकें, तो कहानी अवश्य आकर्षक होगी। किसी समस्या का समावेश कहानी को आकर्षक बनाने का सबसे उत्तम साधन है। जीवन में ऐसी समस्याएँ नित्य ही उपस्थित होती रहती हैं और उनसे पैदा होनेवाला द्वन्द्व आख्यायिका को चमका देता है। सत्यवादी पिता को मालूम होता है कि उसके पुत्र ने हत्या की है। वह उसे न्याय की वेदी पर बलिदान कर दे, या अपने जीवन-सिद्धान्तों की हत्या कर डाले। कितना भीषण द्वन्द्व है! पश्चात्ताप ऐसे द्वन्द्वों का अखंड स्रोत है। एक भाई ने अपने दूसरे भाई की सम्पत्ति छल-कपट से अपहरण कर ली है, उसे भिक्षा माँगते देखकर क्या छली भाई को जरा भी पश्चात्ताप न होगा? अगर ऐसा न हो, तो वह मनुष्य नहीं है।

उपन्यासों की भाँति कहानियाँ भी कुछ घटना-प्रधान होती हैं, कुछ चरित्र-प्रधान। चरित्र-प्रधान कहानी का पद ऊँचा समझा जाता है, मगर कहानी में बहुत विस्तृत विश्लेषण की गुंजायश नहीं होती। यहाँ हमारा उद्देश्य सम्पूर्ण मनुष्य को चित्रित करना नहीं; वरन् उसके चरित्र का एक अंग दिखाना है। यह परमावश्यक है कि हमारी कहानी से जो परिणाम या तत्त्व निकले, वह सर्वमान्य हो और उसमें कुछ बारीकी हो। यह एक साधारण नियम है कि हमें उसी बात में आनन्द आता है। जिससे हमारा कुछ सम्बन्ध हो। जुआ खेलनेवालों को जो उन्माद और उल्लास होता है, वह दर्शक को कदापि नहीं हो सकता। जब हमारे चरित्र इतने सजीव और इतने आकर्षक होते हैं कि पाठक अपने को उनके स्थान पर समझ लेता है, तभी उस कहानी में आनन्द प्राप्त होता है। अगर लेखक ने अपने पात्रों के प्रति पाठक में यह सहानुभूति नहीं उत्पन्न कर दी, तो वह अपने उद्देश्य में असफल है।

पाठकों से यह कहने की ज़रूरत नहीं है कि इन थोड़े ही दिनों में हिन्दी-कहानी-कला ने कितनी प्रौढ़ता प्राप्त कर ली है। पहले हमारे सामने केवल बँगला कहानियों का नमूना था। अब हम संसार के सभी प्रमुख कहानी-लेखकों की रचनाएँ पढ़ते हैं, उन पर विचार और बहस करते हैं, उनके गुण-दोष निकालते हैं और उनसे प्रभावित हुए बिना नहीं रह सकते। अब हिन्दी कहानी-लेखकों में विषय, दृष्टिकोण और शैली का अलग-अलग विकास होने लगा है—कहानी जीवन से बहुत निकट आ गयी है। उसकी जमीन अब उतनी लम्बी-चौड़ी नहीं है। उसमें कई रसों, कई चरित्रों और कई घटनाओं के लिए स्थान नहीं रहा! वह अब केवल एक प्रसंग का, आत्मा की एक झलक का सजीव हृदय-स्पर्शी चित्रण है। इस एकतथ्यता ने उसमें प्रभाव, आकस्मिकता और तीव्रता भर दी है। अब उसमें व्याख्या का अंश कम, संवेदना का अंश अधिक रहता है। उसकी शैली भी अब प्रभावमयी हो गयी है। लेखक को जो कुछ कहना है, वह कम से कम शब्दों में कह डालना चाहता है। वह अपने चरित्रों के मनोभावों की व्याख्या करने नहीं बैठता, केवल उसकी तरफ इशारा कर देता है। कभी-कभी तो सम्भाषणों में एक दो शब्दों

से ही काम-निकाल देता है। ऐसे कितने ही अवसर होते हैं, जब पात्र के मुँह से एक शब्द सुनकर हम उसके मनोभावों का पूरा अनुमान कर लेते हैं, पूरे वाक्य की जरूरत ही नहीं रहती। अब हम कहानी का मूल्य उसके घटना-विन्यास से नहीं लगाते, हम चाहते हैं कि पात्रों की मनोगति स्वयं घटनाओं की सृष्टि करे। घटनाओं का स्वतन्त्र कोई महत्त्व ही नहीं रहा। उनका महत्त्व केवल पात्रों के मनोभावों को व्यक्त करने की दृष्टि से ही है—उसी तरह, जैसे शालिग्राम स्वतन्त्र रूप से केवल पत्थर का एक गोल टुकड़ा है, लेकिन उपासक की श्रद्धा से प्रतिष्ठित होकर देवता बन जाता है। खुलासा यह कि कहानी का आधार अब घटना नहीं, अनुभूति है। आज लेखक केवल कोई रोचक दृश्य देखकर कहानी लिखने नहीं बैठ जाता। उसका उद्देश्य स्थूल सौन्दर्य नहीं है। वह तो कोई ऐसी प्रेरणा चाहता है, जिसमें सौन्दर्य की झलक हो, और इसके द्वारा वह पाठकों की सुन्दर भावनाओं को स्पर्श कर सके।

कहानी-कला : 3

कहानी सदैव से जीवन का एक विशेष अंग रही है। हर एक बालक को अपने बचपन की वे कहानियाँ याद होंगी, जो उसने अपनी माता या बहन से सुनी थीं। कहानियाँ सुनने को वह कितना लालायित रहता था, कहानी शुरू होते ही वह किस तरह सब-कुछ भूलकर सुनने में तन्मय हो जाता था, कुत्ते और बिल्लियों की कहानियाँ सुनकर वह कितना प्रसन्न होता था—इसे शायद वह कभी नहीं भूल सकता। बाल-जीवन की मधुर स्मृतियों में कहानी शायद सबसे मधुर है। वह खिलौने, मिठाइयाँ और तमाशे सब भूल गये; पर वे कहानियाँ अभी तक याद हैं और उन्हीं कहानियों को आज उसके मुँह से उसके बालक उसी हर्ष और उत्सुकता से सुनते होंगे। मनुष्य-जीवन की सबसे बड़ी लालसा यही है कि वह कहानी बन जाय और उसकी कीर्ति हर एक जबान पर हो।

कहानियों को जन्म तो उसी समय में हुआ, जब आदमी ने बोलना सीखा; लेकिन प्राचीन कथा-साहित्य का हमें जो कुछ ज्ञान है, वह 'कथा-सरित्सागर,' 'ईसप की कहानियाँ' और 'अलिफ़-लैला' आदि पुस्तकों से हुआ है। ये सब उस समय के साहित्य के उज्ज्वल रत्न हैं। उनका मुख्य लक्षण उनका कथा-वैचित्र्य था। मानव-हृदय को वैचित्र्य से सदैव प्रेम रहा है। अनोखी घअनाओं और प्रसंगों को सुनकर हम, अपने बाप दादा की भाँति ही, आज भी प्रसन्न होते हैं। हमारा खयाल है कि जनरुचि जितनी आसानी से अलिफ़-लैला की कथाओं का आनन्द उठाती है, उतनी आसानी से नवीन उपन्यासों का आनन्द नहीं उठा सकती। और अगर काउंट टॉलस्टॉय के कथनानुसार जनप्रियता ही कला का आदर्श मान लिया जाय तो, अलिफ़-लैला के सामने स्वयं टॉल्सटॉय के 'वार ऐंड पीस' और ह्यूगो के 'ले मिज़रेबुल' की कोई गिनती नहीं। इस सिद्धान्त के अनुसार हमारी राग-रागिनियाँ, हमारी सुन्दर चित्रकारियाँ और कला के अनेक रूप, जिन पर मानव-जाति को गर्व है, कला के क्षेत्र से बाहर हो जाएँगे। जन-रुचि परज और बिहाग की अपेक्षा विरहे और दादरे को ज्यादा पसन्द करती है। विरहों और ग्रामगीतों में बहुधा बड़े ऊँचे दरजे की कविता होती है, फिर भी यह कहना असत्य नहीं है कि विद्वानों और

आचार्यों ने कला के विकास के लिए जो मर्यादाएँ बना दी हैं, उनसे कला का रूप अधिक सुन्दर और अधिक संयत हो गया है। प्रकृति में जो कला है, वह प्रकृति की है, मनुष्य की नहीं। मनुष्य को तो वही कला मोहित करती है, जिस पर मनुष्य की आत्मा की छाप हो, जो गीली मिट्टी की भाँति मानव-हृदय के साँचे में पड़कर संस्कृत हो गयी हो। प्रकृति का सौन्दर्य हमें अपने विस्तार और वैभव से पराभूत कर देता है। उससे हमें आध्यात्मिक उल्लास मिलता है; वही दृश्य जब मनुष्य की तूलिका एवं रंगों और मनोभावों से रंजित होकर हमारे सामने आता है, तो वह जैसे हमारा अपना हो जाता है। उसमें हमें आत्मीयता का सन्देश मिलता है।

लेकिन भोजन जहाँ थोड़े-से मसाले से अधिक रुचिकर हो जाता है, वहाँ यह भी आवश्यक है कि मसाले मात्रा में बढ़ने न पायें। जिस तरह मसालों के बाहुल्य से भोजन का स्वाद और उपयोगिता कम हो जाती है, उसी भाँति साहित्य भी अलंकारों के दुरुपयोग से विकृत हो जाता है। जो कुछ स्वाभाविक है, वही सत्य है और स्वाभाविक से दूर होकर कला अपना आनन्द खो देती है और उसे समझनेवाले थोड़े-से कलाविद् ही रह जाते हैं; उसमें जनता के मर्म को स्पर्श करने की शक्ति नहीं रह जाती।

पुरानी कथा-कहानियाँ अपने घटना-वैचित्र्य के कारण मनोरंजक तो हैं; पर उनमें उस रस की कमी है जो शिक्षित रुचि साहित्य में खोजती है। अब हमारी साहित्यिक रुचि कुछ परिष्कृत हो गयी है। हम हर एक विषय की भाँति साहित्य में भी बौद्धिकता की तलाश करते हैं। अब हम किसी राजा की अलौकिक वीरता या रानी के हवा में उड़कर राजा के पास पहुँचने, या भूत-प्रेतों के काल्पनिक चरित्रों को देखकर प्रसन्न नहीं होते। हम उन्हें यथार्थ के काँटे पर तौलते हैं और जौ-भर भी इधर-उधर नहीं देखना चाहते। आजकल के उपन्यासों और आख्यायिकाओं में अस्वाभाविक बातों के लिए गुंजाइश नहीं है। उसमें हम अपने जीवन का ही प्रतिबिम्ब देखना चाहते हैं। उनमें एक-एक वाक्य को, एक-एक पात्र को यथार्थ के रूप में देखना चाहते हैं। उनमें जो कुछ भी हो, वह इस तरह लिखा जाय कि साधारण बुद्धि उसे यथार्थ समझे। घटना वर्तमान कहानी या उपन्यास का मुख्य अंग नहीं है। उपन्यासों में पात्रों का केवल बाह्य रूप देखकर हम सन्तुष्ट नहीं होते। हम उनके मनोगत भावों तक पहुँचना चाहते हैं और जो लेखक मानवी हृदय के रहस्यों को खोलने में सफल होता है, उसी की रचना सफल समझी जाती है। हम केवल इतने ही से सन्तुष्ट नहीं होते कि अमुक व्यक्ति ने अमुक काम किया। हम देखना चाहते हैं कि किन मनोभावों से प्रेरित होकर उसने यह काम किया; अतएव मानसिक द्वन्द्व वर्तमान उपन्यास या गल्प का खास अंग है।

प्राचीन कलाओं में लेखक बिलकुल नेपथ्य में छिपा रहता था। हम उसके विषय में उतना ही जानते थे, जितना वह अपने को अपने पात्रों के मुख से व्यक्त करता था। जीवन पर उसके क्या विचार हैं, भिन्न-भिन्न परिस्थितियों में उसके

मनोभावों में क्या परिवर्तन होते हैं, इसका हमें कुछ पता न चलता था; लेकिन आजकल उपन्यासों में हमें लेखक के दृष्टिकोण का भी स्थल-स्थल पर परिचय मिलता है। हम उसके मनोगत विचारों और भावों द्वारा उसका रूप देखते रहते हैं और ये भाव जितने व्यापक और गहरे तथा अनुभव-पूर्ण होते हैं, उतनी ही लेखक के प्रति हमारे मन में श्रद्धा उत्पन्न होती है। यों कहना चाहिए कि वर्तमान आख्यायिका या उपन्यास का आधार ही मनोविज्ञान है। घटनाएँ और पात्र तो उसी मनोवैज्ञानिक सत्य को स्थिर करने के निमित्त ही लाये जाते हैं। उनका स्थान बिलकुल गौण है। उदाहरणतः मेरी 'सुजान भगत', 'मुक्ति-मार्ग', 'पंच-परमेश्वर', 'शतरंज के खिलाड़ी' और 'महातीर्थ' नामक सभी कहानियों में एक न एक मनोवैज्ञानिक रहस्य को खोलने की चेष्टा की गयी है।

यह तो सभी मानते हैं कि आख्यायिका का प्रधान धर्म मनोरंजन है; पर साहित्यिक मनोरंजन वह है, जिससे हमारी कोमल और पवित्र भावनाओं को प्रोत्साहन मिले– हममें सत्य, निःस्वार्थ सेवा; न्याय आदि देवत्व के जो अंश हैं, वे जागृत हों। वास्तव में मानवीय आत्मा की यह वह चेष्टा है, जो उसके मन में अपने-आपको पूर्णरूप में देखने की होती है। अभिव्यक्ति मानव-हृदय का स्वाभाविक गुण है। मनुष्य जिस समाज में रहता है, उसमें मिलकर रहता है, जिन मनोभावों से वह अपने मेल के क्षेत्र को बढ़ा सकता है, अर्थात् जीवन के अनन्त प्रवाह में सम्मिलित हो सकता है, वही सत्य है। जो वस्तुएँ भावनाओं के इस प्रवाह में बाधक होती हैं, वे सर्वथा अस्वाभाविक हैं; परन्तु यदि स्वार्थ, अहंकार और ईर्ष्या की ये बाधाएँ न होतीं, तो हमारी आत्मा के विकास को शक्ति कहाँ से मिलती? शक्ति तो संघर्ष में है। हमारा मन इन बाधाओं को परास्त करके अपने स्वाभाविक कर्म को प्राप्त करने की सदैव चेष्टा करता रहता है। इसी संघर्ष से साहित्य की उत्पत्ति होती है। यही साहित्य की उपयोगिता भी है। साहित्य में कहानी का स्थान इसलिए ऊँचा है कि वह एक क्षण में ही, बिना किसी घुमाव-फिराव के, आत्मा के किसी न किसी भाव को प्रकट कर देती है। और चाहे थोड़ी ही मात्रा में क्यों न हो, वह हमारे परिचय का, दूसरों में अपने को देखने का, दूसरों के हर्ष या शोक को अपना बना लेने का क्षेत्र बढ़ा देती है।

हिन्दी में इस नवीन शैली की कहानियों का प्रचार अभी थोड़े ही दिनों से हुआ है; पर इन थोड़े ही दिनों में इसने साहित्य के अन्य सभी अंगों पर अपना सिक्का जमा लिया है। किसी पत्र को उठा लीजिए, उसमें कहानियों ही की प्रधानता होगी। हाँ जो पत्र किसी विशेष नीति या उद्देश्य से निकाले जाते हैं उनमें कहानियों का स्थान नहीं रहता। जब डाकिया कोई पत्रिका लाता है, तो हम सबसे पहले उसकी कहानियाँ पढ़ना शुरू करते हैं। इनसे हमारी यह क्षुधा तो नहीं मिटती, जो इच्छापूर्ण भोजन चाहती है पर फलों और मिठाइयों की क्षुधा हमें सदैव बनी रहती है, वह अवश्य कहानियों से तृप्त हो जाती है। हमारा खयाल है कि

कहानियों ने अपने सार्वभौम आकर्षण के कारण, संसार के प्राणियों को एक दूसरे से जितना निकट कर दिया है, उनमें जो एकात्मभाव उत्पन्न कर दिया है, उतना और किसी चीज ने नहीं किया। हम आस्ट्रेलिया का गेहूँ खाकर, चीन की चाय पीकर, अमेरिका की मोटरों पर बैठकर भी उनको उत्पन्न करनेवाले प्राणियों से बिलकुल अपरिचित रहते हैं, लेकिन मोपासाँ, अनातोल फ्रान्स, चेखव और टॉलस्टॉय की कहानियाँ पढ़कर हमने फ्रान्स और रूस से आत्मिक सम्बन्ध स्थापित कर लिया है। हमारे परिचय का क्षेत्र सागरों, द्वीपों और पहाड़ों को लाँघता हुआ फ्रान्स और रूस तक विस्तृत हो गया है। हम वहाँ भी अपनी ही आत्मा का प्रकाश देखने लगते हैं। वहाँ के किसान और मजदूर एवं विद्यार्थी हमें ऐसे लगते हैं, मानो उनसे हमारा घनिष्ठ परिचय हो।

हिन्दी में बीस-पच्चीस साल पहले कहानियों की कोई चर्चा न थी। कभी-कभी बँगला या अँगरेजी कहानियों के अनुवाद छप जाते थे। परन्तु आज कोई ऐसा पत्र नहीं, जिसमें दो-चार कहानियाँ प्रतिमास न छपती हों। कहानियों के अच्छे-अच्छे संग्रह निकलते जा रहे हैं। अभी बहुत दिन नहीं हुए कि कहानियों को पढ़ना समय का दुरुपयोग समझा जाता था। बचपन में हम कभी कोई किस्सा पढ़ते पकड़ लिये जाते थे, तो कड़ी डाँट पड़ती थी। यह खयाल किया जाता था कि किस्सों से चरित्र भ्रष्ट हो जाता है। और उन 'फिसाना अजायब' और 'शुक-बहत्तरी' और 'तोता-मैना' के दिनों में ऐसा खयाल होना स्वाभाविक ही था। उस वक्त कहानियाँ कहीं स्कूल कैरिकुलम में रख दी जातीं, तो शायद पिताओं का एक डेपुटैशन इसके विरोध में शिक्षा विभाग के अध्यक्ष की सेवा में पहुँचता। आज छोटे-बड़े सभी क्लासों में कहानियाँ पढ़ायी जाती हैं और परीक्षाओं में उन पर प्रश्न किये जाते हैं। यह मान लिया गया कि सांस्कृतिक विकास के लिए सरस साहित्य से उत्तम कोई साधन नहीं है। अब लोग यह भी स्वीकार करने लगे हैं कि कहानी कोरी गप नहीं है, और उसे मिथ्या समझना भूल है। आज से दो हजार बरस पहले यूनान के विख्यात फिलासफर अफलातूँ ने कहा था कि हर एक काल्पनिक रचना में मौलिक सत्य मौजूद रहता है। रामायण, महाभारत आज भी उतने ही सत्य हैं, जितने आज से पाँच हजार साल पहले थे, हालाँकि इतिहास, विज्ञान और दर्शन में सदैव परिवर्तन होते रहते हैं। कितने ही सिद्धान्त, जो एक जमाने में सत्य समझे जाते थे, आज असत्य सिद्ध हो गये हैं, पर कथाएँ आज भी उतनी ही सत्य हैं, क्योंकि उनका सम्बन्ध मनोभावों से है और मनाभावों में कभी परिवर्तन नहीं होता। किसी ने बहुत ठीक कहा है, कि कहानी में नाम और सन् के सिवा और सब कुछ सत्य है; और इतिहास में नाम और सन् के सिवा कुछ भी सत्य नहीं। गल्पकार अपनी रचनाओं को जिस साँचे में चाहे ढाल सकता है; पर किसी दशा में भी वह उस महान् सत्य की अवहेलना नहीं कर सकता, जो जीवन-सत्य कहलाता है।

उपन्यास

उपन्यास की परिभाषा विद्वानों ने कई प्रकार से की है। लेकिन यह कायदा है कि जो चीज जितनी ही सरल होती है, उसकी परिभाषा उतनी ही मुश्किल होती है। कविता की परिभाषा आज तक नहीं हो सकी। जितने विद्वान् हैं उतनी ही परिभाषाएँ हैं। किन्ही दो विद्वानों की रायें नहीं मिलतीं। उपन्यास के विषय में भी यही बात कही जा सकती है। इसकी कोई ऐसी परिभाषा नहीं है जिस पर सभी लोग सहमत हों।

मैं उपन्यास को मानव-चरित्र का चित्र-मात्र समझता हूँ। मानव-चरित्र पर प्रकाश डालना और उसके रहस्यों को खोलना ही उपन्यास का मूल तत्व है।

किन्हीं भी दो आदमियों की सूरतें नहीं मिलतीं, उसी भाँति आदमियों के चरित्र भी नहीं मिलते। जैसे सब आदमियों के हाथ, पाँव, आँख, कान, नाक, मुँह होते हैं पर उनती समानता पर भी जिस तरह उनमें विभिन्नता मौजूद रहती है, उसी भाँति सब आदमियों के चरित्र में भी बहुत कुछ समानता होते हुए कुछ विभिन्नताएँ होती हैं। यही चरित्र-सम्बन्धी समानता और विभिन्नता, अभिन्नत्व और विभिन्नत्व में अभिन्नत्व, दिखाना उपन्यास का मुख्य कर्त्तव्य है।

सन्तान-प्रेम मानव-चरित्र का एक व्यापक गुण है। ऐसा कौन प्राणी होगा, जिसे अपनी सन्तान प्यारी न हो? लेकिन इस सन्तान-प्रेम की मात्राएँ हैं, उसके भेद हैं। कोई तो सन्तान के लिए मर मिटता है, उसके लिए कुछ छोड़ जाने के लिए आप नाना प्रकार के कष्ट झेलता है, लेकिन धर्म-भीरुता के कारण अनुचित रीति से धन-संचय नहीं करता है। उसे शंका होती है कि कहीं इसका परिणाम हमारी सन्तान के लिए बुरा न हो। कोई ऐसा होता है कि औचित्य का लेश-मात्र भी विचार नहीं करता–जिस तरह भी हो कुछ धन-संचय कर जाना अपना ध्येय समझता है, चाहे इसके लिए उसे दूसरों का गला ही क्यों न काटना पड़े। वह सन्तान-प्रेम पर अपनी आत्मा को भी बलिदान कर देता है। एक तीसरा सन्तान-प्रेम वह है, जहाँ सन्तान का चरित्र प्रधान कारण होता है, जबकि पिता सन्तान का कुचरित्र देखकर उससे उदासिन हो जाता है–उसके लिए कुछ छोड़ जाना व्यर्थ

समझता है। अगर आप विचार करेंगे तो इसी सन्तान-प्रेम के अगणित भेद आपको मिलेंगे। इसी भाँति अन्य मानव-गुणों को भी माताएँ और भेद हैं। हमारा चरित्राध्ययन जितना ही सूक्ष्म, जितना ही विस्तृत होगा, उतनी ही सफलता से हम चरित्रों का चित्रण कर सकेंगे। सन्तान-प्रेम की एक दशा यह भी है, जब पुत्र को कुमार्ग पर चलते देखकर पिता उसका घातक शत्रु हो जाता है। वह भी सन्तान-प्रेम ही है, जब पिता के लिए पुत्र घी का लड्डू होता है जिसका टेढ़ापन उसके स्वाद में बाधक नहीं होता। वह सन्तान-प्रेम भी देखने में आता है जहाँ शराबी, जुआरी पिता पुत्र-प्रेम के वशीभूत होकर ये सारी बुरी आदतें छोड़ देता है।

अब यहाँ प्रश्न होता है, उपन्यासकार को इन चरित्रों का अध्ययन करके उनको पाठक के सामने रख देना चाहिए, उसमें अपनी तरफ से काट-छाँट कमी-बेशी कुछ न करनी चाहिए, या किसी उद्देश्य की पूर्ति के लिए चरित्रों में कुछ परिवर्तन भी कर देना चाहिए?

यहीं से उपन्यासों के दो गिरोह हो गये हैं। एक आदर्शवादी, दूसरा यथार्थवादी।

यथार्थवादी चरित्रों को पाठक के सामने उनके यथार्थ नग्न रूप में रख देता है। उसे इससे कुछ मतलब नहीं कि सच्चरित्रता का परिणाम बुरा होता है या कुचरित्रता का परिणाम अच्छा—उसके चरित्र अपनी कमजोरियाँ का खूबियाँ दिखाते हुए अपनी जीवन-लीला समाप्त करते हैं। संसार में सदैव नेकी का फल नेक और बदी का फल बद नहीं होता, बल्कि इसके विपरीत हुआ करता है, नेक आदमी धक्के खाते हैं, यातनाएँ सहते हैं, मुसीबतें झेलते हैं, अपमानित होते हैं, उनको नेकी का फल उलटा मिलता है, और बुरे आदमी चैन करते हैं, नामवर होते हैं, यशस्वी बनते हैं, उनको बदी का फल उलटा मिलता है। (प्रकृति का नियम विचित्र है!) यथार्थवादी अनुभव की बेड़ियों में जकड़ा होता है और चूँकि संसार में बुरे चरित्रों की ही प्रधानता है—यहाँ तक कि उज्ज्वल से उज्जवल चरित्र में भी कुछ न कुछ दाग-धब्बे रहते हैं, इसलिए यथार्थवाद हमारी दुर्बलताओं, हमारी विषमताओं और हमारी क्रूरतओं का नग्न चित्र होता है और इस तरह यथार्थवाद हमको निराशावादी बना देता है, मानव-चरित्र पर से हमारा-विश्वास उठ जाता है, हमको अपने चारों तरफ बुराई ही बुराई नजर आने लगती है।

इसमें सन्देह नहीं कि समाज की कुप्रथा की ओर उसका ध्यान दिलाने की लिए यथार्थवाद अत्यन्त उपयुक्त है, क्योंकि इसके बिना बहुत सम्भव है, हम उस बुराई को दिखाने में अत्युक्ति से काम लें और चित्र को उससे कहीं काला दिखाएँ जितना वह वास्तव में है। लेकिन जब वह दुर्बलताओं का चित्रण करने में शिष्टता की सीमाओं से आगे बढ़ जाता है, तो आपत्तिजनक हो जाता है। फिर मानव स्वभाव की विशेषता यह भी है कि वह जिस छल, क्षुद्रता और कपट से घिरा हुआ है, उसी की पुनारावृत्ति उसके चित्त को प्रसन्न नहीं कर सकती। वह थोड़ी देर के

लिए ऐसे संसार में उड़कर पहुँच जाना चाहता है, जहाँ उसके चित्त को ऐसे कुत्सित भावों से नजात मिले—वह भूल जाय कि चिन्ताओं के बन्धन में पड़ा हुआ हूँ; जहाँ उसे सज्जन, सहृदय, उदार प्राणियों के दर्शन हों; जहाँ छल और कपट, विरोध और वैमनस्य का ऐसा प्राधान्य न हो। उसके दिल में खयाल होता है कि जब हमें किस्से-कहानियों में भी उन्हीं लोगों से साबका है जिनके साथ आठों पहर व्यवहार करना पड़ता है, तो फिर ऐसी पुस्तक पढ़े ही क्यों?

अँधेरी गर्म कोठरी में काम करते-करते जब हम थक जाते हैं तब इच्छा होती है कि किसी बाग में निकलकर निर्मल स्वच्छ वायु का आनन्द उठायें। इसी कमी को आदर्शवाद पूरा करता है। वह हमें ऐसे चरित्रों से परिचित कराता है, जिनके हृदय पवित्र होते हैं, जो स्वार्थ और वासना से रहित होते हैं, जो साधु प्रकृति के होते हैं। यद्यपि ऐसे चरित्र व्यवहारकुशल नहीं होते, उनकी सरलता उन्हें सांसारिक विषयों में धोखा देती है; लेकिन काँइएपन से ऊबे हुए प्राणियों को ऐसे सरल, ऐसे व्यावहारिक ज्ञान विहीन चरित्रों के दर्शन से एक विशेष आनन्द होता है।

यथार्थवाद यदि हमारी आँखें खोल देता है, तो आदर्शवाद हमें उठाकर किसी मनोरम स्थान में पहुँचा देता है। लेकिन जहाँ आदर्शवाद में यह गुण है, वहाँ इस बात की भी शंका है कि हम ऐसे चरित्रों को न चित्रित कर बैठें जो सिद्धान्तों की पूर्तिमात्र हों—जिसमें जीवन न हो। किसी देवता की कामना करना मुश्किल नहीं है, लेकिन उस देवता में प्राण-प्रतिष्ठा करना मुश्किल है।

इसलिए वही उपन्यास उच्चकोटि के समझे जाते हैं, जहाँ यथार्थ और आदर्श का समावेश हो गया हो। उसे आप 'आदर्शोन्मुख यथार्थवाद' कह सकते हैं। आदर्श को सजीव बनाने ही के लिए यथार्थ का उपयोग होना चाहिए और अच्छे उपन्यास की यही विशेषता है। उपन्यासकार की सबसे बड़ी विभूति ऐसे चरित्रों की सृष्टि है, जो अपने सद्व्यवहार और सद्विचार से पाठक को मोहित कर लें। जिस उपन्यास के चरित्रों में यह गुण नहीं है, वह दो कौड़ी का है।

चरित्र को उत्कृष्ट और आदर्श बनाने के लिए यह जरूरी नहीं कि वह निर्दोष हो—महान् से महान् पुरुषों में भी कुछ न कुछ कमजोरियाँ होती हैं। चरित्र को सजीव बनाने के लिए उसकी कमजोरियों का दिग्दर्शन कराने से कोई हानि नहीं होती। बल्कि यही कमजोरियाँ उस चरित्र को मनुष्य बना देती हैं। निर्दोष चरित्र तो देवता हो जायगा और हम उसे समझ ही न सकेंगे। ऐसे चरित्र का हमारे ऊपर कोई प्रभाव नहीं पड़ सकता। हमारे प्राचीन साहित्य पर आदर्श की छाप लगी हुई है। वह केवल मनोरंजन के लिए न था। उसका मुख्य उद्देश्य मनोरंजन के साथ आत्मपरिष्कार भी था। साहित्यकार का काम केवल पाठकों का मन बहलाना नहीं है। यह तो भाटों और मदारियों, विदूषकों और मसखरों को काम है। साहित्यकार का पद इससे कहीं ऊँचा है। वह हमारा पथ प्रदर्शक होता है, वह हमारे मनुष्यत्व

को जगाता है, हममें सद्भावों का संचार करता है, हमारी दृष्टि को फैलाता है। कम से कम उसका यही उद्देश्य होना चाहिए। इस मनोरथ को सिद्ध करने के लिए जरूरत है कि उसके चरित्र सकारात्मक हों, जो प्रलोभनों के आगे सिर न झुकाएँ बल्कि उनको परास्त करें; जो वासनाओं के पंजे में न फँसें बल्कि उनका दमन करें; जो किसी विजयी सेनापति की भाँति शत्रुओं का संहार करके विजय-नाद करते हुए निकलें। ऐसे ही चरित्रों को हमारे ऊपर सबसे अधिक प्रभाव पड़ता है।

साहित्य का सबसे ऊँचा आदर्श यह है कि उसकी रचना केवल कला की पूर्ति के लिए की जाय। 'कला के लिए कला' के सिद्धान्त पर किसी को आपत्ति नहीं हो सकती। वह साहित्य चिरायु हो सकता है जो मनुष्य की मौलिक प्रवृत्तियों पर अवलम्बित हो; ईर्ष्या और प्रेम, क्रोध और लोभ, भक्ति और विराग, दुःख और लज्जा—ये सभी हमारी मौलिक प्रवृत्तियाँ हैं, इन्हीं की छटा दिखाना साहित्य का परम उद्देश्य है और बिना उद्देश्य के तो कोई रचना हो ही नहीं सकती।

जब साहित्य की रचना किसी सामाजिक, राजनीतिक और धार्मिक मत के प्रचार के लिए की जाती है, तो वह अपने ऊँचे पद से गिर जाता है—इसमें कोई सन्देह नहीं। लेकिन आज-कल परिस्थितियाँ इतनी तीव्र गति से बदल रही हैं, इतने नये-नये विचार पैदा हो रहे हैं, कि कदाचित् अब कोई लेखक साहित्य के आदर्श को ध्यान में रख ही नहीं सकता। यह बहुत मुश्किल है कि लेखक पर इन परिस्थितियों का असर न पड़े, वह उनसे आन्दोलित न हो। यही कारण है कि आज-कल भारतवर्ष के ही नहीं, यूरोप के बड़े-बड़े विद्वान् भी अपनी रचना द्वारा किसी 'वाद' का प्रचार कर रहे हैं। वे इसकी परवा नहीं करते कि इससे हमारी रचना जीवित रहेगी या नहीं; अपने मत की पुष्टि करना ही उनका ध्येय है, इसके सिवाय उन्हें कोई इच्छा नहीं। मगर यह क्योंकर मान लिया जाय कि जो उपन्यास किसी विचार के प्रचार के लिए लिखा जाता है उसका महत्त्व क्षणिक होता है? विक्टर ह्यूगो का 'ले मिजरेबुल', टॉलस्टॉय के अनेक ग्रन्थ, डिकेन्स की कितनी ही रचनाएँ विचार-प्रधान होते हुए उच्च कोटि की साहित्यिक कृतियाँ हैं और अब तक उनका आकर्षण कम नहीं हुआ। आज भी शॉ, वेल्स आदि बड़े-बड़े लेखकों के ग्रन्थ प्रचार ही के उद्देश्य से लिखे जा रहे हैं।

हमारा खयाल है कि क्यों न कुशल साहित्यकार कोई विचार प्रधान रचना भी इतनी सुन्दरता से करे जिसमें मनुष्य की मौलिक प्रवृत्तियों का संघर्ष निभता रहे? 'कला के लिए कला' का समय वह होता है जब देश सम्पन्न और सुखी हो। जब हम देखते हैं कि हम भाँति-भाँति के राजनीतिक और सामाजिक बन्धनों में जकड़े हुए हैं, जिधर निगाह उठती है दुःख और दरिद्रता के भीषण दृश्य दिखायी देते हैं, विपत्ति का करुण क्रन्दन सुनायी देता है, तो कैसे सम्भव है कि किसी विचारशील प्राणी का हृदय न दहल उठे? हाँ, उपन्यासकार को इसका प्रयत्न अवश्य करना

चाहिए कि उसके विचार परोक्ष रूप से व्यक्त हों उपन्यास ही स्वाभाविकता में उस विचार के समावेश से कोई विघ्न न पड़ने पाये, अन्यथा उपन्यास नीरस हो जायगा।

डिकेन्स इंगलैंड का बहुत प्रसिद्ध उपन्यासकार हो चुका है।'पिकविक पेपर्स' उसकी एक अमर हास्य-रस-प्रधान रचना है। 'पिकविक' का नाम एक शिकरम गाड़ी के मुसाफिरों की जबान से डिकेन्स के कान में आया। बस, नाम के अनुरूप ही चरित्र, आकार, वेश—सबकी रचना हो गयी। 'साइलस मार्नर' भी अँगरेजी का एक प्रसिद्ध उपन्यास है। जार्ज इलियट ने, जो इसकी लेखिका हैं, लिखा है कि अपने बचपन में उन्होंने एक फेरी लगाने वाले जुलाहे की पीठ पर कपड़े के थान लादे हुए कई बार देखा था। वह तसवीर उनके हृदय-पट पर अंकित हो गयी थी और समय पर इस उपन्यास के रूप में प्रकट हुई। 'स्कारलेट लेटर' भी हेंथर्न की बहुत ही सुन्दर, मर्मस्पर्शिनी रचना है। इस पुस्तक का बीजांकुर उन्हें एक पुराने मुकद्मे की मिसिल से मिला। भारतवर्ष में अभी उपन्यासकारों के जीवन-चरित्र लिखे नहीं गये, इसलिए भारतीय उपन्यास-साहित्य से कोई उदाहरण देना कठिन है। 'रंगभूमि' का बीजांकुर हमें एक अन्धे भिखारी से मिला जो हमारे गाँव में रहता था। एक जरा-सा इशारा, एक जरा-सा बीज, लेखक के मस्तिष्क में पहुँचकर इतना विशाल वृक्ष बन जाता है कि लोग उस पर आश्चर्य करने लगते हैं। 'एम. ऐंड्रूज हिम' रडयार्ड किपलिंग की एक उत्कृष्ट काव्य-रचना है। किपलिंग साहब ने अपने एक नोट में लिखा है कि एक दिन एक इंजीनियर साहब ने रात को अपनी जीवन-कथा सुनायी थी। वह उस काव्य का आधार थी। एक और प्रसिद्ध उपन्यासकार का कथन है कि उसे अपने उपन्यासों के चरित्र अपने पड़ोसियों से मिले। वह घंटों अपनी खिड़की के सामने बैठे लोगों को आते-जाते सूक्ष्म दृष्टि से देखा करते और उसकी बातों को ध्यान से सुना करते थे। 'जेन आयर' भी उपन्यास के प्रेमियों ने अवश्य पढ़ी होगी। दो लेखिकाओं में इस विषय पर बहस हो रही थी कि उपन्यास की नायिका रूपवती होनी चाहिए या नहीं। 'जेन आयर' की लेखिका ने कहा, 'मैं ऐसा उपन्यास लिखूँगी जिसकी नायिका रूपवती न होते हुए भी आकर्षक होगी।' इसका फल था 'जेन आयर'।

बहुधा लेखकों को पुस्तकों से अपनी रचनाओं के लिए अंकुर मिल जाते हैं। हाल केन का नाम पाठकों ने सुना है। आपकी एक उत्तम रचना का हिन्दी अनुवाद हाल ही में 'अमरपुरी' के नाम से हुआ है। आप लिखते हैं कि मुझे बाइबिल से प्लॉट मिलते हैं। मेटरलिंक बेलजियम के जगद्विख्यात नाटककार हैं। उन्हें बेलजियम का शेक्सपियर कहते हैं। उनका 'मोमाबोन' नामक ड्रामा ब्राउनिंग की एक कविता से प्रेरित हुआ था और 'मेरी मैगडालीन' एक जर्मन ड्रामा से। शेक्सपियर के नाटकों का मूल स्थान-खोजकर कितने ही विद्वानों ने 'डॉक्टर' की उपाधि प्राप्त कर ली है। कितने वर्तमान औपन्यासिकों और नाटककारों ने शेक्सपियर से सहायता

ली है, इसकी खोज करके भी कितने ही लोग 'डॉक्टर' बन सकते हैं। 'तिलिस्म होशरुबा' फारसी का एक बृहत् पोथा है जिसके रचयिता अकबर के दरबार वाले फैजी कहे जाते हैं, हालाँकि हमें यह मानने में सन्देह है। इस पोथे का उर्दू में भी अनुवाद हो गया है। कम-से-कम 20,000 पृष्ठों की पुस्तक होगी। स्व.बाबू देवकीनन्दन खत्री ने 'चन्द्रकान्ता' और चन्द्रकान्तासन्तति' का बीजांकुर 'तिलिस्म होशरुबा' से ही लिया होगा, ऐसा अनुमान होता है।

संसार-साहित्य में कुछ ऐसी कथाएँ हैं, जिन पर हजारों बरसों से लेखकगण आख्यायिकाएँ लिखते आये हैं। और शायद हजारों वर्षों तक लिखते जायँगे। हमारी पौराणिक कथाओं पर न जाने कितने नाटक और कितनी कथाएँ रची गयी हैं। यूरोप में भी यूनान की पौराणिक गाथा कवि-कल्पना के लिए अशेष आधार है। 'दो भाइयों की कथा', जिसका पता पहले मिश्र देश के तीन हजार वर्ष पुराने लेखों से मिला, फ्रान्स से भारतवर्ष तक की एक दर्जन से अधिक प्रसिद्ध भाषाओं के साहित्य में समाविष्ट हो गयी है। यहाँ तक कि बाइबिल में उस कथा की एक घटना ज्यों की त्यों मिलती है।

किन्तु यह समझना भूल होगी कि लेखकगण आलस्य या कल्पना-शक्ति के अभाव के कारण प्राचीन कथाओं का उपयोग करते हैं। बात यह है कि नये कथानक में वह रस, वह आकर्षण नहीं होता जो पुराने कथानकों में पाया जाता है। हाँ, उनका कलेवर नवीन होना चाहिए। 'शकुन्तला' पर यदि कोई उपन्यास लिखा जाय, तो वह कितना मर्मस्पर्शी होगा, यह बताने की ज़रूरत नहीं।

रचना-शक्ति थोड़ी-बहुत सभी प्राणियों में रहती है। जो उसमें अभ्यस्त हो चुके हैं, उन्हें तो फिर झिझक नहीं रहती—कलम उठाया और लिखने लगे। लेकिन नये लेखकों को पहले कुछ लिखते समय ऐसी झिझक होती है मानो वे दरिया में कूदने जा रहे हों। बहुधा एक तुच्छ-सी घटना उनके मस्तिष्क पर प्रेरक का काम कर जाती है। किसी का नाम सुनकर, कोई स्वप्न देखकर, कोई चित्र देखकर, उनकी कल्पना जाग उठती है। किसी व्यक्ति पर किस प्रेरणा का सबसे अधिक प्रभाव पड़ता है, वह उस व्यक्ति पर निर्भर है। किसी की कल्पना दृश्य-विषयों से उभरती है, किसी की गन्ध से, किसी की श्रवण से। किसी को नये सुरम्य स्थान की सैर से इस विषय में यथेष्ट सहायता मिलती है। नदी के तट पर अकेले भ्रमण करने से बहुधा नयी-नयी कल्पनाएँ जाग्रत होती हैं।

ईश्वरदत्त शक्ति मुख्य वस्तु है। जब तक यह शक्ति न होगी उपदेश, शिक्षा, अभ्यास सभी निष्फल जायगा। मगर यह प्रकट कैसे हो कि किसमें यह शक्ति है, किसमें नहीं? कभी इसका सबूत मिलने में बरसों गुजर जाते हैं और बहुत परिश्रम नष्ट हो जाता है। अमेरिका के एक पत्र-सम्पादक ने इसकी परीक्षा करने का नया ढंग निकाला है। दल के दल युवकों में से कौन रत्न है और कौन पाषाण? वह

एक कागज के टुकड़े पर किसी प्रसिद्ध व्यक्ति का नाम लिख देता है और उम्मेदवार को वह टुकड़ा देकर उस नाम के सम्बन्ध में ताबड़तोड़ प्रश्न करना शुरू करता है—उसके बालों का रंग क्या है? उसके कपड़े कैसे हैं? कहाँ रहती है? उसका बाप क्या काम करता है? जीवन में उसकी मुख्य अभिलाषा क्या है? आदि। यदि युवक महोदय ने इन प्रश्नों के संतोषजनक उत्तर न दिये, तो उन्हें अयोग्य समझकर विदा कर देता है। जिसकी निरीक्षण-शक्ति इतनी शिथिल हो, वह उसके विचार में उपन्यास-लेखक नहीं बन सकता। इस परीक्षा-विभाग में नवीनता तो अवश्य है, पर भ्रामकता की मात्रा कम नहीं है।

लेखकों के लिए एक नोटबुक का रहना आवश्यक है। यद्यपि इन पंक्तियों के लेखक ने कभी नोटबुक नहीं रखी; पर इसकी जरूरत को वह स्वीकार करता है। कोई नयी चीज, कोई अनोखी सूरत, कोई सुरम्य दृश्य देखकर नोट बुक में दर्ज कर लेने से बड़ा काम निकलता है। यूरोप में लेखकों के पास उस वक्त तक नोटबुक अवश्य रहती है जब-तक उनका मस्तिष्क इस योग्य नहीं बनता कि हर प्रकार की चीजों को वे अलग-अलग खानों में संगृहीत कर लें। बरसों के अभ्यास के बाद वह योग्यता प्राप्त हो जाती है, इसमें सन्देह नहीं; लेकिन आरम्भकाल में तो नोटबुक का रखना परमावश्यक है। यदि लेखक चाहता है कि उसके दृश्य सजीव हों, उसके वर्णन स्वाभाविक हों, तो उसे अनिवार्यतः इससे काम लेना पड़ेगा। देखिए, एक उपन्यासकार की नोटबुक का नमूना—

'अगस्त 21, 12 बजे दिन, एक नौका पर एक आदमी, श्याम वर्ण, सुफेद बाल, आँखें तिरछी, पलकें भारी, ओठ ऊपर को उठे हुए और मोटे, मूँछें ऐंठी हुई।

'सितम्बर 1, समुद्र का दृश्य, बादल श्याम और श्वेत, पानी में सूर्य का प्रतिबिम्ब काला, हरा, चमकीला, लहरें फेनदार, उनका ऊपरी भाग उजला। लहरों का शोर, लहरों के छींटे से झाग उड़ती हुई।'

उन्हीं महाश्य से जब पूछा गया कि आपको कहानियों के प्लाट कहाँ मिलते हैं? तो आपने कहा, 'चारों तरफ।' अगर लेखक अपनी आँखें खुली रखे, तो उसे हवा में से भी कहानियाँ मिल सकती हैं। रेलगाड़ी में, नौकाओं पर, समाचार-पत्रों में, मनुष्य के वार्तालाप में और हजारों जगहों से सुन्दर कहानियाँ बनायी जा सकती हैं। कई सालों के अभ्यास के बाद देख-भाल स्वाभाविक हो जाती है, निगाह आप ही आप अपने मतलब की बात छाँट लेती है। दो साल हुए मैं एक मित्र के साथ सैर करने गया। बातों ही बातों में यह चर्चा छिड़ गयी कि यदि दो के सिवा संसार के और सब मनुष्य मार डाले जायँ तो क्या हो? इस अंकुर से मैंने कई सुन्दर कहानियाँ सोच निकालीं।

इस विषय में तो उपन्यास-कला के सभी विशारद सहमत हैं कि उपन्यासों के लिए पुस्तकों से मसाला न लेकर जीवन ही से लेना चाहिए। वालटर बेसेंट अपनी

'उपन्यास कला' नामक पुस्तक में लिखते हैं—

'उपन्यासकार को अपनी सामग्री, आले पर रखी हुई पुस्तकों से नहीं, उन मनुष्यों के जीवन से लेनी चाहिए जो उसे नित्य ही चारों तरफ मिलते रहते हैं। मुझे पूरा विश्वास है कि अधिकांश लोग अपनी आँखों से काम नहीं लेते। कुछ लोगों को यह शंका भी होती है कि मनुष्यों के जितने अच्छे नमूने थे, वे तो पूर्वकालीन लेखकों ने लिख डाले, अब हमारे लिए क्या बाकी रहा? यह सत्य है। लेकिन अगर पहले किसी ने बूढ़े, कंजूस, उड़ाऊ युवक, जुआरी, शराबी, रंगीन युवती आदि का चित्रण किया है, तो क्या अब उसी वर्ग के दूसरे चरित्र नहीं मिल सकते? पुस्तकों में नये चरित्र न मिलें पर जीवन में नवीनता का अभाव कभी नहीं रहा।'

हेनरी जेम्स ने इस विषय में जो विचार प्रकट किये हैं, वह भी देखिए—

'अगर किसी लेखक की बुद्धि कल्पना-कुशल है, तो वह सूक्ष्मतम भावों से जीवन को व्यक्त कर देती है, वह वायु के स्पन्दन को भी जीवन प्रदान कर सकती है। लेकिन कल्पना के लिए कुछ आधार अवश्य चाहिए। जिस तरुणी लेखिका ने कभी सैनिक छावनियाँ नहीं देखीं, उससे यह कहने में कुछ भी अनौचित्य नहीं है कि आप सैनिक-जीवन में हाथ न डालें। मैं एक अँग्रेज उपन्यासकार को जानता हूँ, जिसने अपनी एक कहानी में फ्रान्स के प्रोटेस्टेंट युवकों के जीवन का अच्छा चित्र खींचा था। उस पर साहित्यिक संसार में बड़ी चर्चा रही। उससे लोगों ने पूछा—'आपको इस समाज के निरीक्षण करने का ऐसा अवसर कहाँ मिला? (फ्रान्स, रोमन कैथोलिक देश है और प्रोटेस्टेंट वहाँ साधारणतः नहीं दिखायी पड़ते।) मालूम हुआ कि उसने एक बार, केवल एक बार, कई प्रोटेस्टेंट युवकों को बैठे और बातें करते देखा था। बस, एक का देखना उसके लिए पारस हो गया। उसे वह आधार मिल गया जिस पर कल्पना अपना विशाल भवन निर्माण करती है। उसमें वह ईश्वरदत्त शक्ति मौजूद थी जो एक इंच से एक योजन की खबर लाती है और जो शिल्पी के लिए बड़े महत्त्व की वस्तु है।'

मिस्टर जी. के. चेस्टरटन जासूसी कहानियाँ लिखने में बड़े प्रवीण हैं। आपने ऐसी कहानियाँ लिखने का जो नियम बताया है, वह बहुत शिक्षाप्रद है। हम उसका आशय लिखते हैं :

'कहानी में जो रहस्य हो उसे कई भागों में बाँटना चाहिए। पहले छोटी-सी बात खुले, फिर उससे कुछ बड़ी और अन्त में रहस्य खुल जाय। लेकिन हर एक भाग में कुछ न कुछ रहस्योद्घाटन अवश्य होना चाहिए जिसमें पाठक की इच्छा सब-कुछ जानने के लिए बलवती होती चली जाय। इस प्रकार की कहानियों में इस बात का ध्यान रखना परमाश्यक है कि कहानी के अन्त में रहस्य खोलने के लिए कोई नया चरित्र न लाया जाय। जासूसी कहानियों में यही सबसे बड़ा दोष

है। रहस्य के खुलने में तभी मजा है जबकि वह चरित्र अपराधी सिद्ध हो, जिस पर कोई भूलकर भी सन्देह न कर सकता था।'

उपन्यास कला में यह बात भी बड़े महत्त्व की है कि लेखक क्या लिखे और क्या छोड़ दे। पाठक कल्पनाशील होता है, इसलिए वह ऐसी बातें पढ़ना पसन्द नहीं करता जिनकी वह आसानी से कल्पना कर सकता है। वह यह नहीं चाहता कि लेखक सब कुछ खुद कह डाले और पाठक की कल्पना के लिए कुछ भी बाकी न छोड़े। वह कहानी का खाका-मात्र चाहता है, रंग वह अपनी अभिरुचि के अनुसार भर लेता है। कुशल लेखक वही है जो वह अनुमान कर ले कि कौन सी बात पाठक स्वयं सोच लेगा और कौन-सी बात उसे लिखकर स्पष्ट कर देनी चाहिए। कहानी या उपन्यास में पाठक की कल्पना के लिए जितनी अधिक सामग्री हो उतनी ही वह कहानी रोचक होगी। यदि लेखक आवश्यकता से कम बतलाता है तो कहानी आशयहीन हो जाती है, ज्यादा बतलाता है तो कहानी में मजा नहीं आता। किसी चरित्र की रूप-रेखा या किसी दृश्य को चित्रित करते समय हुलिया-नवीसी करने की जरूरत नहीं। दो-चार वाक्यों में मुख्य-मुख्य बातें कह देनी चाहिए। किसी दृश्य को तुरन्त देखकर उसका वर्णन करने से बहुत-सी अनावश्यक बातों के आ जाने की सम्भावना रहती है। कुछ दिनों के बाद अनावश्यक बातें आप ही आप मस्तिष्क से निकल जाती हैं; केवल मुख्य बातें स्मृति पर अंकित रह जाती हैं। तब उस दृश्य के वर्णन में अनावश्यक बातें न रहेंगी। आवश्यक और अनावश्यक कथन का एक उदाहरण देकर हम अपना आशय और स्पष्ट करना चाहते हैं–

दो मित्र सन्ध्या समय मिलते हैं। सुविधा के लिए हम उन्हें राम और श्याम कहेंगे।

राम–गुड ईवनिंग श्याम, कहो आनन्द तो है?

श्याम–हलो राम, तुम आज किधर भूल पड़े?

राम–कहो क्या रंग-ढंग है? तुम तो भले ईद के चाँद हो गये।

श्याम–मैं तो ईद का चाँद न था, हाँ, आप गूलर के फूल भले ही हो गये।

राम–चलते हो संगीतालय की तरफ?

श्याम–हाँ, चलो।

लेखक यदि ऐसे बच्चों के लिए कहानी नहीं लिख रहा है, जिन्हें अभिवादन की मोटी-मोटी बातें बताना ही उसका ध्येय है, तो वह केवल इतना ही लिख देगा–

'अभिवादन के पश्चात् दोनों मित्रों ने संगीतालय की राह ली।'

उपन्यास का विषय

उपन्यास का क्षेत्र, अपने विषय के लिहाज से, दूसरी ललित कलाओं से कहीं ज़्यादा विस्तृत है। वाल्टर बेसेंट ने इस विषय पर इन शब्दों में विचार प्रकट किये हैं–

'उपन्यास के विषय का विस्तार मानव चरित्र से किसी कदर कम नहीं है। उसका सम्बन्ध अपने चरित्रों के कर्म और विचार, उनका देवत्व और पशुत्व, उनके उत्कर्ष और अपकर्ष से है। मनोभाव के विभिन्न रूप और भिन्न-भिन्न दशाओं में उनका विकास उपन्यास के मुख्य विषय हैं।'

इसी विषय-विस्तार ने उपन्यास को संसार-साहित्य का प्रधान अंग बना दिया है। अगर आपको इतिहास से प्रेम है, तो आप अपने उपन्यास में गहरे से गहरे ऐतिहासिक तत्वों का निरूपण कर सकते हैं। अगर आपको दर्शन से रुचि है, तो आप उपन्यास में महान् दार्शनिक तत्त्वों का विवेचन कर सकते हैं। अगर आप में कवित्व शक्ति है तो उपन्यास में उसके लिए भी काफी गुंजाइश है। समाज, नीति, विज्ञान, पुरातत्त्व आदि सभी विषयों के लिए उपन्यास में स्थान है। यहाँ लेखक की अपनी कलम का जौहर दिखाने का जितना अवसर मिल सकता है, उतना साहित्य के और किसी अंग में नहीं मिल सकता। लेकिन इसका यह आशय नहीं कि उपन्यासकार के लिए कोई बन्धन ही नहीं है। उपन्यास का विषय-विस्तार ही उपन्यासकार को बेड़ियों में जकड़ देता है। तंग सड़कों पर चलनेवालों के लिए अपने लक्ष्य पर पहुँचना उतना कठिन नहीं है, जितना एक लम्बे चौड़े मार्गहीन मैदान में चलनेवालों के लिए।

उपन्यासकार का प्रधान गुण उसकी सृजन-शक्ति है। अगर उसमें इसका अभाव है, तो वह अपने काम में कभी सफल नहीं हो सकता। उसमें और चाहे जितने अभाव हों पर कल्पना-शक्ति की प्रखरता अनिवार्य है। अगर उसमें यह शक्ति मौजूद है तो वह ऐसे कितने ही दृश्यों, दशाओं और मनोभावों का चित्रण कर सकता है, जिनका उसे प्रत्यक्ष अनुभव नहीं है। अगर इस शक्ति की कमी है, तो चाहे उसने कितना ही देशाटन क्यों न किया हो, वह कितना ही विद्वान क्यों न

हो, उसके अनुभव का क्षेत्र कितना ही विस्तृत क्यों न हो, उसकी रचना में सरसता नहीं आ सकती। ऐसे कितने ही लेखक हैं जिनमें मानव-चरित्र के रहस्यों का बहुत मनोरंजक, सूक्ष्म और प्रभाव डालनेवाली शैली में बयान करने की शक्ति मौजूद है; लेकिन कल्पना की कमी के कारण वे अपने चरित्रों में जीवन का संचार नहीं कर सकते, जीती-जागती तस्वीरें नहीं खींच सकते। उनकी रचनाओं को पढ़कर हमें यह ख्याल नहीं होता कि हम कोई सच्ची घटना देख रहे हैं।

इसमें सन्देह नहीं कि उपन्यास की रचना-शैली सजीव और प्रभावोत्पादक होनी चाहिए; लेकिन इसका अर्थ यह नहीं है कि हम शब्दों का गोरखधन्धा रचकर पाठक को इस भ्रम में डाल दें कि इसमें ज़रूर कोई न कोई गूढ़ आशय है। जिस तरह किसी आदमी का ठाट-बाट देखकर हम उसकी वास्तविक स्थिति के विषय में गलत राय कायम कर लिया करते हैं, उसी तरह उपन्यासों के शाब्दिक आडम्बर देखकर भी हम ख्याल करने लगते हैं कि कोई महत्त्व की बात छिपी हुई है। सम्भव है, ऐसे लेखक को थोड़ी देर के लिए यश मिल जाय, किन्तु जनता उन्हीं उपन्यासों को आदर का स्थान देती है जिनकी विशेषता उनकी गूढ़ता नहीं, उनकी सरलता होती है।

उपन्यासकार को इसका अधिकार है कि वह अपनी कथा को घटना वैचित्र्य से रोचक बनाये; लेकिन शर्त यह है कि प्रत्येक घटना असली ढाँचे से निकट सम्बन्ध रखती हो। इतना ही नहीं, बल्कि उसमें इस तरह घुल मिल गयी हो कि कथा का आवश्यक अंग बन जाय, अन्यथा उपन्यास की दशा उस घर की-सी हो जायगी जिसके हर एक हिस्से अलग-अलग हों। जब लेखक अपने मुख्य विषय से हटकर किसी दूसरे प्रश्न पर बहस करने लगता है, तो वह पाठक के उस आनन्द में बाधक हो जाता है जो उसे कथा में आ रहा था। उपन्यास में वहीं घटनाएँ, वही विचार लाना चाहिए जिनसे कथा का माधुर्य बढ़ जाय, जो प्लाट के विकास में सहायक हों अथवा चरित्रों के गुप्त मनोभावों का प्रदर्शन करते हों। पुरानी कथाओं में लेखक का उद्देश्य घटना-वैचित्र्य दिखाना होता था; इसलिए वह एक कथा में कई उपकथाएँ मिलाकर अपना उद्देश्य पूरा करता था। सम्प्रतिकालीन उपन्यासों में लेखक का उद्देश्य मनोभावों और चरित्र के रहस्यों को खोलना होता है; अतएव यह आवश्यक है कि वह अपने चरित्रों को सूक्ष्म दृष्टि से देखे, उसके चरित्रों का कोई भाग उसकी निगाह से न बचने पाये। ऐसे उपन्यास में उपकथाओं की गुंजाइश नहीं होती।

यह सच है कि संसार की प्रत्येक वस्तु उपन्यास का उपयुक्त विषय बन सकती है। प्रकृति का प्रत्येक रहस्य, मानव-जीवन का हर एक पहलू जब किसी सुयोग्य लेखक की कलम से निकलता है तो वह साहित्य का रत्न बन जाता है, लेकिन इसके साथ ही विषय का महत्त्व और उसकी गहराई भी उपन्यास के सफल

होने में बहुत सहायक होती है। यह जरूरी नहीं कि हमारे चरित्रनायक ऊँची श्रेणी के ही मनुष्य हों। हर्ष और शोक, प्रेम और अनुराग, ईर्ष्या और द्वेष मनुष्य-मात्र में व्यापक हैं। हमें केवल हृदय के उन तारों पर चोट लगानी चाहिए जिनकी झंकार से पाठकों के हृदय पर वैसा ही प्रभाव हो। सफल उपन्यासकार का सबसे बड़ा लक्षण है कि वह अपने पाठकों के हृदय में उन्हीं भावों को जागरित कर दे जो उसके पात्रों में हों। पाठक भूल जाय कि वह कोई उपन्यास पढ़ रहा है—उसके और पात्रों के बीच में आत्मीयता का भाव उत्पन्न हो जाय।

मनुष्य की सहानुभूति साधारण स्थिति में तब तक जागरित नहीं होती जब तक कि उसके लिए उस पर विशेष रूप से आघात न किया जाय। हमारे हृदय के अन्तरतम भाव साधारण दशाओं में आन्दोलित नहीं होते। इसके लिए ऐसी घटनाओं की कल्पना करनी होती है जो हमारा दिल हिला दें, जो हमारे भावों की गहराई तक पहुँच जायँ। अगर किसी अबला को पराधीन दशा का अनुभव कराना हो तो इस घटना से ज्यादा प्रभाव डालने वाली और कौन घटना हो सकती है कि शकुन्तला राजा दुष्यन्त के दरबार में आकर खड़ी होती है और राजा उसे न पहचान कर उसकी उपेक्षा करता है? खेद है कि आजकल के उपन्यासों में गहरे भावों को स्पर्श करने का बहुत कम मसाला रहता है। अधिकांश उपन्यास गहरे और प्रचंड भावों का प्रदर्शन नहीं करते। हम आये दिन की साधारण बातों ही में उलझकर रह जाते हैं।

इस विषय में अभी तक मतभेद है कि उपन्यास में मानवीय दुर्बलताओं और कुवासनाओं का, कमजोरियों और अपकीर्तियों का, विशद वर्णन वांछनीय है या नहीं; मगर इसमें कोई सन्देह नहीं कि जो लेखक अपने को इन्हीं विषयों में बाँध लेता है, वह कभी उस कलाविद् की महानता को नहीं पा सकता जो जीवन-संग्राम में एक मनुष्य की आन्तरिक दशा को, सत् और असत् के संघर्ष और अन्त में सत्य की विजय को मार्मिक ढंग से दर्शाता है। यथार्थवाद का यह आशय नहीं है कि हम अपनी दृष्टि को अन्धकार की ओर ही केन्द्रित कर दें। अन्धकार में मनुष्य को अन्धकार के सिवा और सूझ ही क्या सकता है? बेशक, चुटकियाँ लेना, यहाँ तक की नश्तर लगाना भी कभी-कभी आवश्यक होता है। लेकिन दैहिक व्यथा चाहे नश्तर से दूर हो जाय मानसिक व्यथा सहानुभूति और उदारता से ही शान्त हो सकती है। किसी को नीच समझकर हम उसे ऊँचा नहीं बना सकते बल्कि उसे और नीचे गिरा देंगे। कायर यह कहने से बहादुर न हो जायगा कि 'तुम कायर हो।' हमें यह दिखाना पड़ेगा कि उसमें साहस, बल और धैर्य—सब कुछ है, केवल उसे जगाने की जरूरत है। साहित्य का सम्बन्ध सत्य और सुन्दर से है, यह हमें न भूलना चाहिए।

मगर आजकल कुकर्म, हत्या, चोरी, डाके से भरे हुए उपन्यासों की जैसे बाढ़

सी आ गयी है। साहित्य के इतिहास में ऐसा कोई समय न था जब ऐसे कुरुचिपूर्ण उपन्यासों की इतनी भरमार रही हो। जासूसी उपन्यासों में क्यों इतना आनन्द आता है? क्या इसका कारण यह है कि पहले से अब लोग ज्यादा पापासक्त हो गये हैं? जिस समय लोगों को यह दावा है कि मानव्-समाज नैतिक और बौद्धिक उन्नति के शिखर पर पहुँचा हुआ है, यह कौन स्वीकार करेगा कि हमारा समाज पतन की ओर जा रहा है? शायद, इसका यह कारण हो कि इस व्यावसायिक शान्ति के युग में ऐसी घटनाओं का अभाव हो गया है जो मनुष्य के कुतूहल-प्रेम को सन्तुष्ट कर सके—जो उसमें सनसनी पैदा कर दें। या इसका यह कारण हो सकता है कि मनुष्य की धन लिप्सा उपन्यास के चरित्रों को धन के लोभ से कुकर्म करते देखकर प्रसन्न होती है। ऐसे उपन्यासों में यही तो होता है कि कोई आदमी लोभ-वश किसी धनाढ्य पुरुष की हत्या कर डालता है, या उसे किसी संकट में फँसाकर उससे मनमानी रकम ऐंठ लेता है। फिर जासूस आते हैं, वकील आते हैं और मुजरिम गिरफ्तार होता है, उसे सजा मिलती है। ऐसी रुचि को प्रेम, अनुराग या उत्सर्ग की कथाओं में आनन्द नहीं आ सकता। भारत में वह व्यावसायिक वृद्धि तो नहीं हुई लेकन ऐसे उपन्यासों की भरमार शुरू हो गयी। अगर मेरा अनुमान गलत नहीं है तो ऐसे उपन्यासों की खपत इस देश में भी अधिक होती है। इस कुरुचि का परिणाम रूसी उपन्यास लेखक मैक्सिम गोर्की के शब्दों में ऐसे वातावरण का पैदा होना है, जो कुकर्म की प्रवृत्ति को दृढ़ करता है। इससे यह तो स्पष्ट ही है कि मनुष्य में पशु-वृत्तियाँ इतनी प्रबल होती जा रही हैं कि अब उसके हृदय में कोमल भावों के लिए स्थान ही नहीं रहा।

उपन्यास के चरित्रों का चित्रण जितना ही स्पष्ट, गहरा और विकासपूर्ण होगा उतना ही पढ़ने वालों पर उसका असर पड़ेगा, और यह लेखक की रचना-शक्ति पर निर्भर है। जिस तरह किसी मनुष्य को देखते ही हम उसके मनोभावों से परिचित नहीं हो जाते, ज्यों-ज्यों हमारी घनिष्ठता उससे बढ़ती है, त्यों-त्यों उसके मनोरहस्य खुलते हैं, उसी तरह उपन्यास के चरित्र भी लेखक की कल्पना में पूर्ण रूप से नहीं आ जाते बल्कि उनमें क्रमशः विकास होता जाता है। यह विकास इतने गुप्त, अस्पष्ट रूप से होता है कि पढ़नेवाले को किसी तबदीली का ज्ञान भी नहीं होता। अगर चरित्रों में किसी का विकास रुक जाय तो उसे उपन्यास से निकाल देना चाहिए, क्योंकि उपन्यास चरित्रों के विकास का ही विषय है। अगर उसमें विकास-दोष है, तो वह उपन्यास कमजोर हो जायगा। कोई चरित्र अन्त में भी वैसा ही रहे जैसा वह पहले था—उसके बल, बुद्धि और भावों का विकास न हो, तो वह असफल चरित्र है।

इस दृष्टि से जब हम हिन्दी के वर्त्तमान उपन्यासों को देखते हैं तो निराशा होती है। अधिकांश चरित्र ऐसे ही मिलेंगे जो काम तो बहुतेरे करते हैं; लेकिन

जैसे जो काम वे आदि में करते, उसी तरह वही अन्त में भी करते हैं।

कोई उपन्यास शुरू करने के लिए यदि हम उन चरित्रों का एक मानसिक चित्र बना लिया करें तो फिर उनका विकास दिखाने में हमें सरलता होगी। यह कहने की भी जरूरत नहीं है, विकास परिस्थिति के अनुसार स्वाभाविक हो, अर्थात्—पाठक और लेखक दोनों इस विषय में सहमत हों। अगर पाठक का यह भाव हो कि इस दशा में ऐसा नहीं होना चाहिए था तो इसका यह आशय हो सकता है कि लेखक अपने चरित्र को अंकित करने में असफल रहा। चरित्रों में कुछ न कुछ विशेषता भी रहनी चाहिए। जिस तरह संसार में कोई दो व्यक्ति समान नहीं होते, उसी भाँति उपन्यास में भी न होनी चाहिए। कुछ लोग तो बातचीत या शक्लसूरत से विशेषता कर देते हैं; लेकिन असली अन्तर तो वह है, जो चरित्रों में हो।

उपन्यास में वार्तालाप जितना अधिक हो और लेखक की कलम से जितना ही कम लिखा जाय, उतना ही उपन्यास सुन्दर होगा। वार्तालाप केवल रस्मी नहीं होना चाहिए। प्रत्येक वाक्य को—जो किसी चरित्र के मुँह से निकले—उसके मनोभावों और चरित्र पर कुछ न कुछ प्रकाश डालना चाहिए। बातचीत का स्वाभाविक, परिस्थितियों के अनुकूल, सरल और सूक्ष्म होना जरूरी है। हमारे उपन्यासों में अक्सर बातचीत भी उसी शैली में करायी जाती है मानो लेखक खुद लिख रहा हो। शिक्षित-समाज की भाषा तो सर्वत्र एक है, हाँ, भिन्न-भिन्न जातियों की जबान पर उसका रूप कुछ न कुछ बदल जाता है। बंगाली, मारवाड़ी और ऐंग्लो-इंडियन भी कभी-कभी बहुत शुद्ध हिन्दी बोलते पाये जाते हैं। लेकिन यह अपवाद है, नियम नहीं। पर ग्रामीण बातचीत हमें दुविधा में डाल देती है। बिहार की ग्रामीण भाषा शायद दिल्ली के आस-पास का आदमी समझ ही न सकेगा।

वास्तव में कोई रचना रचयिता के मनोभाव का, उसके चरित्र का, उसके जीवनादर्श का, उसके दर्शन का आईना होती है। जिसके हृदय में देश की लगन है उसके चरित्र, घटनावली और परिस्थितियाँ सभी उसी रंग में रँगी हुई नजर आएँगी। लहरी आनन्दी लेखकों के चरित्रों में भी अधिकांश चरित्र ऐसे ही होंगे जिन्हें जगत्-गति नहीं व्यापती। वे जासूसी, तिलिस्मी चीजें लिखा करते हैं। अगर लेखक आशावादी है तो उसकी रचना में आशावादिता छलकती रहेगी, अगर वह शोकवादी है तो बहुत प्रयत्न करने पर भी, वह अपने चरित्रों को जिन्दादिल न बना सकेगा। 'आजाद-कथा' को उठा लीजिए, तुरन्त मालूम हो जायगा कि लेखक हँसने-हँसानेवाला जीव है जो जीवन को गम्भीर विचार के योग्य नहीं समझता। जहाँ उसने समाज के प्रश्नों को उठाया है, वहाँ शैली शिथिल हो गयी है।

जिस उपन्यास को समाप्त करने के बाद पाठक अपने अन्दर उत्कर्ष का अनुभव करे, उसके सद्भाव जाग उठें, वही सफल उपन्यास है। जिसके भाव गहरे

हैं, प्रखर हैं—जो जीवन में लद्दू बनकर नहीं, बल्कि सवार बनकर चलता है, जो उद्योग करता है और विफल होता है, उठने की कोशिश करता है और गिरता है, जो वास्तविक जीवन की गहराइयों में डूबा है, जिसने जिन्दगी के ऊँच-नीच देखे हैं, सम्पत्ति और विपत्ति का सामना किया है, जिसकी जिन्दगी मखमली गद्दों पर ही नहीं गुजरती, वही लेखक ऐसे उपन्यास रच सकता है जिनमें प्रकाश, जीवन और आनन्द-प्रदान की सामर्थ्य होगी।

उपन्यास के पाठकों की रुचि भी अब बदलती जा रही है। अब उन्हें केवल लेखक की कल्पनाओं से सन्तोष नहीं होता। कल्पना कुछ भी हो, कल्पना ही है। वह यथार्थ का स्थान नहीं ले सकती। भविष्य उन्हीं उपन्यासों का है, जो अनुभूति पर खड़े हों।

इसका आशय यह है कि भविष्य में उपन्यास में कल्पना कम, सत्य अधिक होगा। हमारे चरित्र कल्पित न होंगे, बल्कि व्यक्तियों के जीवन पर आधारित होंगे। किसी हद तक तो अब भी ऐसा होता है; पर बहुधा हम परिस्थितियों का ऐसा क्रम बाँधते हैं कि अन्त स्वाभाविक होने पर भी वह होता है जो हम चाहते हैं। हम स्वाभाविकता का स्वाँग जितनी खूबसूरती से भर सकें, उतने ही सफल होते हैं; लेकिन भविष्य में पाठक इस स्वाँग से सन्तुष्ट न होगा।

यों कहना चाहिए कि भावी उपन्यास जीवन-चरित्र होगा, चाहे किसी बड़े आदमी का या छोटे आदमी का। उसकी छुटाई-बड़ाई का फैसला उन कठिनाइयों से किया जायगा कि जिन पर उसने विजय पायी है। हाँ, वह चरित्र इस ढंग से लिखा जायगा कि उपन्यास मालूम हो। अभी हम झूठ को सच बनाकर दिखाना चाहते हैं, भविष्य में सच को झूठ बनाकर दिखाना होगा। किसी किसा का चरित्र हो, या किसी देश-भक्त का, या किसी बड़े आदमी का; पर उसका आधार यथार्थ पर होगा। तब यह काम उससे कठिन होगा जितना अब है; क्योंकि ऐसे बहुत कम लोग हैं; जिन्हें बहुत-से मनुष्यों को भीतर से जानने का गौरव प्राप्त हो।

भाषा

उर्दू, हिन्दी और हिन्दुस्तानी

यह बात सभी लोग मानते हैं कि राष्ट्र को दृढ़ और बलवान बनाने के लिए देश में सांस्कृतिक एकता का होना बहुत आवश्यक है। और किसी राष्ट्र की भाषा तथा लिपि इस सांस्कृतिक एकता का एक विशेष अंग है। श्रीमती खलीदा अदीब खानम से अपने एक भाषण में कहा था कि तुर्की जाति और राष्ट्र की एकता तुर्की भाषा के कारण ही हुई है। और यह निश्चित बात है कि राष्ट्रीय भाषा के बिना किसी राष्ट्र के अस्तित्व की कल्पना ही नहीं हो सकती। जब तक भारतवर्ष की कोई राष्ट्रीय भाषा न हो, तब तक वह राष्ट्रीयता का दावा नहीं कर सकता। सम्भव है कि प्राचीन काल में भारतवर्ष एक राष्ट्र रहा हो; परन्तु बौद्धों के पतन के उपरान्त उसकी राष्ट्रीयता का भी अन्त हो गया था। यद्यपि देश में सांस्कृतिक एकता वर्त्तमान थी, तो भी भाषाओं के भेद ने देश को खंड-खंड करने का काम और भी सुगम कर दिया था। मुसलमानों के शासनकाल में भी जो कुछ हुआ था, उसमें भिन्न-भिन्न प्रान्तों का राजनीतिक एकीकरण तो हो गया था, परन्तु उस समय भी देश में राष्ट्रीयता का अस्तित्व नहीं था। और सच बात तो यह है कि राष्ट्रीयता की भावना अपेक्षाकृत बहुत देर से संसार में उत्पन्न हुई है और इसे उत्पन्न हुए लगभग दो सौ वर्षों से अधिक नहीं हुए। भारतवर्ष में राष्ट्रीयता का आरम्भ अँगरेजी राज्य की स्थापना के साथ-साथ हुआ। और उसी की दृढ़ता के साथ-साथ इसकी भी वृद्धि हो रही है। लेकिन इस समय राजनीतिक पराधीनता के अतिरिक्त देश के भिन्न-भिन्न अंगों और तत्त्वों में कोई ऐसा पारस्परिक सम्बन्ध नहीं है जो उन्हें संघटित करके एक राष्ट्र का स्वरूप दे सके। यदि आज भारतवर्ष से अँगरेजी राज्य उठ जाय तो इन तत्त्वों में जो एकता इस समय दिखायी दे रही है, बहुत सम्भव है कि वह विभेद और विरोध का रूप धारण कर ले और भिन्न-भिन्न भाषाओं के आधार पर एक ऐसा नया संघटन उत्पन्न हो जाय जिसका एक दूसरे के साथ कोई सम्बन्ध ही न हो। और फिर वही खींचातानी शुरू हो जाय जो अँगरेजों के यहाँ आने से पहले थी। अतः राष्ट्र के जीवन के लिए यह बात आवश्यक है कि देश में सांस्कृतिक एकता हो। और भाषा की एकता उस सांस्कृतिक एकता का प्रधान

स्तम्भ है; इसलिए यह बात भी आवश्यक है कि भारतवर्ष की एक ऐसी राष्ट्रीय भाषा हो जो देश के एक सिरे से दूसरे सिरे तक बोली और समझी जाय। इसी बात का आवश्यक परिणाम यह होगा कि कुछ दिनों में राष्ट्रीय साहित्य की सृष्टि भी आरम्भ हो जायगी और एक ऐसा समय आएगा, जब कि भिन्न-भिन्न जातियों और राष्ट्रों के साहित्यिक मंडल में हिन्दुस्तानी भाषा भी बराबरी की हैसियत से शामिल होने के काबिल हो जायगी।

परन्तु प्रश्न तो यह है कि इस राष्ट्रीय भाषा का स्वरूप क्या हो? आजकल भिन्न-भिन्न प्रान्तों में जो भाषाएँ प्रचलित हैं, उनमें तो राष्ट्रीय भाषा बनने की योग्यता नहीं, क्योंकि उनके कार्य और प्रचार का क्षेत्र परिमित है। केवल एक ही भाषा ऐसी है जो देश के एक बहुत बड़े भाग में बोली जाती है और उससे भी कहीं बड़े भाग में समझी जाती है। और उसी को राष्ट्रीय भाषा का पद दिया जा सकता है। परन्तु इस समय उस भाषा के तीन स्वरूप हैं—उर्दू, हिन्दी और हिन्दुस्तानी। और अभी तक यह बात राष्ट्रीय रूप से निश्चित नहीं की जा सकी है कि इनमें से कौन-सा स्वरूप ऐसा है जो देश में सबसे अधिक मान्य हो सकता है और जिसका प्रचार भी ज्यादा आसानी से हो सकता है। तीनों ही स्वरूपों के पक्षपाती और समर्थक मौजूद हैं और उनमें खींचातानी हो रही है। यहाँ तक कि इस मतभेद को राजनीतिक स्वरूप दे दिया गया है और हम इस प्रश्न पर शान्त चित्त और शान्त मस्तिष्क से विचार करने के अयोग्य हो गये हैं।

लेकिन इन सब रुकावटों के होते हुए भी यदि हम भारतीय राष्ट्रीयता के लक्ष्य तक पहुँचना और उसकी सिद्धि करना असम्भव समझकर हिम्मत न हार बैठें तो फिर हमारे लिए इस प्रश्न की किसी न किसी प्रकार मीमांसा करना आवश्यक हो जाता है।

देश में ऐसे आदमियों की संख्या कम नहीं है जो उर्दू और हिन्दी की अलग-अलग और स्वतन्त्र उन्नति और विकास के मार्ग में बाधक नहीं होना चाहते। उन्होंने यह मान लिया है कि आरम्भ में इन दोनों के स्वरूपों में चाहे जो कुछ एकता और समानता रही हो, लेकिन फिर भी इस समय दोनों की दोनों जिस रास्ते पर जा रही हैं, उसे देखते हुए इन दोनों में मेल और एकता होना असम्भव ही है। प्रत्येक भाषा की एक प्राकृतिक प्रवृत्ति होती है। उर्दू का फारसी और अरबी के साथ स्वाभाविक सम्बन्ध है। और हिन्दी का संस्कृत तथा प्राकृत के साथ उसी प्रकार का सम्बन्ध है। उनकी यह प्रवृत्ति हम किसी शक्ति से रोक नहीं सकते। फिर इन दोनों को आपस में मिलाने का प्रयत्न करके हम क्यों व्यर्थ इन दोनों को हानि पहुँचावें?

यदि उर्दू और हिन्दी दोनों अपने-आपको अपने जन्म स्थान और प्रचार-क्षेत्र तक ही परिमित रखें तो हमें इनकी प्राकृतिक वृद्धि और विकास के सम्बन्ध में

कोई आपत्ति न हो। बँगला, मराठी, गुजराती, तामिल, तेलगू और कन्नड़ी आदि प्रान्तीय भाषाओं के सम्बन्ध में हमें किसी प्रकार की चिन्ता नहीं है। उन्हें अधिकार है कि वे अपने अन्दर चाहे जितनी संस्कृत, अरबी या लैटिन आदि भरती चलें। उन भाषाओं के लेखक आदि स्वयं ही इस बात का निर्णय कर सकते हैं; परन्तु उर्दू और हिन्दी की बात इन सबसे अलग है। यहाँ तो दोनों ही भारतवर्ष की राष्ट्रीय भाषा कहलाने का दावा करती हैं। परन्तु वे अपने व्यक्तिगत रूप में राष्ट्रीय आवश्यकताओं की पूर्ति नहीं कर सकीं और इसीलिए संयुक्त रूप में स्वयं ही उनका संयोग और मेल आरम्भ हो गया। और दोनों का यह सम्मिलित स्वरूप उत्पन्न हो गया जिसे हम बहुत ठीक तौर पर हिन्दुस्तानी जबान कहते हैं। वास्तविक बात तो यह है कि भारतवर्ष की राष्ट्रीय-भाषा न तो वह उर्दू ही हो सकती है जो अरबी और फारसी के अप्रचलित तथा अपरिचित शब्दों के भार से लदी रहती है और न वह हिन्दी ही हो सकती है जो संस्कृत के कठिन शब्दों से लदी हुई होती है। यदि इन दोनों भाषाओं के पक्षपाती और समर्थक आमने-सामने खड़े होकर अपनी साहित्यिक भाषाओं में बातें करें तो शायद एक दूसरे का कुछ भी मतलब न समझ सकें। हमारी राष्ट्रीय भाषा तो वही हो सकती है जिसका आधार सर्व-सामान्य बोधगम्यता हो–जिसे सब लोग सहज में समझ सकें। वह इस बात की क्यों परवाह करने लगी कि अमुक शब्द इसलिए छोड़ दिया जाना चाहिए कि वह फारसी, अरबी अथवा संस्कृत का है? वह तो केवल यह मान-दंड अपने सामने रखती है कि जन-साधारण यह शब्द समझ सकते हैं या नहीं। और जन-साधारण में हिन्दू, मुसलमान, पंजाबी, बंगाली, महाराष्ट्रीय और गुजराती सभी सम्मिलित हैं। यदि कोई शब्द या मुहावरा या पारिभाषिक शब्द जन साधारण में प्रचलित है तो फिर वह इस बात की परवाह नहीं करती कि वह कहाँ से निकला है और कहाँ से आया है। और यही हिन्दुस्तानी है। और जिस प्रकार अँगरेजों की भाषा अँगरेजी, जापान की जापानी, ईरानी की ईरानी और चीन की चीनी है, उसी प्रकार हिन्दुस्तान की राष्ट्रीय भाषा को इसी तौर पर हिन्दुस्तानी कहना केवल उचित ही नहीं, बल्कि आवश्यक भी है। और अगर इस देश को हिन्दुस्तान न कहकर केवल हिन्द कहें तो इसकी भाषा को हिन्दी कह सकते हैं। लेकिन यहाँ की भाषा को उर्दू तो किसी प्रकार कहा ही नहीं जा सकता, जब तक हम हिन्दुस्तान को उर्दूस्तान न कहने लगें, जो अब किसी प्रकार सम्भव ही नहीं है। प्राचीन काल के लोग यहाँ की भाषा को हिन्दी ही कहते थे और खुसरो ने खालिकवारी की रचना करके हिन्दुस्तानी की नींव रखी थी। इस ग्रन्थ की रचना में कदाचित् उसका यही अभिप्राय होगा कि जनसाधारण की आवश्यकता के शब्द उन्हें अपने रोजमर्रा के कामों में सहूलियत हो जाय। अभी तक इस बात का निर्णय नहीं हो सका है कि उर्दू की सृष्टि कब और कहाँ हुई थी। जो हो, परन्तु भारतवर्ष की राष्ट्रीय भाषा न तो उर्दू ही है और

न हिन्दी, बल्कि वह हिन्दुस्तानी है जो सारे हिन्दुस्तान में समझी जाती है और उसके बहुत बड़े भाग में बोली जाती है लेकिन फिर भी लिखी कहीं नहीं जाती। और यदि कोई लिखने का प्रयत्न करता है तो उर्दू और हिन्दी के साहित्यिक उसे टाट बाहर कर देते हैं। वास्तव में उर्दू और हिन्दी की उन्नति में जो बात बाधक है, वह उनका वैशिष्ट्य प्रेम है। हम चाहे उर्दू लिखें और चाहे हिन्दी, जन-साधारण के लिए नहीं लिखते बल्कि एक परिमित वर्ग के लिए लिखते हैं। और यही कारण है कि हमारी साहित्यिक रचनाएँ जन-साधारण को प्रिय नहीं होतीं। यह बात बिलकुल ठीक है कि किसी देश में भी लिखने और बोलने की भाषाएँ एक नहीं हुआ करतीं। जो अंग्रेजी हम किताबों और अखबारों में पढ़ते हैं; वह कहीं बोली नहीं जाती। पढ़े-लिखे लोग भी उस भाषा में बातचीत नहीं करते जिस भाषा में ग्रन्थ और समाचार-पत्र आदि लिखे जाते हैं। और जन-साधारण की भाषा तो बिलकुल अलग ही होती है। इंग्लैंड के हरएक पढ़े-लिखे आदमी से यह आशा अवश्य की जाती है कि वह लिखी जानेवाली भाषा समझे और अवसर पड़ने पर उसका प्रयोग भी कर सके। यही बात हम हिन्दुस्तान में भी चाहते हैं।

परन्तु आज क्या परिस्थिति है? हमारे हिन्दीवाले इस बात पर तुले हुए हैं कि हम हिन्दी से भिन्न भाषाओं के शब्दों को हिन्दी में किसी तरह घुसने ही न देंगे। उन्हें 'मनुष्य' से तो प्रेम है परन्तु 'आदमी' से पूरी-पूरी घृणा है। यद्यपि 'दरख़्वास्त' जन-साधारण में भली-भाँति प्रचलित है परन्तु फिर भी उनके यहाँ इसके प्रयोग वर्जित है। इसके स्थान पर वे 'प्रार्थना पत्र' ही लिखना चाहते हैं, यद्यपि जन-साधारण इसका मतलब बिलकुल ही नहीं समझता। 'इस्तीफा' को वे किसी तरह मंजूर नहीं कर सकते और इसके स्थान पर 'त्याग-पत्र' रखना चाहते हैं। 'हवाई जहाज' चाहे कितना सुबोध क्यों न हो, परन्तु उन्हें 'वायुयान' की सैर ही पसन्द है। उर्दूवाले तो इस बात पर और भी लट्टू हैं। वे 'खुदा' को तो मानते हैं, परन्तु 'ईश्वर' को नहीं मानते। 'कुसूर' तो वे बहुत-से कर सकते हैं, परन्तु 'अपराध' कभी नहीं कर सकते। 'खिदमत' तो उन्हें बहुत पसन्द है, परन्तु 'सेवा' उन्हें एक आँख भी नहीं भाती है। इसी तरह हम लोगों ने उर्दू और हिन्दी के दो अलग-अलग कैम्प बना लिये हैं। और मजाल नहीं कि एक कैम्प का आदमी दूसरे कैम्प में पैर भी रख सके। इस दृष्टि से हिन्दी के मुकाबले में उर्दू में कहीं अधिक कड़ाई है। हिन्दुस्तानी इस चाहरदीवारी को तोड़कर दोनों में मेल-जोल पैदा कर देना चाहती है, जिनमें दोनों एक दूसरे के घर बिना किसी प्रकार के संकोच के आ-जा सकें और वह भी सिर्फ मेहमान के हैसियत से नहीं, बल्कि घर के आदमी की तरह। गारसन डि टासी के शब्दों में, उर्दू और हिन्दी के बीच में कोई ऐसी विभाजक रेखा नहीं खींची जा सकती, जहाँ एक को विशेष रूप से हिन्दी और दूसरी को उर्दू कहा जा सके। अँग्रेजी भाषा के भी अनेक रंग हैं। कहीं लैटिन और यूनानी शब्दों की

अधिकता होती है, कहीं ऐंग्लोसैक्सन शब्दों की। परन्तु हैं दोनों ही अँग्रेजी। इसी प्रकार हिन्दी या उर्दू शब्दों के विभेद के कारण दो भिन्न-भिन्न भाषाएँ नहीं हो सकतीं। जो लोग भारतीय राष्ट्रीयता का स्वप्न देखते हैं जो इस सांस्कृतिक एकता को दृढ़ करना चाहते हैं, उनसे हमारी प्रार्थना है कि वे लोग हिन्दुस्तानी का निमन्त्रण ग्रहण करें, जो कोई नयी भाषा नहीं है बल्कि उर्दू और हिन्दी का राष्ट्रीय स्वरूप है।

संयुक्त प्रान्त के अपर प्राइमरी स्कूलों के चौथे दरजे तक इसी मिश्रित भाषा अर्थात् हिन्दुस्तानी की रीडरें पढ़ाई जाती हैं। केवल उनकी लिपि अलग होती है। उनकी भाषा में कोई अन्तर ही नहीं होता। इसमें शिक्षा-विभाग का उद्देश्य यह होगा कि इस प्रकार विद्यार्थियों से बचपन में ही हिन्दुस्तानी की नींव पड़ जायगी और वे उर्दू तथा हिन्दी के विशेष प्रचलित शब्दों से भली-भाँति परिचित हो जाएँगे और उन्हीं का प्रयोग करने लगेंगे। इसमें दूसरा लाभ यह भी है कि एक ही शिक्षक शिक्षा दे सकता है। इस समय भी यही व्यवस्था प्रचलित है। लेकिन हिन्दी और उर्दू के पक्षपातियों की ओर से इसकी शिकायतें शुरू हो गयी हैं कि इस मिश्रित भाषा की शिक्षा से विद्यार्थियों को कुछ भी साहित्यिक ज्ञान नहीं होने पाता और वे अपर प्राइमरी के बाद भी साधारण पुस्तकें तक नहीं समझते। इसी शिकायत को दूर करने के लिए इन रीडरों के अतिरिक्त अपर प्राइमरी दरजों के लिए एक साहित्यिक रीडर भी नियत हुई है। हमारे मासिक-पत्र, समाचार-पत्र और पुस्तकें आदि विशुद्ध हिन्दी में प्रकाशित होती हैं। इसलिए जब तक उर्दू पढ़ने वाले लड़के के पास फारसी और अरबी शब्दों का और हिन्दी पढ़नेवाले लड़के के पास संस्कृत शब्दों का यथेष्ट भंडार न हो, तब तक वे उर्दू या हिन्दी की कोई पुस्तक नहीं समझ सकते। इस प्रकार बाल्यावस्था से ही हमारे यहाँ उर्दू और हिन्दी का विभेद आरम्भ हो जाता है। क्या इस विभेद को मिटाने का कोई उपाय नहीं है?

जो लोग इस विभेद के पक्षपाती हैं, उनके पास अपने-अपने दावे की दलीलें और तर्क भी मौजूद हैं। उदाहरण के लिए विशुद्ध हिन्दी के पक्षपाती कहते हैं कि संस्कृत की ओर झुकने से हिन्दी भाषा हिन्दुस्तान की दूसरी भाषाओं के पास पहुँच जाती है, अपने विचार प्रकट करने के लिए उसे बने-बनाये शब्द मिल जाते हैं, लिखावट में साहित्यिक रूप आ जाता है, आदि, आदि। इसी तरह उर्दू का झंडा लेकर चलनेवाले कहते हैं कि फारसी और अरबी की ओर झुकने से एशिया की दूसरी भाषाएँ, जैसे फारसी और अरबी, उर्दू के पास आ जाती हैं। अपने विचार प्रकट करने के लिए उसे अरबी का विद्या-सम्बन्धी भंडार मिल जाता है, जिससे बढ़कर विद्या की भाषा और कोई नहीं है, और लेखन-शैली में गम्भीरता और शान आ जाती है, आदि, आदि। इसलिए क्यों न इन दोनों को अपने-अपने ढंग पर चलने दिया जाय और उन्हें आपस में मिलाकर क्यों दोनों के रास्तों में रुकावटें पैदा

की जायँ? यदि सभी लोग इन तर्कों से सहमत हो जायँ, तो इसका अभिप्राय वही होगा कि हिन्दुस्तान में कभी राष्ट्रीय भाषा की सृष्टि न हो सकेगी। इसलिए हमें आवश्यक है कि जहाँ तक हो सके, हम इस प्रकार की धारणाओं को दूर करके ऐसी परिस्थिति उत्पन्न करें जिससे हम दिन पर दिन राष्ट्रीय भाषा के और भी अधिक समीप पहुँचते जायँ, और सम्भव है कि दस-बीस वर्षों में हमारा स्वप्न यथार्थता में परिणित हो जाय। हिन्दुस्तान के हरएक सूबे में मुसलमानों की थोड़ी-बहुत संख्या मौजूद ही है। संयुक्तप्रान्त के सिवा और-और सूबों में मुसलमानों ने अपने-अपने सूबे की भाषा अपना ली है। बंगाल का मुसलमान बंगला बोलता और लिखता है, गुजरात का गुजराती, मैसूर की कन्नड़ी, मदरास का तामिल और पंजाब का पंजाबी आदि। यहाँ तक कि उसने अपने सूबे की लिपि भी ग्रहण कर ली है। उर्दू लिपि और भाषा से यद्यपि उसका धार्मिक और सांस्कृतिक अनुराग हो सकता है, लेकिन नित्यप्रति के जीवन में उसे उर्दू की बिलकुल आवश्यकता नहीं पड़ती। यदि दूसरे-दूसरे सूबों के मुसलमान अपने-अपने सूबे की भाषा निस्संकोच भाव से सीख सकते हैं और उसे यहाँ तक अपनी भी बना सकते हैं कि हिन्दुओं और मुसलमानों की भाषा में नाम को भी कोई भेद नहीं रह जाता, तो फिर संयुक्तप्रान्त और पंजाब के मुसलमान क्यों हिन्दी से इतनी घृणा करते हैं?

हमारे सूबे में देहातों में रहनेवाले मुसलमान प्रायः देहातियों की भाषा ही बोलते हैं। जो बहुत-से मुसलमान देहातों से आकर शहर में आबाद हो गये हैं, वे भी अपने घरों में देहाती जबान ही बोलते हैं। बोल-चाल की हिन्दी समझने में न तो साधारण मुसलमानों को ही कोई कठिनता होती है और न बोल-चाल की उर्दू समझने में साधारण हिन्दुओं को ही। बोल-चाल की हिन्दी और उर्दू प्रायः एक-सी ही हैं। हिन्दी के जो शब्द साधारण पुस्तकों और समाचार-पत्रों में व्यवहृत होते हैं और कभी-कभी पंडितों के भाषाओं में भी आ जाते हैं, उनकी संख्या दो हजार से अधिक न होगी। इसी प्रकार फारसी के साधारण शब्द भी इससे अधिक न होंगे। क्या उर्दू के वर्तमान कोषों में दो हजार हिन्दी शब्द और हिन्दी के कोषों में दो हजार उर्दू शब्द नहीं बढ़ाये जा सकते और इस प्रकार हम एक मिश्रित कोष की सृष्टि नहीं कर सकते? क्या हमारी स्मरण-शक्ति पर यह भार असह्य होगा? हम अँग्रेजी के असंख्य शब्द याद कर सकते हैं और वह भी केवल एक अस्थायी आवश्यकता की पूर्ति करने के लिए। तो फिर क्या हम एक स्थायी उद्देश्य की सिद्धि के लिए थोड़े-से शब्द भी याद नहीं कर सकते? उर्दू और हिन्दी भाषाओं में न तो अभी विस्तार ही है और न दृढ़ता। उनके शब्दों की संख्या परिमित है। प्रायः साधारण अभिप्राय प्रकट करने के लिए भी उपयुक्त शब्द नहीं मिलते। शब्दों की इस वृद्धि से यह शिकायत दूर हो सकती है।

भारतवर्ष की सभी भाषाएँ या तो प्रत्यक्ष रूप से या अप्रत्यक्ष रूप से संस्कृत से

निकली हैं। गुजराती, मराठी और बँगला की तो लिपियाँ भी देवनागरी से मिलती-जुलती हैं। यद्यपि दक्षिण भारत की भाषाओं की लिपियाँ बिलकुल भिन्न हैं; परन्तु फिर भी उनमें संस्कृत शब्दों की बहुत अधिकता है। अरबी और फारसी के शब्द भी सभी प्रान्तीय भाषाओं में कुछ-न-कुछ मिलते हैं। परन्तु उनमें संस्कृत शब्दों की उतनी अधिकता नहीं होती, जितनी हिन्दी में होती है। इसलिए यह बात बिलकुल ठीक है कि भारतवर्ष में ऐसी हिन्दी बहुत सहज में स्वीकृत और प्रचलित हो सकती है जिसमें संस्कृत के शब्द अधिक हों। दूसरे प्रान्तों के मुसलमान भी ऐसी हिन्दी सहज में समझ सकते हैं परन्तु फारसी और अरबी के शब्दों से लदी हुई उर्दू भाषा के लिए संयुक्त प्रान्त और पंजाब के नगरों और कस्बों तथा हैदराबाद के बड़े-बड़े शहरों के सिवा और कोई क्षेत्र नहीं। मुसलमान संख्या में अवश्य आठ करोड़ हैं; लेकिन उर्दू बोलने वाले मुसलमान इसके एक चौथाई से अधिक न होंगे। ऐसी अवस्था में क्या उच्चकोटि की राष्ट्रीयता के विचार से इसकी आवश्यकता नहीं है कि उर्दू में कुछ आवश्यक सुधार और वृद्धि करके उसे हिन्दी के साथ मिला लिया जाय? और हिन्दी में भी इसी प्रकार की वृद्धि करके उसे उर्दू से मिला दिया जाय? और इस मिश्रित भाषा को इतना दृढ़ कर दिया जाय कि वह सारे भारतवर्ष में बोली समझी जा सके? और हमारे लेखक जो कुछ लिखें, वह एक विशेष क्षेत्र के लिए न हो बल्कि सारे भारतवर्ष के लिए हो? सिन्धी भाषा इस प्रकार के मिश्रण का बहुत अच्छा उदाहरण है। सिन्धी भाषा की केवल लिपि अरबी है; परन्तु उसमें हिन्दी के सभी तत्त्व सम्मिलित कर लिये गये हैं। और शब्दों की दृष्टि से भी उसमें संस्कृत, अरबी और फारसी का कुछ ऐसा सम्मिश्रण हो गया है कि कहीं ख़टक नहीं मालूम होती। हिन्दुस्तानी के लिए भी कुछ इसी प्रकार के सम्मिश्रण की आवश्यकता है।

जो लोग उर्दू और हिन्दी को बिलकुल अलग-अलग रखना चाहते हैं, उनका यह कहना एक बहुत बड़ी सीमा तक ठीक है कि मिश्रित भाषा में किस्से-कहानियाँ और नाटक आदि तो लिखे जा सकते हैं, परन्तु विज्ञान और साहित्य के उच्च विषय उसमें नहीं लिखे जा सकते हैं, वहाँ तो विवश होकर फारसी और अरबी के शब्दों से भरी हुई उर्दू और संस्कृत के शब्दों से भरी हुई हिन्दी का व्यवहार आवश्यक हो जायगा। विज्ञान और विद्या-सम्बन्धी विषय लिखने के लिए सबसे बड़ी आवश्यकता उपयुक्त पारिभाषिक शब्दों की होती है। और पारिभाषिक शब्दों के लिए हमें विवश होकर अरबी और संस्कृत के असीम शब्द-भंडारों से सहायता लेनी पड़ेगी। इस समय प्रत्येक प्रान्तीय भाषा अपने लिए अलग-अलग पारिभाषिक शब्द तैयार कर रही है। उर्दू में भी विज्ञान-सम्बन्धी पारिभाषिक शब्द बनाये गये हैं और अभी यह क्रम चल रहा है। क्या यह बात कहीं अधिक उत्तम न होगी कि भिन्न-भिन्न प्रान्तीय सभाएँ और संस्थाएँ आपस में मिलकर परामर्श करें और एक

दूसरी की सहायता से यह कठिन कार्य पूरा करें? इस समय सभी लोगों को अलग-अलग बहुत कुछ परिश्रम, माथापच्ची करना पड़ रहा है और उसमें बहुत कुछ बचत हो सकती है। हमारी समझ में तो यह आता है कि नये सिरे से पारिभाषिक शब्द बनाने की जगह कहीं अच्छा यह होगा कि अँग्रेजी के प्रचलित पारिभाषिक शब्दों में कुछ आवश्यक परिवर्तन करके उन्हीं को ग्रहण कर लिया जाय। ये पारिभाषिक शब्द केवल अँग्रेजी में ही प्रचलित नहीं हैं बल्कि प्रायः सभी उन्नत भाषाओं में उनसे मिलते जुलते पारिभाषिक शब्द पाये जाते हैं। कहते हैं कि जापानियों ने भी इसी मार्ग का अवलम्बन किया है और मिस्र में भी थोड़े बहुत सुधार और परिवर्तन के साथ उन्हीं को ग्रहण किया गया है। यदि हमारी भाषा में बटन, लालटेन और बाइसिकिल सरीखे सैकड़ों विदेशी शब्द खप सकते हैं तो फिर पारिभाषिक शब्दों को लेने में कौन-सी बात बाधक हो सकती है? यदि प्रत्येक प्रान्त ने अपने अलग-अलग पारिभाषिक शब्द बना लिये तो फिर भारतवर्ष की कोई राष्ट्रीय विद्या और विज्ञान-सम्बन्धी भाषा न बन सकेगी। बँगला, मराठी, गुजराती और कन्नड़ी आदि भाषाएँ संस्कृत की सहायता से यह कठिनता दूर कर सकती हैं! उर्दू भी अरबी और फारसी की सहायता से अपनी पारिभाषिक आवश्यकताएँ पूरी कर सकती है। परन्तु हमारे लिए ऐसे शब्द प्रचलित अँग्रेजी पारिभाषिक शब्दों से भी कहीं अधिक अपरिचित होंगे। 'आईने अकबरी' ने हिन्दू दर्शन, संगीत और गणित के लिए संस्कृत के प्रचलित पारिभाषिक शब्द ग्रहण करके एक अच्छा उदाहरण उपस्थित कर दिया है। इस्लामी दर्शन, धर्म-शास्त्र आदि में से हम प्रचलित अरबी पारिभाषिक शब्द ग्रहण कर सकते हैं। जो विद्याएँ पाश्चात्य देशों से अपने-अपने पारिभाषिक शब्द लेकर आयी हैं, यदि उन्हें भी हम उन शब्दों के सहित ग्रहण कर लें तो यह बात हमारी ऐतिहासिक परम्परा से भिन्न होगी।

यह कहा जा सकता है कि मिश्रित हिन्दुस्तानी उतनी सरस और कोमल न होगी। परन्तु सरसता और कोमलता का मानदंड सदा बदलता रहता है। कई साल पहले अचकन पर अँग्रेजी टोपी बेजोड़ और हास्यास्पद मालूम होती थी। लेकिन अब वह साधारणतः सभी जगह दिखाई देती है। स्त्रियों के लिए लम्बे-लम्बे सिर के बाल सौन्दर्य का एक विशेष स्तम्भ हैं; परन्तु आजकल तराशे हुए बाल प्रायः पसन्द किये जाते हैं। फिर किसी भाषा का मुख्य गुण उसकी सरसता नहीं है, बल्कि मुख्य गुण तो अभिप्राय प्रकट करने की शक्ति है। यदि हम सरसता और कोमलता की कुरबानी करके भी अपनी राष्ट्रीय भाषा का क्षेत्र विस्तृत कर सकें तो हमें इसमें संकोच नहीं होना चाहिए। जब कि हमारे राजनीतिक संसार में एक फेडरेशन या संघ की नींव डाली जा रही है, तब क्यों न हम साहित्यिक संसार में भी एक फेडरेशन या संघ की स्थापना करें, जिसमें हरएक प्रान्तीय भाषा के

प्रतिनिधि साल में एक बार एक सप्ताह के लिए किसी केन्द्र में एकत्र होकर राष्ट्रीय भाषा के प्रश्न पर विचार-विमर्श करें और अनुभव के प्रकाश में सामने आनेवाली समस्याओं की मीमांसा करें? जब हमारे जीवन की प्रत्येक बात और प्रत्येक अंग में परिवर्तन हो रहे हैं और प्रायः हमारी इच्छा के विरुद्ध भी परिवर्तन हो रहे हैं, तो फिर भाषा के विषय में हम क्यों सौ वर्ष पहले के विचारों और दृष्टिकोणों पर अड़े रहें? अब वह अवसर आ गया है कि अखिल भारतीय हिन्दुस्तानी भाषा और साहित्य की एक सभा या संस्था स्थापित की जाय जिसका काम ऐसी हिन्दुस्तानी भाषा की सृष्टि करना हो जो प्रत्येक प्रान्त में प्रचलित हो सके। यहाँ यह बताने की आवश्यकता नहीं कि इस सभा या संस्था के कर्त्तव्य और उद्देश्य क्या होंगे। इसी सभा या संस्था का यह काम होगा कि वह अपना कार्यक्रम तैयार करे। हमारा तो यही निवेदन है कि अब इस काम में ज्यादा देर करने की गुंजाइश नहीं है।

व क़ौमी भाषा के विषय में कुछ विचार

बहनो और भाइयो,

किसी क़ौम के जीवन और उसकी तरक्की में भाषा का कितना बड़ा हाथ है, इसे हम सब जानते हैं, और उसकी तशरीह करना आप-जैसे विद्वानों की तौहीन करना है। यह दो पैरोंवाला जीव उसी वक्त आदमी बना, जब उसने बोलना सीखा। यों तो सभी जीवधारियों की एक भाषा होती है। वह उसी भाषा में अपनी खुशी और रंज, अपना क्रोध और भय, अपनी हाँ या नहीं बतला दिया करता है। कितने ही जीव तो केवल इशारों में ही अपने दिल का हाल और स्वभाव जाहिर करते हैं। यह दर्जा आदमी ही को हासिल है कि वह अपने मन के भाव और विचार सफाई और बारीकी से बयान करे। समाज की बुनियाद भाषा है। भाषा के बगैर किसी समाज का खयाल भी नहीं किया जा सकता। किसी स्थान की जलवायु, उसके नदी और पहाड़, उसकी सर्दी और गर्मी और अन्य मौसमी हालतें सब मिल-जुलकर वहाँ के जीवों में एक विशेष आत्मा का विकास करती हैं, जो प्राणियों का शक्ल-सूरत, व्यवहार विचार और स्वभाव पर अपनी छाप लगा देती हैं और अपने को व्यक्त करने के लिए एक विशेष भाषा या बोली का निर्माण करती हैं। इस तरह हमारी भाषा का सीधा सम्बन्ध हमारी आत्मा से है। यों कह सकते हैं कि भाषा हमारी आत्मा का बाहरी रूप है। वह हमारी शक्ल-सूरत, हमारे रंग-रूप ही की भाँति हमारी आत्मा से निकलती है। उसके एक-एक अक्षर में हमारी आत्मा का प्रकाश है। ज्यों-ज्यों हमारी आत्मा का विकास होता है, हमारी भाषा भी प्रौढ़ और पुष्ट होती जाती है। आदि में जो लोग इशारों में बात करते थे, फिर अक्षरों में अपने भाव प्रकट करने लगे, वहीं लोग फिलासफी लिखते और शायरी करते हैं, और जब जमाना बदल जाता है और हम उस जगह से निकलकर दुनिया के दूसरे हिस्सों में आबाद हो जाते हैं, हमारा रंग-रूप भी बदल जाता है। फिर भी भाषा सदियों तक हमारा साथ देती रहती है और जितने लोग हम जबान हैं, उनमें एक अपनापन, एक आत्मीयता, एक निकटता था भाव जगाती रहती है। मनुष्य में मेल-मिलाव के जितने साधन हैं, उनमें सबसे मजबूत, असर डालनेवाला रिश्ता भाषा का है।

राजनीतिक, व्यापारिक या धार्मिक नाते जल्द या देर में कमजोर पड़ सकते हैं और अक्सर टूट जाते हैं; लेकिन भाषा का रिश्ता समय की और दूसरी बिखेरनेवाली शक्तियों की परवा नहीं करता, और एक तरह से अमर हो जाता है।

लेकिन आदि में मनुष्यों के जैसे छोटे-छोटे समूह होते हैं, वैसी ही छोटी-छोटी भाषाएँ भी होती हैं। अगर गौर से देखिये, तो बीस-पच्चीस कोस के अन्दर ही भाषाओं में कुछ-न-कुछ फर्क हो जाता है। कानपुर और झाँसी की सरहदें मिली हुई हैं। केवल एक नदी का अन्तर है; लेकिन नदी की उत्तर तरफ कानपुर में जो भाषा बोली जाती है, उसमें और नदी की दक्षिण तरफ की भाषा में साफ-साफ फर्क नजर आता है। सिर्फ प्रयाग में कम-से-कम दस तरह की भाषाएँ बोली जाती हैं। लेकिन जैसे-जैसे सभ्यता का विकास होता जाता है, यह स्थानीय भाषाएँ किसी सूबे की भाषा में जा मिलती हैं और सूबे की भाषा एक सार्वदेशिक भाषा का अंग बन जाती है। हिन्दी ही में ब्रजभाषा, बुन्देलखंडी, अवधी, मैथिल, भोजपुरी आदि भिन्न-भिन्न शाखाएँ हैं; लेकिन जैसे छोटी-छोटी धाराओं के मिल जाने से एक बड़ा दरिया बन जाता है, जिसमें मिलकर नदियाँ अपने को खो देती हैं, उसी तरह ये सभी प्रान्तीय भाषाएँ हिन्दी की मातहत हो गयी हैं और आज उत्तर भारत का एक देहाती भी हिन्दी समझता है और अवसर पड़ने पर बोलता है। लेकिन हमारे मुल्की फैलाव के साथ हमें एक ऐसी भाषा की जरूरत पड़ गयी है, जो सारे हिन्दुस्तान में समझी और बोली जाय, जिसे हम हिन्दी या गुजराती या मराठी या उर्दू न कहकर हिन्दुस्तानी भाषा कह सकें, जिसे हिन्दुस्तान का पढ़ा-बे-पढ़ा आदमी उसी तरह समझे या बोले, जैसे हर एक अंग्रेज या जर्मन या फ्रांसीसी फ्रेंच या जर्मन या अंग्रेजी भाषा बोलता और समझता है। हम सूबे की भाषाओं के विरोधी नहीं हैं। आप उनमें जितनी उन्नति कर सकें, करें। लेकिन एक क़ौमी भाषा का मरकज़ी सहारा लिये बगैर आपके राष्ट्र की जड़ कभी मजबूत नहीं हो सकती। हमें रंज के साथ कहना पड़ता है कि अब तक हमने क़ौमी भाषा की ओर जितना ध्यान देना चाहिए, उतना नहीं दिया है। हमारे पूज्य नेता सब-के-सब ऐसी जबान की जरूरत को मानते हैं; लेकिन अभी तक उनका ध्यान खास तौर पर इस विषय की ओर नहीं आया। हम ऐसा राष्ट्र बनाने का स्वप्न देख रहे हैं, जिसकी बुनियाद इस वक्त सिर्फ अंग्रेजी हुकूमत है। इस बालू की बुनियाद पर हमारी क़ौमियत का मीनार खड़ा किया जा रहा है। और अगर हमने क़ौमियत की सबसे बड़ी शर्तें, यानी क़ौमी जबान की तरफ़ से लापरवाही की, तो इसका अर्थ यह होगा कि आपकी क़ौम को जिन्दा रखने के लिए अंग्रेजी की मरकज़ी हुकूमत का कायम रहना लाजिम होगा वरना कोई मिलानेवाली ताकत न होने के कारण हम सब बिखर जायँगे और प्रान्तीयता जोर पकड़कर राष्ट्र का गला घोंट देगी, और जिस बिखरी हुई दशा में हम अंग्रेजों के आने के पहले थे, उसी में फिर लौट जायँगे।

इस लापरवाही का खास सबब है—अँग्रेजी जबान का बढ़ता हुआ प्रचार और हममें आत्म-सम्मान की वह कमी, जो गुलामी की शर्म को नहीं महसूस करती। यह दुरुस्त है कि आज भारत की दफ्तरी जबान अँग्रेजी है और भारत की जनता पर शासन करने में अँग्रेजों का हाथ बँटाने के लिए हमारा अँगरेजी जानना जरूरी है। इल्म और हुनर और खयालात में जो इनकलाब होते रहते हैं, उनसे वाकिफ़ होने के लिए भी अँगरेजी जबान सीखना लाजिमी हो गया है। जाती शोहरत और तरक्की की सारी कुंजियाँ अँगरेजी के हाथ में हैं और कोई भी उस खजाने को नाचीज नहीं समझ सकता। दुनिया की तहजीबी या सांस्कृतिक विरादरी में मिलने के लिए अँगरेजी ही हमारे लिए एक दरवाजा है और उसकी तरफ से हम आँख नहीं बन्द कर सकते। लेकिन हम दौलत और अख्तियार की दौड़ में, और बेतहाशा दौड़ में क़ौमी भाषा की जरूरत बिलकुल भूल गये और उस जरूरत की याद कौन दिलाता? आपस में तो अँगरेजी का व्यवहार था ही, जनता से ज्यादा सरोकार था ही नहीं, और अपनी प्रान्तीय भाषा से सारी जरूरतें पूरी हो जाती थीं। क़ौमी भाषा का स्थान अँगरेजी ने ले लिया और उसी स्थान पर विराजमान है। अँगरेजी राजनीति का, व्यापार का, साम्राज्यवाद का, हमारे ऊपर जैसा आतंक है, उससे कहीं ज्यादा अँगरेजी भाषा का है। अँग्रेजी राजनीति से, व्यापार से, साम्राज्यवाद से तो आप बगावत करते हैं; लेकिन अँग्रेजी भाषा को आप गुलामी के तौक की तरह गर्दन में डाले हुए हैं। अँग्रेजी राज्य की जगह आप स्वराज्य चाहते हैं। उनके व्यापार की जगह अपना व्यापार चाहते हैं। लेकिन अँग्रेजी भाषा का सिक्का हमारे दिलों पर बैठ गया है। उसके बगैर हमारा पढ़ा-लिखा समाज अनाथ हो जायगा। पुराने समय में आर्य्य और अनार्य्य का भेद था, आज अंग्रेजीदाँ और गैर-अंग्रेजीदाँ का भेद है। अंग्रेजीदाँ आर्य्य है। उसके हाथ में, अपने स्वामियों की कृपा-दृष्टि की बदौलत, कुछ अख्तियार है, रोब है, सम्मान है। गैर अँग्रेजी अनार्य्य है और उसका काम केवल आर्य्यों की सेवा-टहल करना है और उनके भोग-विलास और भोजन के लिए सामग्री जुटाना है। यह आर्य्यवाद बड़ी तेजी से बढ़ रहा है, दिन-दूना रात चौगुना। अगर सौ-दो-सौ साल में भी वह सारे भारत में फैल जाता, तो हम कहते बला से, विदेशी जबान है, हमारा काम तो चलता है; लेकिन इधर तो हजार-दो-हजार साल में भी उसे जनता में फैलने का इमकान नहीं। दूसरे वह पढ़े-लिखों को जनता से अलग किये चली जा रही है। यहाँ तक कि इनमें एक दीवार खिंच गयी है। साम्राज्यवादी जाति की भाषा में कुछ तो उसके घमंड और दबदबे का असर होना ही चाहिए। हम अँग्रेजी पढ़कर अगर अपने को महकूम जाति का अंग भूलकर हाकिम जाति का अंग समझने लगते हैं, कुछ वही गरूर, कुछ वही अहम्मन्यता, 'हम चुनीं दगरे नेस्त' वाला भाव, बहुतों में कसदन और थोड़े आदमियों में बेजाने पैदा हो जाता है, तो कोई ताज्जुब नहीं। हिन्दुस्तानी साहबों की अपनी बिरादरी हो

गयी है, उनका रहन-सहन, चाल-ढाल, पहनावा, बर्ताव सब साधारण जनता से अलग है, साफ मालूम होता है कि यह कोई नयी उपज है। जो हमारा अँग्रेजी साहब करता है, वही हमारा हिन्दुस्तानी साहब करता है, करने पर मजबूर है। अँग्रेजियत ने उसे हिप्नोटाइज कर दिया है, उसमें बेहद उदारता आ गयी है, छूतछात से सोलहों आना नफरत हो गयी है, वह अँग्रेजी साहब की मेज का जूठन भी खा लेगा और उसे गुरु का प्रसाद समझ लेगा; लेकिन जनता उसकी उदारता में स्थान नहीं पा सकती, उसे तो वह काला आदमी समझता है। हाँ, जब कभी अँग्रेजी साहबों से उसे ठोकर मिलती है, तो वह दौड़ा हुआ जनता के पास फरियाद करने जाता है, उसी जनता के पास, जिसे वह काला आदमी और अपना भोग्य समझता है। अगर अँग्रेजी स्वामी उसे नौकरियाँ देता जाय, उसे, उसके लड़कों, पोतों, सबको, तो उसे अपने हिन्दुस्तानी या गुलाम होने का कभी खयाल भी न आयगा। मुश्किल तो यही है कि वहाँ भी गुंजायश नहीं है। ठोकरों-पर-ठोकरें मिलती हैं, तब यह क्लास देश-भक्त बन जाता है और जनता का वकील और नेता बनकर उसका जोर लेकर अँग्रेज साहब का मुकाबिला करना चाहता है। तब उसे ऐसी भाषा की कमी महसूस होती है, जिसके द्वारा वह जनता तक पहुँच सके। काँग्रेस को थोड़ा-बहुत यश मिला, वह जनता को उसी भाषा में अपील करने से मिला। हिन्दुस्तान में इस वक्त करीब चौबीस-पच्चीस करोड़ आदमी हिन्दुस्तानी भाषा समझ सकते हैं। यह क्या दुःख की बात नहीं कि वे जो भारतीय जनता की वकालत के दावेदार हैं, वह भाषा न बोल सकें और न समझ सकें, जो पच्चीस करोड़ की भाषा है, और जो थोड़ी-सी कोशिश से सारे भारतवर्ष की भाषा बन सकती है? लेकिन अँग्रेजी के चुने हुए शब्दों और मुहावरों और मँजी हुई भाषा में अपनी निपुणता और कुशलता दिखाने का रोग इतना बढ़ा हुआ है कि हमारी क़ौमी सभाओं में सारी कार्रवाई अँग्रेजी में होती है, अँग्रेजी में भाषण दिये जाते हैं, प्रस्ताव पेश किये जाते हैं, सारी लिखा-पढ़ी अँग्रेजी में होती है, उस संस्था में भी, जो अपने को जनता की संस्था कहती है। यहाँ तक कि सोशलिस्ट और कम्यूनिस्ट भी, जो जनता के खासुलखास झंडे-बरदार हैं, सभी कार्यवाही अँग्रेजी में करते हैं। जब हमारी क़ौमी संस्थाओं की यह हालत है, तो हम सरकारी महकमों और युनिवर्सिटियों से क्या शिकायत करें? मगर सौ वर्ष तक अंग्रेजी पढ़ने-लिखने और बोलने के बाद भी एक हिन्दुस्तानी भी ऐसा नहीं निकला, जिसकी रचना का अँग्रेजी में आदर हो। हम अँग्रेजी भाषा की खैरात खाने के इतने आदी हो गये हैं कि अब हमें हाथ पाँव हिलाते कष्ट होता है। हमारी मनोवृत्ति कुछ वैसी ही हो गयी है, जैसी अक्सर भिखमंगों की होती है जो इतने आरामतलब हो जाते हैं कि मजदूरी मिलने पर भी नहीं करते। यह ठीक है कि कुदरत अपना काम कर रही है और जनता क़ौमी भाषा बनाने में लगी हुई है। उसका अँग्रेजी न जानना, क़ौम की भाषा के लिए

अनुकूल जलवायु दे रहा है। इधर सिनेमा के प्रचार ने भी इस समस्या को हल करना शुरू कर दिया है और ज्यादातर फिल्में हिन्दुस्तानी भाषा में ही निकल रही हैं। सभी ऐसी भाषा में बोलना चाहते हैं, जिसे ज्यादा-से-ज्यादा आदमी समझ सकें; लेकिन जब जनता अपने रहनुमाओं को अँग्रेजी में बोलते और लिखते देखती है, तो क़ौमी भाषा से उसे जो हमदर्दी है, उसमें जोर का धक्का लगता है, उसे कुछ ऐसा खयाल होने लगता है कि क़ौमी भाषा कोई जरूरी चीज नहीं है। जब उसके नेता, जिनके कदमों के निशान पर वह चलती है, और जो जनता की रुचि बनाते हैं, क़ौमी भाषा को हकीर समझें—सिवाय इसके कि कभी-कभी श्रीमुख से तारीफ कर दिया करें—तो जनता से यह उम्मीद करना कि वह क़ौमी भाषा के मुर्दे को पूजती जायगी, उसे बेवकूफ समझना है। और जनता को आप जो चाहें इल्ज़ाम दे लें, वह बेवकूफ़ नहीं है। आपने समझदारी का जो तराजू अपने दिल में बना रखा है उस पर वह चाहे पूरी न उतरे; लेकिन हम दावे से कह सकते हैं कि कितनी ही बातों में वह आपसे और हमसे कहीं ज्यादा समझदार है। क़ौमी भाषा के प्रचार का एक बड़ा जरिया हमारे अखबार हैं; लेकिन अखबारों की सारी शक्ति नेताओं के भाषणों, व्याख्यानों और बयानों के अनुवाद करने में ही खर्च हो जाती है, और चूँकि शिक्षित समाज ऐसे अखबार खरीदने और पढ़ने में अपनी हतक समझता है, इसलिए ऐसे पत्रों का प्रचार बढ़ने नहीं पाता और आमदनी कम होने के सबब वे पत्र को मनोरंजक नहीं बना सकते। वाइसराय या गवर्नर अंग्रेजी में बोलें, हमें कोई एतराज नहीं। लेकिन अपने ही भाइयों के खयालात तक पहुँचने के लिए हमें अँग्रेजी से अनुवाद करना पड़े, यह हालत भारत जैसे गुलाम देश के सिवा और कहीं नजर नहीं आ सकती। और जबान की गुलामी ही असली गुलामी है। ऐसे भी देश संसार में हैं, जिन्होंने हुक्मराँ जाति की भाषा को अपना लिया। लेकिन उन जातियों के पास न अपनी तहजीब या सभ्यता थी, और न अपना कोई इतिहास था, न अपनी कोई भाषा थी। वे उन बच्चों की तरह थे, जो थोड़े ही दिनों में अपनी मातृभाषा भूल जाते हैं और नयी भाषा में बोलने लगते हैं। क्या हमारा शिक्षित भारत वैसा ही बालक है? ऐसा मानने की इच्छा नहीं होती; हालाँकि लक्षण सब वही हैं।

सवाल यह होता है कि जिस क़ौमी भाषा पर इतना जोर दिया जा रहा है, उसका रूप क्या है? हमें खेद है कि अभी तक हम उसकी कोई खास सूरत नहीं बना सके हैं, इसलिए कि जो लोग उसका रूप बना सकते थे, वे अँग्रेजी के पुजारी थे और हैं; मगर उसकी कसौटी यही है कि उसे ज्यादा-से-ज्यादा आदमी समझ सकें। हमारी कोई सूबे वाली भाषा इस कसौटी पर पूरी नहीं उतरती। सिर्फ हिन्दुस्तानी उतरती है; क्योंकि मेरे खयाल में हिन्दी और उर्दू दोनों एक जबान हैं। क्रिया और कर्त्ता, फेल और फाइल, जब एक हैं, तो उनके एक होने में कोई सन्देह

नहीं हो सकता। उर्दू वह हिन्दुस्तानी जबान है, जिसमें फारसी अरबी के लफ्ज़ ज्यादा हों, उसी तरह हिन्दी वह हिन्दुस्तानी है, जिसमें संस्कृत के शब्द ज्यादा हों। लेकिन जिस तरह अंग्रेजी में चाहे लैटिन या ग्रीक शब्द अधिक हों या एंग्लोसेक्सन, दोनों ही अंग्रेजी हैं, उसी भाँति हिन्दुस्तानी भी अन्य भाषाओं के शब्दों के मिल जाने से कोई भिन्न भाषा नहीं हो जाती। साधारण बातचीत में तो हम हिन्दुस्तानी का व्यवहार करते ही हैं। थोड़ी-सी कोशिश से हम इसका व्यवहार उन सभी कामों में कर सकते हैं, जिनसे जनता का सम्बन्ध है। मैं यहाँ एक उर्दू पत्र से दो-एक उदाहरण देकर अपना मतलब साफ कर देना चाहता हूँ–

'एक जमाना था, जब देहातों में चरखा और चक्की के बगैर कोई घर खाली न था। चक्की चूल्हे से छुट्टी मिली तो चरखे पर सूत कात लिया। औरतें चक्की पीसती थीं, इससे उनकी तन्दुरुस्ती बहुत अच्छी रहती थी, उनके बच्चे मजबूत और जफाकश होते थे। मगर अब तो अँग्रेजी तहजीब और मुआशरत ने सिर्फ शहरों में ही नहीं, देहातों में भी काया पलट दी है। हाथ की चक्की के बजाय अब मशीन का पिसा हुआ आटा इस्तेमाल किया जाता है। गाँवों में चक्की न रही, तो चक्की पर का गीत कौन गाये? जो बहुत गरीब हैं, वे अब भी घर की चक्की आटा इस्तेमाल करते है। चक्की पीसने का वक्त अमूनन रात का तीसरा पहर होता है। सरे शाम ही से पीसने के लिए अनाज रख लिया जाता है और पिछले पहर से उठकर औरतें चक्की पीसने बैठ जाती हैं।'

इस पैराग्राफ को मैं हिन्दुस्तानी का बहुत अच्छा नमूना समझता हूँ, जिसे समझने में किसी भी हिन्दी समझने वाले आदमी को जरा भी मुश्किल न पड़ेगी। अब मैं उर्दू का दूसरा पैरा देता हूँ–

उसकी वफ़ा का जज़्बा सिर्फ़ जिन्दा हस्तियों के लिए महमूद न था। वह ऐसी परवाना थी, कि न सिर्फ़ जलती हुई शमा पर निसार होती थी, बल्कि बुझी हुई शमा पर भी खुद को कुरबान कर देती थी। अगर मौत का जालिम हाथ उसके रफ़ीक हयात को छीन लेता था तो वह बाक़ी जिन्दगी उसके नाम और उसकी याद में बसर कर देती थी। एक की कहलाने और एक की हो जाने के बाद फिर दूसरे किसी शख्स का खयाल भी उसके वफ़ापरस्त दिल में भूलकर भी न उठता था।'

अगर पहले जुमले को हम इस तरह लिखें–'वह सिर्फ़ जिन्दा आदमियों के साथ वफा न करती थी, और 'वफ़ापरस्त' की जगह 'प्रेमी' 'रफीक हयात' की जगह 'जीवन साथी' का व्यवहार करें, तो वह साफ हिन्दुस्तानी बन जायगी और उसके समझने में किसी को दिक्कत न होगी।' अब मैं एक हिन्दी-पत्र से एक पैरा नकल करता हूँ–

'मशीनों के प्रयोग से आदमियों का बेकार होना और नये-नये आविष्कारों से बेकारी का बढ़ना, फिर बाजार की कमी, रही-सही कमी को और भी पूरा कर देती

है। बेकारी की समस्या को अधिक भयंकर रूप देने के लिए यही काफी था; लेकिन इसके ऊपर संसार में हर दसवें साल की जनगणना देखने से मालूम हो रहा है कि जन-संख्या बढ़ती ही जा रही है। पूँजीवाद कुछ लोगों को धनी बनाकर उसके लिए सुख और विलास की नयी-नयी सामग्री जुटा सकता है।'

यह हिन्दी के एक मशहूर और माने हुए विद्वान् की शैली का नमूना है, इसमें 'प्रयोग', 'आविष्कार', 'समस्या' यह तीन शब्द ऐसे हैं, जो उर्दूदाँ लोगों को अपरिचित लगेंगे। बाकी सभी भाषाओं के बोलनेवालों की समझ में आ सकते हैं। इससे साबित हो रहा है कि हिन्दी या उर्दू में कितने थोड़े रद्दोबदल से उसे हम क़ौमी भाषा बना सकते हैं। हमें सिर्फ अपने शब्दों का कोष बढ़ाना पड़ेगा और वह भी ज्यादा नहीं। एक दूसरे लेख की शैली का नमूना और लीजिए—

'अपने साथ रहने वाले नागरिकों के साथ हमारा जो रोज-रोज का सम्बन्ध होता है, उसमें क्या आप समझते हैं कि वस्तुतः न्यायकर्त्ता, जेल के अधिकारी और पुलिस के कारण ही समाज-विरोधी कार्य्य बढ़ने नहीं पाते? न्यायकर्त्ता तो सदा खूँखार बना रहता है, क्योंकि वह कानून का पागल है। अभियोग लगानेवाला, पुलिस को खबर देनेवाला, पुलिस का गुप्तचर, तथा इसी श्रेणी के और लोग जो अदालतों के इर्द-गिर्द मँडराया करते हैं और किसी प्रकार अपना पेट पालते हैं, क्या यह लोग व्यापक रूप से समाज में दुर्नीति का प्रचार नहीं करते? मामलों-मुकदमों की रिपोर्ट पढ़िए, पर्दे के अन्दर नजर डालिए, अपनी विश्लेषक बुद्धि को अदालतों के बाहरी भाग तक ही परिमित न रखकर भीतर ले जाइए, तब आपको जो कुछ मालूम होगा, उसे आपका सिर बिलकुल भन्ना उठेगा।'

यहाँ अगर हम 'समाज विरोधी' की जगह 'समाज को नुकसान पहुँचाने वाले, 'अभियोग' की जगह 'जुर्म', 'गुप्तचर' की जगह 'मुखबिर' 'श्रेणी' की जगह 'दर्जा', 'दुर्नीति' की जगह 'बुराई', विश्लेषक बुद्धि' की जगह 'परख', 'परिमित' की जगह 'बन्द' लिखें तो वह सरल और सुबोध हो जाती है और हम उसे हिन्दुस्तानी कह सकते हैं।

इन उदाहरणों या मिसालों से जाहिर है कि हिन्दी-कोष में उर्दू के और उर्दू-कोष में हिन्दी के शब्द बढ़ाने से काम चल सकता है। यह भी निवेदन कर देना चाहता हूँ कि थोड़े दिन पहले फारसी और उर्दू के दरबारी भाषा होने के सबब से फारसी के शब्द जितना रिवाज पा गये हैं उतना संस्कृत के शब्द नहीं। संस्कृत शब्दों के उच्चारण में जो कठिनाई होती है, उसको हिन्दी के विद्वानों ने पहले ही देख लिया और उन्होंने हजारों संस्कृत शब्दों को इस तरह बदल दिया कि वह आसानी से बोले जा सकें। ब्रजभाषा और अवधी में इसकी बहुत-सी मिसालें मिलती हैं, जिन्हें यहाँ लाकर मैं आपका समय नहीं खराब करना चाहता। इसलिए क़ौमी भाषा में उसका वही रूप रखना पड़ेगा, और संस्कृत शब्दों की जगह, जिन्हें

सर्व-साधारण नहीं समझते, ऐसे फारसी शब्द रखने पड़ेंगे, जो विदेशी होकर भी इतने आम हो गये हैं कि उनको समझने में जनता को कोई दिक्कत नहीं होती। 'अभियोग' का अर्थ वही समझ सकता है, जिसने संस्कृत पढ़ी हो। जुर्म का मतलब बे-पढ़े भी समझते हैं। 'गुप्तचर' की जगह 'मुखबिर', 'दुर्नीति' की जगह 'बुराई' ज्यादा सरल शब्द है। शुद्ध हिन्दी के भक्तों को मेरे इस बयान से मत-भेद हो सकता है। लेकिन अगर हम ऐसी क़ौमी जबान चाहते हैं, जिसे ज्यादा-से-ज्यादा आदमी समझ सकें, तो हमारे लिए दूसरा रास्ता नहीं है, और यह कौन नहीं चाहता कि उसकी बात ज्यादा-से-ज्यादा लोग समझें, ज्यादा-से-ज्यादा आदमियों के साथ उसका आत्मिक सम्बन्ध हो। हिन्दी में एक फरीक ऐसा है, जो यह कहता है कि चूँकि हिन्दुस्तान की सभी सूबेवाली भाषाएँ संस्कृत से निकली हैं और उनमें संस्कृत के शब्द अधिक हैं इसलिए हिन्दी में हमें अधिक-से-अधिक संस्कृत के शब्द लाने चाहिए; ताकि अन्य प्रान्तों के लोग उसे आसानी से समझें। उर्दू की मिलावट करने से हिन्दी का कोई फायदा नहीं। उन मित्रों को मैं यही जवाब देना चाहता हूँ कि ऐसा करने से दूसरे सूबों के लोग चाहे आपकी भाषा समझ लें, लेकिन खुद हिन्दी बोलने वाले न समझेंगे। क्योंकि, साधारण हिन्दी बोलने वाला आदमी शुद्ध संस्कृत शब्दों का जितना व्यवहार करता है, उससे कहीं ज्यादा फारसी शब्दों का। हम इस सत्य की ओर से आँखे नहीं बन्द कर सकते और फिर इसकी जरूरत ही क्या है, कि हम भाषा को पवित्रता की धुन में तोड़-मरोड़ डालें। यह जरूर सच है कि बोलने की भाषा और लिखने की भाषा में कुछ-न-कुछ अन्तर होता है; लेकिन लिखित भाषा सदैव बोल-चाल की भाषा से मिलते-जुलते रहने की कोशिश किया करती है। लिखित-भाषा की खूबी यही है कि वह बोल-चाल की भाषा से मिले। इस आदर्श से वह जितनी ही दूर जाती है, उतनी ही अस्वाभाविक हो जाती है। बोल-चाल की भाषा भी अक्सर और परिस्थिति अनुसार बदलती रहती है। विद्वानों के समाज में जो भाषा बोली जाती है, वह बाजार की भाषा से अलग होती है। शिष्ट भाषा की कुछ-न-कुछ मर्यादा तो होनी ही चाहिए; लेकिन इतनी नहीं कि उससे भाषा के प्रचार में बाधा पड़े। फारसी शब्दों में शीन-काफ की बड़ी कैद है; लेकिन क़ौमी भाषा में यह कैद ढीली करनी पड़ेगी। पंजाब के बड़े-बड़े विद्वान भी 'क़' की जगह 'क' ही का व्यवहार करते हैं। मेरे खयाल में तो भाषा के लिए सबसे महत्त्व की चीज़ है कि उसे ज्यादा-से-ज्यादा आदमी, चाहे वे किसी प्रान्त के रहनेवाले हों, समझें, बोलें और लिखें। ऐसी भाषा न पंडिताऊ होगी और न मौलवियों की। उसका स्थान इन दोनों के बीच में है। यह जाहिर है कि अभी इस तरह की भाषा में इबारस्त की चुस्ती और शब्दों के विन्यास की बहुत थोड़ी गुंजायश है। और जिसे हिन्दी या उर्दू पर अधिकार है, उसके लिए चुस्त और सजीली भाषा लिखने का लालच बड़ा जोरदार होता है।

लेखक केवल अपने मन का भाव नहीं प्रकट करना चाहता; बल्कि उसे बना-सँवारकर रखना चाहता है। बल्कि यों कहना चाहिए कि वह लिखता है रसिकों के लिए, साधारण जनता के लिए नहीं। उसी तरह, जैसे कलावंत राग-रागिनियाँ गाते समय केवल संगीत के आचार्यों ही से दाद चाहता है, सुननेवालों में कितने अनाड़ी बैठे हैं, इसकी उसे कुछ भी परवाह नहीं होती। अगर हमें राष्ट्र-भाषा का प्रचार करना है, तो हमें इस लालच को दबाना पड़ेगा। हमें इबारत की चुस्ती पर नहीं, अपनी भाषा को सलीस बनाने पर खास तौर से ध्यान रखना होगा। इस वक्त ऐसी भाषा कानों और आँखों को खटकेगी जरूर, कहीं गंगा-मदार का जोड़ नजर आएगा, कहीं एक उर्दू शब्द हिन्दी के बीच में इस तरह डटा हुआ मालूम होगा, जैसे कौओं के बीच में हंस आ गया हो। कहीं उर्दू के बीच में हिन्दी शब्द हलुए में नमक के डले की तरह मजा बिगाड़ देंगे। पंडितजी भी खिलखिलाएँगे और मौलवी साहब भी नाक सिकोड़ेंगे और चारों तरफ से शोर मचेगा कि हमारी भाषा का गला रेता जा रहा है, कुन्द छुरी से उसे ज़िबह किया जा रहा है। उर्दू को मिटाने के लिए यह साजिश की गयी है; हिन्दी को डुबाने के लिए यह माया रची गयी है! लेकिन हमें इन बातों को कलेजा मजबूत करके सहना पड़ेगा। राष्ट्र-भाषा केवल रईसों और अमीरों की भाषा नहीं हो सकती। उसे किसानों और मजदूरों की भी बनना पड़ेगा। जैसे रईसों और अमीरों ही से राष्ट्र नहीं बनता, उसी तरह उनकी गोद में पली हुई भाषा राष्ट्र की भाषा नहीं हो सकती। यह मानते हुए कि सभाओं में बैठकर हम राष्ट्र-भाषा की तामीर नहीं कर सकते, राष्ट्र-भाषा तो बाजारों में और गलियों में बनती है; लेकिन सभाओं में बैठकर हम उसकी चाल को तेज जरूर कर सकते हैं। इधर तो हम राष्ट्र-राष्ट्र का गुल मचाते हैं, उधर अपनी-अपनी जबानों के दरवाजों पर संगीनें लिये खड़े रहते हैं कि कोई उसकी तरफ आँख न उठा सके। हिन्दी में हम उर्दू शब्दों को बिला तकल्लुफ स्थान देते हैं; लेकिन उर्दू के लेखक संस्कृत के मामूली शब्दों को भी अन्दर नहीं आने देते। वह चुन-चुनकर हिन्दी की जगह फारसी और अरबी के शब्दों का इस्तेमाल करते हैं। जरा-जरा से मुज़क्कर और मुअन्नस के भेद पर तूफान मच जाया करता है। उर्दू जबान सिरात का पुल बनकर रह गयी है, जिससे जरा इधर-उधर हुए और जहन्नुम में पहुँचे। जहाँ राष्ट्र-भाषा के प्रचार करने का प्रयत्न हो रहा है, वहाँ सब से बड़ी दिक्कत इसी लिंग-भेद के कारण पैदा हो रही है। हमें उर्दू के मौलवियों और हिन्दी के पंडितों से उम्मीद नहीं है कि वे इन फन्दों में कुछ को नर्म करेंगे। यह काम हिन्दुस्तानी भाषा का होगा कि वह जहाँ तक हो सके, निरर्थक कैदों से आजाद हो। आँख क्यों स्त्री लिंग है और कान क्यों पुल्लिग हैं, इसका कोई सन्तोष के लायक जवाब नहीं दिया जा सकता।

मेरी समझ में यह बात नहीं आती कि जो संस्था जनता की भाषा का

बायकाट करती है, उस पर दूर ही से लाठी लेकर उठती है, वह राष्ट्रीय संस्था किस लिहाज से है और जो लोग जनता की भाषा नहीं बोल सकते, वह जनता के वकील कैसे बन सकते हैं, फिर चाहे वे समाजवाद या समष्टिवाद या किसी और वाद का लेबल लगाकर आयें। सम्भव है, इस वक्त आपको राष्ट्र भाषा की जरूरत न मालूम होती हो और अँग्रेजी से आपका काम मजे से चल सकता हो; लेकिन अगर आगे चलकर हमें फिर हिन्दुस्तान को घरेलू लड़ाइयों से बचाना है, तो हमें उन सारे नातों को मजबूत बनाना पड़ेगा, जो राष्ट्र के अंग हैं और जिनमें क़ौमी भाषा का स्थान सबसे ऊँचा नहीं, तो किसी से कम भी नहीं है। जब तक आप अँग्रेजी को अपनी क़ौमी भाषा बनाये हुए हैं, तब तक आपकी आजादी की धुन पर किसी को विश्वास नहीं आता। वह भीतर की आत्मा से निकली हुई तहरीक नहीं है, केवल आजादी के शहीद बन जोतने की हविस है। यहाँ जय-जय के नारे और फूलों की वर्षा नहीं। लेकिन जो लोग हिन्दुस्तान को एक क़ौम देखना चाहते हैं—इसलिए नहीं कि वह क़ौम कमजोर क़ौमों को दबाकर, भाँति-भाँति के मायाजाल फैलाकर, रोशनी और ज्ञान फैलाने का ढोंग रचकर, अपने अमीरों का व्यापार बढ़ाये और अपनी ताकत पर घमंड करे, बल्कि इसीलिए कि वह आपस में हमदर्दी, एकता और सद्भाव पैदा करे और हमें इस योग्य बनाये कि हम अपने भाग्य का फैसला अपनी इच्छानुसार कर सकें—उनका यह फर्ज है कि क़ौमी भाषा के विकास और प्रचार में वे हर तरह मदद करें। और यहाँ सब हमारे हाथ में है। विद्यालयों में हम क़ौमी भाषा के दर्जे खोल सकते हैं। हर एक ग्रेजुएट के लिए क़ौमी भाषा में बोलना और लिखना लाजिमी बना सकते हैं। हम हरेक पत्र में, चाहे वह मराठी हो या गुजराती या अँगरेजी या बँगला, एक दो कालम क़ौमी भाषा के लिए अलग कर सकते हैं। अपने प्लेटफार्म पर क़ौमी भाषा का व्यवहार कर सकते हैं। आपस में क़ौमी भाषा में बातचीत कर सकते हैं। जब तक मुल्की दिमाग अँग्रेजों की गुलामी में खुश होता रहेगा, उस वक्त तक भारत सच्चे मानी में राष्ट्र न बन सकेगा। यह भी जाहिर है कि एक प्रान्त या एक भाषा के बोलने वाले क़ौमी भाषा नहीं बना सकते। क़ौमी भाषा तो तभी बनेगी, जब सभी प्रान्तों के दिमागदार लोग उसमें सहयोग देंगे। सम्भव है कि दस-पाँच साल भाषा का कोई रूप स्थिर न हो, कोई पूरब जाय कोई पश्चिम; लेकिन कुछ दिनों के बाद तूफान शान्त हो जायगा और जहाँ केवल धूल और अन्धकार और गुबार था, वहाँ हरा-भरा साफ-सुथरा मैदान निकल आयगा। जिनके कलम में मुर्दों को जिलाने और सोतों को जगाने की ताकत है, वे सब वहाँ विचरते हुए नज़र आएँगे। तब हमें टैगोर, मुंशी, देशाई और जोशी की कृतियों से आनन्द और लाभ उठाने के लिए मराठी और बँगला या गुजराती न सीखनी पड़ेगी। क़ौमी भाषा के साथ क़ौमी साहित्य का उदय होगा और हिन्दुस्तानी भी दूसरी सम्पन्न और सरसब्ज भाषाओं की मजलिस में बैठेगी। हमारा

साहित्य प्रान्तीय न होकर क़ौमी हो जायगा। इस अँग्रेजी प्रभुत्व की यह बरक़त है कि आज एडगर वैलेस, गाई बूथवी जैसे लेखकों से हम जितने मनहूस हैं, उसका शतांश भी अपने शरत और मुंशी और 'प्रसाद' की रचनाओं से नहीं। डॉक्टर टैगोर भी अँग्रेजी में न लिखते, तो शायद बंगाली दायरे के बाहर बहुत कम आदमी उनसे वाकिफ होते। मगर कितने खेद की बात है कि महात्मा गाँधी के सिवा किसी भी दिमाग ने क़ौमी भाषा की जरूरत नहीं समझी और उस पर जोर नहीं दिया। यह काम क़ौमी सभाओं का है कि वह क़ौमी भाषा के प्रचार के लिए इनाम और तमगे दें, उसके लिए विद्यालय खोलें, पत्र निकालें और जनता में प्रोपेगैंडा करें। राष्ट्र के रूप में संघटित हुए बगैर हमारा दुनिया में जिन्दा रहना मुश्किल है। यकीन के साथ कुछ नहीं कहा जा सकता कि इस मंजिल पर पहुँचने की शाही सड़क कौन-सी है। मगर दूसरी कौमों के साथ क़ौमी भाषा को देखकर सिद्ध होता है कि कौमियत के लिए लाजिमी चीजों में भाषा भी है और जिसे एक राष्ट्र बनना है, उसे एक क़ौमी भाषा भी बनानी पड़ेगी। इस हकीकत को मानते हैं, लेकिन सिर्फ खयाल में। उस पर अमल करने का हममें साहस नहीं है। यह काम इतना बड़ा और मार्के का है कि इसके लिए एक ऑल इंडिया संस्था का होना जरूरी है, जो इसके महत्त्व को समझती हुई इसके प्रचार के उपाय सोचे और करे।

भाषा और लिपि का सम्बन्ध इतना करीबी है कि आप एक को लेकर दूसरे को छोड़ नहीं सकते। संस्कृत से निकली हुई जितनी भाषाएँ हैं, उनको एक लिपि में लिखने में कोई बाधा नहीं है, थोड़ा-सा प्रान्तीय संकोच चाहे हो। पहले भी स्व. बाबू शारदाचरण मित्र ने एक लिपि-विस्तार-परिषद् बनायी थी और कुछ दिनों तक एक पत्र निकालकर वह आन्दोलन चलाते रहे; लेकिन उससे कोई खास फायदा न हुआ। केवल लिपि एक हो जाने से भाषाओं का अन्तर कम नहीं होता और हिन्दी लिपि में मराठी समझना उतना ही मुश्किल है, जितना मराठी लिपि में। प्रान्तीय भाषाओं को हम प्रान्तीय लिपियों में लिखते जायँ, कोई एतराज नहीं; लेकिन हिन्दुस्तानी भाषा के लिए एक लिपि रखना ही सुविधा की बात है, इसलिए नहीं कि हमें हिन्दी लिपि से खास मोह है बल्कि इसलिए कि हिन्दी लिपि का प्रचार बहुत ज्यादा है और उसके सीखने में भी किसी को दिक्कत नहीं हो सकती। लेकिन उर्दू लिपि हिन्दी से बिलकुल जुदा है और जो लोग उर्दू लिपि के आदि हैं, उन्हें हिन्दी लिपि का व्यवहार करने के लिए मजबूर नहीं किया जा सकता। अगर जबान एक हो जाय, तो लिपि का भेद कोई महत्त्व नहीं रखता। अगर उर्दूदाँ आदमी को मालूम हो जाय कि केवल हिन्दी अक्षर सीखकर वह डा. टैगोर या महात्मा गाँधी के विचारों को पढ़ सकता है, तो वह हिन्दी सीख लेगा। यू. पी. के प्राइमरी स्कूलों में तो दोनों लिपियों की शिक्षा दी जाती है। हर एक बालक उर्दू और हिन्दी की वर्णमाला जानता है। जहाँ तक हिन्दी लिपि पढ़ने की बात है,

किसी उर्दूदाँ को एतराज न होगा। स्कूलों में हफ्ते में एक घंटा दे देने से हिन्दीवालों को उर्दू और उर्दूवालों को हिन्दी लिपि सिखायी जा सकती है। लिखने के विषय में यह प्रश्न इतना सरल नहीं है। उर्दू में स्वर आदि के लिए ऐब होने पर भी उसमें गति का एक ऐसा गुण है कि उर्दू जाननेवाले उसे नहीं छोड़ सकते और जिन लोगों का इतिहास और संस्कृति और गौरव उर्दू लिपि में सुरक्षित है, उनसे मौजूदा हालत में उसके छोड़ने की आशा भी नहीं की जा सकती। उर्दूदाँ लोग हिन्दी जितनी आसानी से सीख सकते हैं, इसका लाजिम नतीजा यह होगा कि ज्यादातर लोग लिपि सीख जायँगे और राष्ट्रभाषा का प्रचार दिन-दिन बढ़ता जायगा। लिपि का फैसला समय करेगा। जो ज्यादा जानदार है, वह आगे आएगी। दूसरी पीछे रह जाएगी। लिपि के भेद का विषय छेड़ना घोड़े के आगे गाड़ी को रखना होगा। हमें इस शर्त को मानकर चलना है कि हिन्दी और उर्दू दोनों ही राष्ट्र-लिपियाँ हैं और हमें अख्तियार है, हम चाहे जिस लिपि में उसका व्यवहार करें। हमारी सुविधा, हमारी मनोवृत्ति, और हमारे संस्कार इसका फैसला करेंगे।*

---

* बम्बई के 'राष्ट्र-भाषा-सम्मेलन' में स्वागताध्यक्ष की हैसियत से 27-10-34 को दिया गया भाषण।

बे-राष्ट्र-भाषा का राष्ट्र

कोई समय था, जब धर्म की एकता ही मनुष्यों के एकीकरण का मुख्य साधन थी और एक धर्म के मानने वाले बहुधा सामाजिक और सांस्कृतिक बातों में भी एक हो जाते थे। समाज और संस्कृति, जीवन और दृष्टिकोण सभी का उद्गम धर्म था। लेकिन, नयी जागृति ने धर्म को उस ऊँचे स्थान से हटा दिया और उसकी जगह पर जिन व्यवस्थाओं को बिठाया, उनमें भाषा अगर मुख्य नहीं है, तो किसी से गौण भी नहीं है। आज हरेक कौम की अपनी एक भाषा है। अमेरिका की कौमी जबान रखने पर भी दो कौमें हैं। दक्खिन अमेरिका में कई कौमें स्पेनी और पुर्तगाली भाषा बोलती हैं, फिर भी वे अलग-अलग राष्ट्र हैं। राष्ट्रों के निर्माण में भौगोलिक परिस्थितियाँ ही मुख्य हो गयी हैं; मगर भाषा भी उन्हीं भौगोलिक परिस्थितियों से बनती है। एक खास इलाके के रहने वाले एक खास जबान बना लेते हैं या यों कहो कि कुछ प्राकृतिक शक्तियाँ आप ही आप उनकी एक खास जबान बना देती हैं। इस लिहाज से कभी-कभी दस-दस पाँच-पाँच कोस में बोली बदल जाती है, लेकिन थोड़ा बहुत अन्तर होते हुए भी इन बोलियों में कुछ समानता रहती है और वही समानता एक ऐसी भाषा के रूप में संगठित हो जाती है, जिसमें साहित्य की रचना होने लगती है और वही समय पाकर उस प्रान्त या देश की कौमी जबान बन जाती है। आज बिहार, संयुक्त प्रदेश, पंजाब, अल्मोड़ा, सी.पी., राजपूताना आदि प्रान्तों की बोलियों में काफी अन्तर होते हुए भी हिन्दी अपनी सार्वभौमिकता के कारण इन प्रान्तों की माध्यम बनी हुई है। हम अपने खास इलाके के बाहर वालों से बातचीत या पत्र व्यवहार करने में हिन्दी का व्यवहार करते हैं। अगर उर्दू को भी हिन्दी में मिला लिया जाय—क्योंकि जहाँ तक बोली का सम्बन्ध है इन दोनों भाषाओं में कोई अन्तर नहीं—तो हिन्दी बोलने वालों की संख्या पन्द्रह करोड़ से कम नहीं है और समझने वालों की संख्या तो इससे कहीं ज्यादा है। आश्चर्य है कि अभी तक वह क्यों क़ौमी ज़बान नहीं बन गयी। कुछ दिन पहले तक तो अन्य प्रान्तीय भाषाएँ अपने उन्नत साहित्य के बल पर वह स्थान लेने का दावा करती थीं, लेकिन अनुभव ने अब यह सिद्ध कर दिया है कि हिन्दी ही में यह क्षमता है

कि वह क़ौमी ज़बान बन सके। बात यह है कि अभी तक हमने इस विषय की ओर ध्यान नहीं दिया। दक्षिण भारत में हिन्दी-प्रचार का काम जोरों से हो रहा है। अगर और प्रान्तों में भी प्रचार किया जा सकता, तो अब तक मंजिल हमारी आँखों के सामने होती, लेकिन अब तक हमारी कोशिश परीक्षाओं तक ही बन्द रही। इस क्षेत्र में जो संस्थाएँ काम कर रही हैं, उन्होंने साहित्य-निर्माण का काम हाथ में ले लिया, जिसमें उन्हें बिलकुल सफलता नहीं हुई, क्योंकि वे साहित्य-संस्थाएँ नहीं बनाया करतीं, या पुराने कवियों के ग्रन्थों के खोजने में समय और शक्ति का दुरुपयोग किया, क्योंकि जिस तरह का साहित्य वे कब्रों से निकाल सके, वह आजकल की जरूरतों को पूरा नहीं करता। हिन्दी-उर्दू का व्यर्थ का झगड़ा अलबत्ता खड़ा कर दिया गया। जरूरत थी कि जिस तरह दक्षिण में हिन्दी प्रचार का काम हो रहा है, उसी तरह अन्य प्रान्तों में भी होता। और सबसे बड़ी ज़रूरत इस बात की थी कि हमारा राष्ट्रभाषा परिषद् होता, जिसकी हरेक प्रान्त में शाखें होती। उस परिषद् में हम प्रत्येक प्रान्त के साहित्यिक महारथियों को निमंत्रित कर सकते और साहित्य का निर्माण भी कर सकते और उनकी सलाह और सहयोग से राष्ट्रभाषा का प्रचार ही न बढ़ाते, बल्कि राष्ट्र साहित्य का निर्माण भी कर सकते। राष्ट्र के लिए राष्ट्र भाषा जितनी ज़रूरी है, उतना ही जरूरी राष्ट्र-साहित्य भी है। और साहित्य संस्कृति का एक प्रधान अंग है। पहले इस तरह के परिषद् की ज़रूरत न समझी जा रही हो, लेकिन आज लोगों को यह ख्याल पैदा होने लगा है। हमारी समझ में यह आने लगा है कि जब तक हम अन्य भाषाओं के स्रष्टाओं को हिन्दी में आने का निमंत्रण न देंगे और हमारे यहाँ ऐसे सम्मेलन न होंगे जिसमें सभी भाषाओं के लेखक और विद्वान् एकत्र हों और अपने अनुभव और प्रतिभा से एक दूसरे को प्रभावित करें, हम राष्ट्र का निर्माण न कर सकेंगे। अभी तक हमारे यहाँ जो कुछ है वह प्रान्तीय है, उस पर राष्ट्र की छाप नहीं है। इस ऐब को दूर करने के लिए हमें शीघ्र ही ऐसा आयोजन करना होगा कि भारत की साहित्यिक प्रतिभा को एकत्रित कर सकें। हमें विश्वास है कि भारत के साहित्यकार खुशी से हमसे सहयोग करेंगे, क्योंकि राष्ट्रभाषा में लिखकर वे अपने विचार क्षेत्र को कहीं ज्यादा फैला सकेंगे। जब हमारी राष्ट्र-भाषा होगी, हमारा राष्ट्र-साहित्य होगा, तभी अन्तर्राष्ट्रीय भाषाओं की मजलिस में हमें स्थान मिल सकेगा। मद्रास के द्वैमासिक पत्र ''त्रिवेणी'' में एक बंगाली विद्वान् ने इसी विषय पर अपने विचारों को प्रकट करते हुए कहा है–

''प्रान्तीय भाषाएँ अपनी-अपनी विशेष रचना शैली पर चलती हैं। इसमें कोई हानि भी नहीं। लेकिन, हम कभी सच्ची राष्ट्र-संस्कृति न उत्पन्न कर सकेंगे, जो प्रान्तीय संस्कृति से भिन्न हो, जब तक हमें देश के चुने हुए साहित्यिक रचयिताओं की सलाह, दायित्व और प्रकाशन न मिले। वही लोग कला के ऊँचे आदर्श हमारे सामने रख सकते हैं।''

महाराजा साहब बड़ौदा ने अपने भाषण में आदि से अन्त तक इसी बात पर जोर दिया कि हिन्दी को क्यों और कैसे राष्ट्र-भाषा बनना चाहिए। महाराजा साहब ने हिन्दी को अपने राज्य की सरकारी भाषा का स्थान दिया है; इसलिए उनका कथन और भी महत्त्व रखता है। लेकिन हम आप के इस खयाल से सहमत नहीं हैं कि हिन्दी केवल सामान्य भाषा के रूप में ही राष्ट्र-भाषा हो सकती है। विद्वान् लेखक अपनी प्रान्तीय भाषा को छोड़कर हिन्दी में लिखना न पसन्द करेंगे। लेकिन जिसमें लिखने की प्रतिभा है, उसके लिए भाषा कोई रुकावट नहीं हो सकती। हिन्दी जैसी सरल भाषा को अपना लेना विद्वानों के लिए केवल दिनों की बात है। जब उन्हें हिन्दी द्वारा विस्तीर्ण क्षेत्र मिलेगा, तो वे प्रान्तीय भाषाओं में लिखने पर भी अपनी अच्छी से अच्छी रचनाएँ हिन्दी में भी करेंगे। जिस तरह योरोप में प्रवेश पाने के लिए किसी रचना का अँग्रेजी या फ्रेंच में आना आवश्यक है, उसी तरह भारत की जनता के सामने आने के लिए तब हिन्दी में लिखना आवश्यक हो जायगा, लेकिन अगर थोड़ी देर के लिए मान भी लें कि साहित्यकारों को अपनी भाषा का मोह हिन्दी में न लिखने देगा, तो भी उन विद्वानों के सत्संग और परामर्श से लाभ तो उठाया ही जा सकता है। ऐसे सम्मेलनों से प्रत्यक्ष लाभ जितना होता है, उससे कहीं ज्यादा अप्रत्यक्ष लाभ होता है, जिससे विचारों में प्रगति आ जाती है, दृष्टिकोण बदल जाता है, और ऐसे सम्बन्ध पैदा हो जाते हैं, जिनके सामने प्रान्तीय दुर्भावनाएँ आप ही आप मिट जाती हैं।

शायद संसार में भारत ही एक ऐसा देश है, जिसकी अपनी कौमी ज़बान नहीं है। आज एक बलवान केन्द्रीय शासन के सिवा हमें एकता में बाँधनेवाली क्या चीज़ है? धर्म में शक्ति नहीं, वह चीज राष्ट्र भाषा ही हो सकती है।

[9 अप्रैल 1934]

राष्ट्रभाषा हिन्दी और उसकी समस्याएँ

प्यारे मित्रो,

आपने मुझे जो यह सम्मान दिया है, उसके लिए मैं आपको सौ जबानों से धन्यवाद देना चाहता हूँ; क्योंकि आपने मुझे वह चीज दी है, जिसके मैं बिलकुल अयोग्य हूँ। न मैंने हिन्दी-साहित्य पढ़ा है, न उसका इतिहास पढ़ा है, न उसके विकासक्रम के बारे में ही कुछ जानता हूँ। ऐसा आदमी इतना मान पाकर फूला न समाय, तो वह आदमी नहीं है। नेवता पाकर मैंने उसे तुरन्त स्वीकार किया। लोगों में 'मन भाये और मुँड़िया हिलाये' की जो आदत होती है वह खतरा मैं न लेना चाहता था। यह मेरी ढिठाई है कि मैं यहाँ वह काम करने खड़ा हुआ हूँ, जिसकी मुझ में लियाकत नहीं है; लेकिन इस तरह की गंदुमनुमाई का मैं अकेला मुजरिम नहीं हूँ। मेरे भाई घर-घर में, गली-गली में मिलेंगे। आपको तो अपने नेवते की लाज रखनी है। मैं जो कुछ अनाप-शनाप बकूँ, उसकी खूब तारीफ कीजिए, उसमें जो अर्थ न हो वह पैदा कीजिए, उसमें अध्यात्म के और साहित्य के तत्त्व खोज निकालिए—जिन खोजा तिन पाइयाँ, गहरे पानी पैठ!

आपकी सभा ने पन्द्रह-सोलह साल के मुख्तसर-से समय में जो काम कर दिखलाया है, उस पर मैं आपको बधाई देता हूँ, खासकर इसलिए कि आपने अपनी ही कोशिशें से यह नतीजा हासिल किया है। सरकारी इमदाद का मुँह नहीं ताका। यह आपके हौसलों की बुलन्दी की एक मिसाल है। अगर मैं यह कहूँ कि आप भारत के दिमाग़ हैं, तो वह मुबालगा न होगा। किसी अन्य प्रान्त में इतना अच्छा संगठन हो सकता है और इतने अच्छे कार्यकर्त्ता मिल सकते हैं, इसमें मुझे सन्देह है। जिन दिमागों ने अंग्रेजी राज्य की जड़ जमायीं, जिन्होंने अँग्रेजी भाषा का सिक्का जमाया, जो अंग्रेजी आचार-विचार में भारत में अग्रगण्य थे और हैं; वे लोग राष्ट्र-भाषा के उत्थान पर कमर बाँध लें, तो क्या कुछ नहीं कर सकते? और यह कितने बड़े सौभाग्य की बात है कि जिन दिमागों ने एक दिन विदेशी भाषा में निपुण होना अपना ध्येय बनाया था, वे आज राष्ट्र-भाषा का उद्धार करने पर कमर कसे नजर आते हैं और जहाँ से मानसिक पराधीनता की लहर उठी थी, वहाँ से

राष्ट्रीयता की तरंगें उठ रही हैं। जिन लोगों ने अँग्रेजी लिखने और बोलने में अँग्रेजों को भी मात कर दिया, यहाँ तक कि आज जहाँ कहीं देखिए अँग्रेजी पत्रों के सम्पादक इसी प्रान्त के विद्वान् मिलेंगे, वे अगर चाहें तो हिन्दी बोलने और लिखने में हिन्दी वालों को भी मात कर सकते हैं। और गत वर्ष यात्री दल के नेताओं के भाषण सुनकर मुझे यह स्वीकार करना पड़ता है कि वह क्रिया शुरू हो गयी है। 'हिन्दी-प्रचारक' में अधिकांश लेख आप लोगों ही के लिखे होते हैं और उनकी मँजी हुई भाषा और सफाई और प्रवाह पर हममें से बहुतों को रश्क आता है। और यह तब है जब राष्ट्र-भाषा प्रेम अभी दिलों के ऊपरी भाग तक ही पहुँचा है, और आज भी यह प्रान्त अँग्रेजी भाषा के प्रभुत्व से मुक्त होना नहीं चाहता। जब यह प्रेम दिलों में व्याप्त हो जायगा, उस वक्त उसकी गति कितनी तेज होगी, इसका कौन अनुमान कर सकता है? हमारी पराधीनता का सबसे अपमानजनक, सबसे व्यापक, सब से कठोर अंग अँग्रेजी भाषा का प्रभुत्व है। कहीं भी वह इतने नंगे रूप में नहीं नजर आती। सभ्य जीवन के हर एक विभाग में अँग्रेजी भाषा ही मानो हमारी छाती पर मूँग दल रही है। अगर आज इस प्रभुत्व को हम तोड़ सकें, तो पराधीनता का आधा बोझ हमारी गर्दन से उत्तर जायगा। कैदी को बेड़ी से जितनी तकलीफ होती है, उतनी और किसी बात से नहीं होती। क़ैदखाना शायद उसके घर से ज्यादा हवादार, साफ-सुथरा होगा। भोजन भी वहाँ शायद घर के भोजन से अच्छा और स्वादिष्ट मिलता हो। बाल-बच्चों से वह कभी-कभी स्वेच्छा से बरसों अलग रहता है। उसके दंड को याद दिलानेवाली चीज यही बेड़ी है, जो उठते-बैठते, सोते-जागते, हँसते-बोलते, कभी उसका साथ नहीं छोड़ती, कभी उसे मिथ्या कल्पना भी करने नहीं देती, कि वह आजाद है। पैरों से कहीं ज्यादा उसका असर कैदी के दिल पर होता है, जो कभी उभरने नहीं पाता, कभी मन की मिठाई भी नहीं खाने पाता। अँग्रेजी भाषा हमारी पराधीनता की वही बेड़ी है, जिसने हमारे मन और बुद्धि को ऐसा जकड़ रखा है कि उनमें इच्छा भी नहीं रही। हमारा शिक्षित समाज इस बेड़ी को गले का हार समझने पर मजबूर है। यह उसका रोटियों का सवाल है। और अगर रोटियों के साथ कुछ सम्मान, कुछ गौरव, कुछ अधिकार भी मिल जाय, तो क्या कहना! प्रभुता की इच्छा तो प्राणीमात्र में होती है। अँग्रेजी भाषा ने इसका द्वार खोल दिया और हमारा शिक्षित समुदाय चिड़ियों के झुंड की तरह उस द्वार के अन्दर घुसकर जमीन पर बिखरे हुए दाने चुगने लगा और अब कितना ही फड़फड़ाये; उसे गुलशन की हवा नसीब नहीं। मजा यह है कि इस झुंड की फड़फड़ाहट बाहर निकलने के लिए नहीं, केवल जरा मनोरंजन के लिए है। उसके पर निर्जीव हो गये, और उनमें उड़ने की शक्ति नहीं रही; वह भरोसा भी नहीं रहा कि यह दाने बाहर मिलेंगे भी या नहीं। अब तो वही कफ़स है, वही कुल्हिया है और वही सैयाद।

लेकिन मित्रो, विदेशी भाषा सीखकर अपने गरीब भाइयों पर रोब जमाने के दिन बड़ी तेजी से विदा होते जा रहे हैं। प्रतिभा का और बुद्धि बल का जो दुरुपयोग हम सदियों से करते आये हैं, जिसके बल पर हमने अपनी एक अमीरशाही स्थापित कर ली है, और अपने को साधारण जनता से अलग कर लिया है, वह अवस्था अब बदलती जा रही है। बुद्धि-बल ईश्वर की देन है, और उसका धर्म प्रजा पर धौंस जमाना नहीं, उसका खून चूसना नहीं, उसकी सेवा करना है। आज शिक्षित समुदाय पर से जनता का विश्वास उठ गया है। वह उसे उससे अधिक विदेशी समझती है, जितना विदेशियों को। क्या कोई आश्चर्य है कि यह समुदाय आज दोनों तरफ से ठोकरें खा रहा है? स्वामियों की ओर से इसलिए कि वह समझते हैं—मेरी चौखट के सिवा इनके लिए और कोई आश्रय नहीं, और जनता की ओर से इसलिए कि उनका इससे कोई आत्मीय सम्बन्ध नहीं। उनका रहन-सहन, उनकी बोल-चाल, उनकी वेश-भूषा, उनके विचार और व्यवहार सब जनता से अलग हैं और यह केवल इसलिए कि हम अँग्रेजी भाषा के गुलाम हो गये। मानो परिस्थिति ऐसी है कि बिना अँग्रेजी भाषा की उपासना किये काम नहीं चल सकता। लेकिन अब तो इतने दिनों के तजरबे के बाद मालूम हो जाना चाहिए कि इस नाव पर बैठकर हम पार नहीं लग सकते, फिर हम क्यों आज भी उसी में चिमटे हुए हैं? अभी गत वर्ष एक इन्टरयूनिवर्सिटी कमीशन बैठा था कि शिक्षा-सम्बन्धी विषयों पर विचार करें। उसमें एक प्रस्ताव यह भी था कि शिक्षा का माध्यम अँग्रेजी की जगह मातृ-भाषा क्यों न रखी जाय। बहुमत ने इस प्रस्ताव का विरोध किया, क्यों? इसलिए कि अँग्रेजी माध्यम के बगैर अँग्रेजी में हमारे बच्चे कच्चे रह जायँगे और अच्छी अँग्रेजी लिखने और बोलने में समर्थ नहीं होंगे। मगर इन डेढ़ सौ वर्षों की घोर तपस्या के बाद तक भारत ने एक भी ऐसा ग्रन्थ नहीं लिखा, जिसका इंगलैंड में उतना भी मान होता, जितना एक तीसरे दर्जे के अँग्रेजी लेखक का होता है। याद नहीं, पंडित मदनमोहन मालवीयजी ने कहा था, या सर तेजबहादुर सप्रू ने, कि पचास साल तक अँग्रेजी से सिर मारने के बाद आज भी उन्हें अंग्रेजी में बोलते वक्त यह संशय होता रहता है कि कहीं उनसे गलती तो नहीं हो गयी! हम आँखें फोड़-फोड़कर और कमर तोड़-तोड़कर और रक्त जला-जलाकर अंग्रेजी का अभ्यास करते हैं, उसके मुहावरे रटते हैं; लेकिन बड़े से बड़े भारती-साधक की रचना विद्यार्थियों की स्कूली एक्सरसाइज से ज्यादा महत्त्व नहीं रखती। अभी दो-तीन दिन हुए पंजाब के ग्रेजुएटों की अँग्रेजी योग्यता पर वहाँ के परीक्षकों ने यह आलोचना की है कि अधिकांश छात्रों में अपने विचारों के प्रकट करने की शक्ति नहीं है, बहुत तो स्पेलिंग में गलतियाँ करते हैं। और यह नतीजा है कम से कम बारह साल तक आँखें फोड़ने का। फिर भी हमारे लिए शिक्षा का अंग्रेजी माध्यम जरूरी है, यह हमारे विद्वानों की राय है। जापान, चीन और ईरान में तो

शिक्षा का माध्यम अंग्रेजी नहीं है। फिर भी वे सभ्यता के हरेक बात में हमसे कोसों आगे हैं, लेकिन अंग्रेजी माध्यम के बग़ैर हमारी नाव डूब जायगी। हमारे मारवाड़ी भाई हमारे धन्यवाद के पात्र हैं। कि कम से कम जहाँ तक व्यापार में उनका सम्बन्ध है; उन्होंने कौमियत की रक्षा की है।

मित्रो, शायद मैं अपने विषय से बहक गया हूँ; लेकिन मेरा आशय केवल यह है कि हमें मालूम हो जाय, हमारे सामने कितना महान् काम है। यह समझ लीजिए कि जिस दिन आप अँग्रेजी भाषा का प्रभुत्व तोड़ देंगे और अपनी एक कौमी भाषा बना लेंगे, उसी दिन आपको स्वराज्य के दर्शन हो जाएँगे। मुझे याद नहीं आता कि कोई भी राष्ट्र विदेशी भाषा के बल पर स्वाधीनता प्राप्त कर सका हो। राष्ट्र की बुनियाद राष्ट्र की भाषा है। नदी, पहाड़ और समुद्र राष्ट्र नहीं बनाते। भाषा ही वह बन्धन है, जो चिरकाल तक राष्ट्र को एक सूत्र में बाँधे रहती है, और उसका शीराजा बिखरने नहीं देती। जिस वक्त अँग्रेज आये, भारत की राष्ट्र-भावना लुप्त हो चुकी थी। यों कहिए कि उसमें राजनैतिक चेतना की गन्ध तक न रह गयी थी। अँग्रेजी राज ने आकर आपको एक राष्ट्र बना दिया। आज अँग्रेजी राज विदा हो जाय—और एक-न-एक दिन तो यह होना ही है—तो फिर आपका यह राष्ट्र कहाँ जायगा? क्या यह बहुत सम्भव नहीं है कि एक-एक प्रान्त एक-एक राज्य हो जाय और फिर वही विच्छेद शुरू हो जाय? वर्तमान दशा में तो हमारी क़ौमी चेतना को सजग और सजीव रखने के लिए अँग्रेजी राज को अमर रहना चाहिए। अगर हम एक राष्ट्र बनकर अपने स्वराज्य के लिए उद्योग करना चाहते हैं तो हमें राष्ट्र भाषा का आश्रय लेना होगा और उसी राष्ट्र-भाषा के बख्तर से हम अपने राष्ट्र की रक्षा कर सकेंगे। आप उसी राष्ट्र-भाषा के भिक्षु हैं, और इस नाते आप राष्ट्र का निर्माण कर रहे हैं। सोचिए, आप कितना महान् काम करने जा रहे हैं। आप कानूनी बाल की खाल निकालनेवाले वकील नहीं बना रहे हैं, आप शासन-मिल के मजदूर नहीं बना रहे हैं, आप एक बिखरी हुई कौम को मिला रहे है, आप हमारे बन्धुत्व की सीमाओं को फैला रहे हैं, भूल हुए भाइयों को गले मिला रहे हैं। इस काम की पवित्रता और गौरव को देखते हुए, कोई ऐसा कष्ट नहीं है, जिसका आप स्वागत न कर सकें। यह धन का मार्ग नहीं है, सम्भव है कि कीर्ति का मार्ग भी न हो; लेकिन आपके आत्मिक संतोष के लिए इससे बेहतर काम नहीं हो सकता। यही आपके बलिदान का मूल्य है। मुझे आशा है, यह आदर्श हमेशा आपके सामने रहेगा। आदर्श का महत्त्व आप खूब समझते हैं। वह हमारे रुकते हुए कदम को आगे बढ़ाता है, हमारे दिलों से संशय और सन्देह की छाया को मिटाता है और कठिनाइयों में हमें साहस देता है।

राष्ट्र-भाषा से हमारा आशय है, इसके विषय में भी आपसे दो शब्द कहूँगा। इसे हिन्दी कहिए, हिन्दुस्तानी कहिए, या उर्दू कहिए, चीज एक है। नाम से हमारी

कोई बहस नहीं। ईश्वर भी वही है, जो खुदा है, और राष्ट्र-भाषा में दोनों के लिए समान रूप से सम्मान का स्थान मिलना चाहिए। अगर हमारे देश में ऐसे लोगों की काफी तादाद निकल आये तो, जो ईश्वर को 'गॉड' कहते हैं, तो राष्ट्र-भाषा उनका भी स्वागत करेगी। जीवित भाषा तो जीवित देह की तरह बराबर बनती रहती है। शुद्ध हिन्दी तो निरर्थक शब्द है। जब भारत शुद्ध हिन्दू होता तो उसकी भाषा शुद्ध हिन्दी होती। जब तक यहाँ मुसलमान, ईसाई, पारसी, अफगानी सभी जातियाँ मौजूद हैं, हमारी भाषा भी व्यापक रहेगी। अगर हिन्दी भाषा प्रान्तीय रहना चाहती है और केवल हिन्दुओं की भाषा रहना चाहती है, तब तो वह शुद्ध बनायी जा सकती है। उसका अंगभंग करके उसका कायापलट करना होगा। प्रौढ़ से वह फिर शिशु बनेगी, यह असम्भव है, हास्यापद है। हमारे देखते-देखते सैकड़ों विदेशी शब्द भाषा में आ घुसे, हम उन्हें रोक नहीं सकते। उनका आक्रमण रोकने की चेष्टा ही व्यर्थ है। यह भाषा के विकास में बाधक होगी। वृक्षों को सीधा और सुडौल बनाने के लिए पौधों को एक थूनी का सहारा दिया जाता है। आप विद्वानों का ऐसा नियन्त्रण रख सकते हैं कि अश्लील, कुरुचिपूर्ण, कर्णकटु, भद्दे शब्द व्यवहार में न आ सकें; पर यह नियन्त्रण केवल पुस्तकों पर हो सकता है। बोल-चाल पर किसी प्रकार का नियन्त्रण रखना मुश्किल होगा। मगर विद्वानों का भी अजीब दिमाग है। प्रयाग में विद्वानों और पंडितों की सभा 'हिन्दुस्तानी एकेडमी' में तिमाही, हमाही और त्रैमासिक शब्दों पर बरसों से मुबाहसा हो रहा है और अभी तक फैसला नहीं हुआ। उर्दू के हामी 'सेहमाही' की ओर हैं, हिन्दी के हामी 'त्रैमासिक' की ओर, बेचारा 'तिमाही' जो सबसे सरल, आसानी से बोला और समझा जानेवाला शब्द है, उसका दोनों ही ओर से बहिष्कार हो रहा है। भाषा सुन्दरी को कोठरी में बन्द करके आप उसका सतीत्व तो बचा सकते हैं, लेकिन उसके जीवन का मूल्य देकर। उसकी आत्मा स्वयं इतनी बलवान बनाइए, कि वह अपने सतीत्व और स्वास्थ्य दोनों ही की रक्षा कर सके। बेशक हमें ऐसे ग्रामीण शब्दों को दूर रखना होगा, जो किसी खास इलाके में बोले जाते हैं। हमारा आदर्श तो यह होना चाहिए, कि हमारी भाषा अधिक से अधिक आदमी समझ सकें। अगर इस आदर्श को हम अपने सामने रखें, तो लिखते समय भी हम शब्द चातुरी के मोह में न पड़ेंगे। यह गलत है, कि फारसी शब्दों से भाषा कठिन हो जाती है। शुद्ध हिन्दी के ऐसे पदों के उदाहरण दिये जा सकते हैं जिनका अर्थ निकालना पंडितों के लिए भी लोहे के चने चबाना है। वही शब्द सरल है, जो व्यवहार में आ रहा है। इससे कोई बहस नहीं कि वह तुर्की है, या अरबी, या पुर्तगाली। उर्दू और हिन्दी में क्यों इतना सौतिया डाह है, यह मेरी समझ में नहीं आता। अगर एक समुदाय के लोगों को 'उर्दू' नाम प्रिय है तो उन्हें इसका इस्तेमाल करने दीजिए। जिन्हें 'हिन्दी' नाम से प्रेम है, वह हिन्दी ही कहें। इसमें लड़ाई काहे को? एक

चीज के दो नाम देकर ख्वामख्वाह आपस में लड़ना और उसे इतना महत्त्व देना कि वह राष्ट्र की एकता में बाधक हो जाय, यह मनोवृत्ति रोगी और दुर्बल मन की है। मैं अपने अनुभव से इतना कह सकता हूँ, कि उर्दू को राष्ट्र-भाषा के स्टैंडर्ड पर लाने में हमारे मुसलमान भाई हिन्दुओं से कम इच्छुक नहीं हैं। मेरा मतलब उन हिन्दू-मुसलमानों से है, जो कौमियत के मतवाले हैं। कट्टर-पन्थियों से मेरा कोई प्रयोजन नहीं। उर्दू का और मुसलिम संस्कृति का कैम्प आज अलीगढ़ है। वहाँ उर्दू और फारसी के प्रोफेसर और अन्य विषयों के प्रोफेसरों से मेरी जो बातचीत हुई, उससे मुझे मालूम हुआ कि मौलवियाऊ भाषा से वे लोग भी उतने ही बेजार हैं, जितने पण्डिताऊ भाषा से, और कौमी-भाषा-संघ आन्दोलन में शरीक होने के लिए दिल से तैयार हैं। में यह भी माने लेता हूँ कि मुसलमानों का एक गिरोह हिन्दुओं से अलग रहने में ही अपना हित समझता है—हालाँकि उस गिरोह का जोर और असर दिन-दिन कम होता जा रहा है—और वह अपनी भाषा को अरबी से गले तक ठूँस देना चाहता है, तो हम उससे क्यों झगड़ा करें? क्या आप समझते हैं, ऐसी जटिल भाषा मुसलिम जनता में भी प्रिय हो सकती है? कभी नहीं। मुसलमानों में वही लेखक सर्वोपरि हैं, जो आमफहम भाषा लिखते हैं। मौलवियाऊ भाषा लिखनेवालों के लिए यहाँ भी स्थान नहीं है। मुसलमान दोस्तों से भी मुझे कुछ अर्ज करने का हक है क्योंकि मेरा सारा जीवन उर्दू की सेवकाई करते गुजरा है और अब भी मैं जितना उर्दू लिखता हूँ, उतनी हिन्दी नहीं लिखता, और कायस्थ होने और बचपन से फारसी का अभ्यास करने के कारण उर्दू मेरे लिए जितनी स्वाभाविक है, उतनी हिन्दी नहीं है। मैं पूछता हूँ, आप इसे हिन्दी की गर्दनज़दनी समझते हैं? क्या आपको मालूम है, और नहीं है तो होना चाहिए, कि हिन्दी का सबसे पहला शायर, जिसने हिन्दी का साहित्यिक बीज बोया (व्यावहारिक बीज सदियों पहले पड़ चुका था) वह अमीर खुसरो था? क्या आपको मालूम है, कम से कम पाँच सौ मुसलमान शायरों ने हिन्दी को अपनी कविता से धनी बनाया है, जिनमें कई तो चोटी के शायर हैं? क्या आपको मालूम है, अकबर, जहाँगीर और औरंगजेब तक हिन्दी की कविता का ज़ौक रखते थे और औरंगजेब ने ही आमों का नाम 'रसना-विलास' और 'सुधा-रस' रखा था? क्या आपको मालूम है, आज भी हसरत और हफ़ीज जालन्धरी जैसे कवि कभी-कभी हिन्दी में तबाआजमाई करते हैं? क्या आपको मालूम है हिन्दी में हजारों शब्द, हजारों क्रियाएँ अरबी और फारसी से आयी हैं और ससुराल में आकर घर की देवी हो गयी हैं? अगर यह मालूम होने पर भी आप हिन्दी को उर्दू से अलग समझते हैं, तो आप देश के साथ और अपने साथ बेइंसाफी करते हैं। उर्दू शब्द कब और कहाँ उत्पन्न हुआ; इसकी कोई तारीखी सनद नहीं मिलती। क्या आप समझते है वह 'बड़ा खराब आदमी है' और वह 'बड़ा दुर्जन मनुष्य है' दो अलग भाषाएँ हैं? हिन्दुओं को 'खराब' भी अच्छा लगता

है और 'आदमी' तो अपना भाई ही है। फिर मुसलमान को 'दुर्जन' क्यों बुरा लगे, और 'मनुष्य' क्यों शत्रु-सा दीखे? हमारी कौमी भाषा में दुर्जन और सज्जन, उम्दा और खराब दोनों के लिए स्थान है, वहाँ तक जहाँ तक कि उसकी सुबोधता में बाधा नहीं पड़ती। इसके आगे हम न उर्दू के दोस्त हैं, न हिन्दी के। मजा यह है कि 'हिन्दी' मुसलमानों का दिया हुआ नाम है, और अभी पचास साल पहले तक जिसे आज उर्दू कहा जा रहा है, उसे मुसलमान भी हिन्दी कहते थे। और आज 'हिन्दी' मरदूद है। क्या आपको नजर नहीं आता, कि 'हिन्दी' एक स्वाभाविक नाम है? इंगलैंडवाले इंगलिश बोलते हैं, फ्रांसवाले फ्रेंच, जर्मनीवाले जर्मन, फारसवाले फारसी, तुर्कीवाले तुर्की, अरबवाले अरबी, फिर हिन्दवाले क्यों न हिन्दी बोलें? उर्दू तो न काफिये में आती है न रदीफ में, न बहर में न वजन में। हाँ, हिन्दुस्तान का नाम उर्दूस्तान रखा जाय, तो बेशक यहाँ की क़ौमी भाषा उर्दू होगी। क़ौमी भाषा के उपासक नामों से बहस नहीं करते, वह तो असलियत से बहस करते हैं। क्यों दोनों भाषाओं का कोष एक नहीं हो जाता? हमें दोनों भाषाओं में एक आम लुग़त (कोष) की जरूरत है, जिसमें आमफहम शब्द जमा कर दिये जायँ। हिन्दी में तो मेरे मित्र पंडित रामनरेश त्रिपाठी ने किसी हद तक यह जरूरत पूरी कर दी है। इस तरह का एक लुग़त उर्दू में भी होना चाहिए। शायद वह काम क़ौमी-भाषा-संघ बनते तक मुल्तवी रहेगा। मुझे अपने मुसलिम दोस्तों से यह शिकायत है कि वह हिन्दी के आमफहम शब्दों से भी परहेज करते हैं; हालाँकि हिन्दी में आमफहम फारसी के शब्द आजादी से व्यवहार किये जाते हैं।

लेकिन प्रश्न उठता है कि राष्ट्र-भाषा कहाँ तक हमारी जरूरतें पूरी कर सकती है? उपन्यास, कहानियाँ, यात्रा-वृत्तान्त, समाचार-पत्रों के लेख, आलोचना अगर बहुत गूढ़ न हो, यह सब तो राष्ट्रभाषा में अभ्यास कर लेने से लिखे जा सकते हैं; लेकिन साहित्य में केवल इतने ही विषय तो नहीं हैं। दर्शन और विज्ञान की अनन्त शाखाएँ भी तो हैं जिनको आप राष्ट्र-भाषा में नहीं ला सकते। साधारण बातें तो साधारण और सरल शब्दों में लिखी जा सकती हैं। विवेचनात्मक विषयों में यहाँ तक कि उपन्यास में भी जब वह मनोवैज्ञानिक हो जाता है, आपको मजबूर होकर संस्कृत या अरबी-फारसी शब्दों की शरण लेनी पड़ती है। अगर हमारी राष्ट्र-भाषा सर्वांगपूर्ण नहीं है, और उसमें आप हर एक विषय, हर एक भाव नहीं प्रकट कर सकते, तो उसमें यह बड़ा भारी दोष है, और यह हम सभी का कर्त्तव्य है कि हम राष्ट्र-भाषा को उसी तरह सर्वांगपूर्ण बनावें, जैसी अन्य राष्ट्रों की सम्पन्न भाषाएँ हैं। यों तो अभी हिन्दी और उर्दू अपने सार्थक रूप में भी पूर्ण नहीं हैं। पूर्ण क्या अधूरी भी नहीं हैं। जो राष्ट्र-भाषा लिखने का अनुभव रखते हैं, उन्हें स्वीकार करना पड़ेगा कि एक-एक भाव के लिए उन्हें कितना सिर मगजन करना पड़ता है। सरल शब्द मिलते ही नहीं, मिलते हैं तो भाषा में खपते नहीं, भाषा का रूप

बिगाड़ देते है, खीर में नमक के डले की भाँति आकर मजा किरकिरा कर देते हैं। इसका कारण तो स्पष्ट ही है कि हमारी जनता में भाषा का ज्ञान बहुत ही थोड़ा है और आमफहम शब्दों की संख्या बहुत ही कम है। जब तक जनता में शिक्षा का अच्छा प्रचार नहीं हो जाता, उनकी व्यावहारिक शब्दावली बढ़ नहीं जाती, हम उनके समझने के लायक भाषा में तात्त्विक विवेचनाएँ नहीं कर सकते। हमारी हिन्दी भाषा ही अभी सौ बरस की नहीं हुई, राष्ट्र भाषा तो अभी शैशवावस्था में है, और फिलहाल यदि हम उसमें सरल साहित्य ही लिख सकें तो हमको सन्तुष्ट होना चाहिए। इसके साथ ही हमें राष्ट्र-भाषा का कोष बढ़ाते रहना चाहिए। वही संस्कृत और अरबी-फारसी के शब्द, जिन्हें देखकर आज हम भयभीत हो जाते हैं, जब अभ्यास में आ जायँगे, तो उनका हौआपन जाता रहेगा। इस भाषा-विस्तार की क्रिया, धीरे-धीरे ही होगी। इसके साथ हमें विभिन्न प्रान्तीय भाषाओं के ऐसे विद्वानों का एक बोर्ड बनाना पड़ेगा, जो राष्ट्र-भाषा की जरूरत के कायल हैं। उस बोर्ड में उर्दू, हिन्दी, बंगला, मराठी, तामिल आदि सभी भाषाओं के प्रतिनिधि रखे जायँ और इस क्रिया को सुव्यवस्थित करने और उसकी गति को तेज करने का काम उनको सौंपा जाय। अभी तक हमने अपने मनमाने ढंग से इस आन्दोलन को चलाया है। औरों का सहयोग प्राप्त करने का यत्न नहीं किया। आपका यात्री-मंडल भी हिन्दी के विद्वानों तक ही रह गया। मुसलिम केन्द्रों में जाकर मुसलिम विद्वानों को हमदर्दी हासिल करने की उसने कोशिश नहीं की? हमारे विद्वान् लोग तो अँगरेजी में मस्त हैं। जनता के पैसे से दर्शन और विज्ञान और सारी दुनिया की विद्याएँ सीखकर भी वे जनात की तरफ से आँखें बन्द किये बैठे हैं। उनकी दुनिया अलग है, उन्होंने उपजीवियों की मनोवृत्ति पैदा कर ली है। काश उनमें भी राष्ट्रीय चेतना होती, काश वे भी जनता के प्रति अपने कर्त्तव्य को महसूस करते, तो शायद हमारा काम सरल हो जाता। जिस देश में जन शिक्षा की सतह इतनी नीची हो, उसमें अगर कुछ लोग अँगरेजी में अपनी विद्वता का सेहरा बाँध ही लें, तो क्या? हम तो तब जानें, जब विद्वता के साथ-साथ दूसरों को भी ऊँची सतह पर उठाने का भाव मौजूद हो। भारत में केवल अँग्रेजीदाँ ही नहीं रहते। हजार में 999 आदमी अँग्रेजी का अक्षर भी नहीं जानते। जिस देश का दिमाग विदेशी भाषा में सोचे और लिखे, उस देश को अगर संसार राष्ट्र नहीं समझता तो क्या वह अन्याय करता है? जब तक आपके पास राष्ट्र-भाषा नहीं, आपका कोई राष्ट्र भी नहीं। दोनों में कारण और कार्य का सम्बन्ध है। राजनीति के माहिर अँग्रेज शासकों को आप राष्ट्र की हाँक लगाकर धोखा नहीं दे सकते। वे आपकी पोल जानते हैं और आपके साथ वैसा ही व्यवहार करते हैं।

अब हमें यह विचार करना है कि राष्ट्र-भाषा का प्रचार कैसे बढ़े। अफसोस के साथ कहना पड़ता है कि हमारे नेताओं ने इस तरफ मुजरिमाना गफलत

दिखायी है। वे अभी तक इसी भ्रम में पड़े हुए हैं कि यह कोई बहुत छोटा-मोटा विषय है, जो छोटे-मोटे आदमियों के करने का है, और उनके जैसे बड़े-बड़े आदमियों को इतनी कहाँ फुरसत कि वह झंझट में पड़ें। उन्होंने अभी तक इस काम का महत्त्व नहीं समझा, नहीं तो शायद यह उनके प्रोग्राम की पहली पाँति में होता। मेरे विचार में जब तक राष्ट्र में इतना संगठन, इतना ऐक्य, इतना एकात्मपन न होगा कि वह एक भाषा में बात कर सके, तब तक उसमें यह शक्ति भी न होगी कि स्वराज्य प्राप्त कर सके। गैरमुमकिन है। जो राष्ट्र के अगुआ हैं, जो एलेक्शनों में खड़े होते हैं और फतह पाते हैं, उनसे मैं बड़े अदब के साथ गुजारिश करूँगा कि हजरत इस तरह के एक सौ एलेक्शन आयँगे और निकल जायँगे, आप कभी हारेंगे, कभी जीतेंगे, लेकिन स्वराज्य आपसे उतनी ही दूर रहेगा, जितनी दूर स्वर्ग है। अँग्रेजी में आप अपने मस्तिष्क का गूदा निकालकर रख दें लेकिन आपकी आवाज में राष्ट्र का बल न होने के कारण कोई आपकी उतनी परवाह भी न करेगा, जिसकी बच्चों के रोने की करता है। बच्चों के रोने पर खिलौने और मिठाइयाँ मिलती हैं। वह शायद आपको भी मिल जावे, जिसमें आपकी चिल्ल-पों से माता-पिता के काम में विघ्न न पड़े। इस काम को तुच्छ समझिए। यही बुनियाद है, आपका अच्छे से अच्छा गारा, मसाला, सीमेंट और बड़ी से बड़ी निर्माण योग्यता जब तक यहाँ खर्च न होगी, आपकी इमारत न बनेगी। घरौंदा शायद बन जाय, जो एक हवा के झोंके में उड़ जायगा। दरअसल अभी हमने जो कुछ किया है, वह नहीं के बराबर है। एक अच्छा-सा राष्ट्र-भाषा का विद्यालय तो हम खोल नहीं सके। हर साल सैकड़ों स्कूल खुलते हैं, जिनकी मुल्क को बिल्कुल जरूरत नहीं। 'उसमानिया विश्वविद्यालय' काम की चीज है, अगर वह उर्दू और हिन्दी के बीच की खाई को और चौड़ी न बना दे। फिर भी मैं उसे और विश्व विद्यालयों पर तरजीह देता हूँ। कम से कम अंग्रेजी की गुलामी से तो उसने अपने को मुक्त कर लिया। और हमारे जितने विद्यालय हैं सभी गुलामी के कारखाने हैं जो लड़कों को स्वार्थ का, जरूरतों का, नुमाइश का, अकर्मण्यता का गुलाम बनाकर छोड़ देते हैं और लुत्फ यह है, कि यह तालीम भी मोतियों के मोल बिक रही है। इस शिक्षा की बाजारी कीमत शून्य के बराबर है, फिर भी हम क्यों भेड़ों की तह उसके पीछे दौड़े चले जा रहे हैं? अँग्रेजी शिक्षा हम शिष्टता के लिए नहीं ग्रहण करते। इसका उद्देश्य उदर है। शिष्टता के लिए हमें अंग्रेजी के सामने हाथ फैलाने की जरूरत नहीं। शिष्टता हमारी मीरास है, शिष्टता हमारी घुट्टी में पड़ी है। हम तो कहेंगे, हम जरूरत से ज्यादा शिष्ट हैं। हमारी शिष्टता दुर्बलता की हद तक पहुँच गयी है। पश्चिमी शिष्टता में जो कुछ है, वह उद्योग और पुरुषार्थ है। हमने यह चीजें तो उसमें से छाँटी नहीं। छाँटा क्या, लोफरपन, अहंकार, स्वार्थान्धता, बेशर्मी, शराब और दुर्व्यसन। एक मूर्ख किसान के पास जाइए। कितना नम्र, कितना मेहमाँनबाज,

कितना ईमानदार, कितना विश्वासी। उसी का भाई टामी है, पश्चिमी शिष्टता का सच्चा नमूना, शराबी, लोफर, गुंडा, अक्खड़, हया से खाली। शिष्टता सीखने के लिए हमें अँग्रेजों की गुलामी करने की जरूरत नहीं। हमारे पास ऐसे विद्यालय होने चाहिए जहाँ ऊँची से ऊँची शिक्षा राष्ट्र-भाषा में सुगमता से मिल सके। इस वक्त अगर ज्यादा नहीं तो एक ऐसा विद्यालय किसी केन्द्र-स्थान में होना ही चाहिए। मगर हम आज भी वही भेड़चाल चले जा रहे हैं, वही स्कूल, वही पढ़ाई। कोई भला आदमी ऐसा पैदा नहीं होता, जो एक राष्ट्र-भाषा का विद्यालय खोले। मेरे सामने दक्खिन से बीसों विद्यार्थी भाषा पढ़ने के लिए काशी गये; पर वहाँ कोई प्रबन्ध नहीं। वही हाल अन्य स्थानों में भी है। बेचारे इधर-उधर ठोकरें खाकर लौट आये। अब कुछ विद्यार्थियों की शिक्षा का प्रबन्ध हुआ है, मगर जो काम हमें करना है, उसके देखते नहीं के बराबर है। प्रचार के और तरीकों में अच्छे ड्रामों का खेलना अच्छे नतीजे पैदा कर सकता है। इस विषय में हमारा सिनेमा प्रशंसनीय काम कर रहा है, हालाँकि उसके द्वारा जो कुरुचि, जो गन्दापन, जो विलास-प्रेम, जो कुवासना फैलायी जा रही है, वह इस काम के महत्त्व को मिट्टी में मिला देती है। अगर हम अच्छे भावपूर्ण ड्रामे स्टेज कर सकें, तो उससे अवश्य प्रचार बढ़ेगा। हमें सच्चे मिशनरियों की जरूरत है और आपके ऊपर इस मिशन का दायित्व है। बड़ी मुश्किल यह है कि जब तक किसी वस्तु की उपयोगिता प्रत्यक्ष रूप से दिखाई न दे, कोई उसके पीछे क्यों अपना समय नष्ट करे? अगर हमारे नेता और विद्वान् जो राष्ट्र-भाषा के महत्व से बेखबर नहीं हो सकते, राष्ट्र-भाषा का व्यवहार कर सकते तो जनता में उस भाषा की ओर विशेष आकर्षण होता। मगर, यहाँ तो अँग्रेजियत का नशा सवार है। प्रचार का एक और साधन है कि भारत के अँग्रेजी और अन्य भाषाओं के पत्रों को हम इस पर अमादा कर सकें कि वे अपने पत्रों के एक दो कॉलम नियमित रूप से राष्ट्र-भाषा के लिए दे सकें। अगर हमारी प्रार्थना वे स्वीकार करें, तो उससे भी बहुत फ़ायदा हो सकता है। हम तो उस दिन का स्वप्न देख रहे हैं, जब राष्ट्र-भाषा पूर्ण रूप से अँग्रेजी का स्थान ले लेगा, जब हमारे विद्वान् राष्ट्रभाषा में अपनी रचनाएँ करेंगे, जब मद्रास और मैसूर, ढाका और पूना सभी स्थानों से राष्ट्र-भाषा के उत्तम ग्रन्थ निकलेंगे, उत्तम पत्र प्रकाशित होंगे और भू-मंडल की भाषाओं और साहित्यों की मजलिस में हिन्दुस्तानी साहित्य और भाषा को भी गौरव स्थान मिलेगा, जब हम मँगनी के सुन्दर कलेवर में नहीं, अपने फटे वस्त्रों में ही सही, संसार साहित्य में प्रवेश करेंगे। यह स्वप्न पूरा होगा या अन्धकार में विलीन हो जायगा, इसका फैसला हमारी राष्ट्रभावना के हाथ है। अगर हमारे हृदय में वह बीज पड़ गया है, हमारी सम्पूर्ण प्राण-शक्ति से फले-फूलेगा। अगर केवल जिह्वा तक ही है तो सूख जायगा।

हिन्दी और उर्दू-साहित्य की विवेचना का यह अवसर नहीं है, और करना भी चाहें, तो समय नहीं। हमारा नया साहित्य अन्य प्रान्तीय साहित्यों की भाँति ही अभी सम्पन्न नहीं है। अगर सभी प्रान्तों का साहित्य हिन्दी में आ सके, तो शायद वह सम्पन्न कहा जा सके। बँगला साहित्य से तो हमने उसके प्रायः सारे रत्न ले लिये हैं और गुजराती, मराठी साहित्य से भी थोड़ी-बहुत सामग्री हमने ली है। तमिल, तेलगु आदि भाषाओं से अभी हम कुछ नहीं ले सके, पर आशा करते हैं कि शीघ्र ही हम इस खजाने पर हाथ बढ़ाएँगे, बशर्ते कि घर के भेदियों ने हमारी सहायता की। हमारा प्राचीन साहित्य सारे का सारा काव्यमय है, और यद्यपि उसमें शृंगार और भक्ति की मात्रा ही अधिक है, फिर भी बहुत कुछ पढ़ने योग्य है। भक्त कवियों की रचनाएँ देखनी हैं, तो तुलसी, सूर और मीरा आदि का अध्ययन कीजिए, ज्ञान में कबीर अपना सानी नहीं रखता और शृंगार तो इतना अधिक है कि उसने एक प्रकार से हमारी पुरानी कविता को कलंकित कर दिया है। मगर, वह उन कवियों का दोष नहीं, परिस्थितियों का दोष है जिनके अन्दर उन कवियों को रहना पड़ा। उस जमाने में कला दरबारों के आश्रय से जीती थी और कलाविदों को अपने स्वामियों की रुचि का ही लिहाज करना पड़ता था। उर्दू कवियों का भी यही हाल है। यही उस जमाने का रंग था। हमारे रईस लोग विलास में मग्न थे, और प्रेम, विरह और वियोग के सिवा उन्हें कुछ न सूझता था। अगर कहीं जीवन का नकशा है भी, तो यह कि संसार चंद-रोजा है, अनित्य है, और यह दुनिया दुःख का भंडार है और इसे जितनी जल्दी छोड़ दो, उतना ही अच्छा। इस थोथे वैराग्य के सिवा और कुछ नहीं। हाँ, सूक्तियों और सुभाषितों की दृष्टि से वह अमूल्य है। उर्दू की कविता आज भी उसी रंग पर चली जा रही है, यद्यपि विषय में थोड़ी-सी गहराई आ गयी है। हिन्दी में नवीन ने प्राचीन से बिलकुल नाता तोड़ लिया है। और आज की हिन्दी कविता भावों की गहरायी, आत्मव्यंजना और अनुभूतियों के एतबार से प्राचीन कविता से कहीं बढ़ी हुई है। समय के प्रभाव ने उस पर भी अपना रंग जमाया है और वह प्रायः निराशावाद का रुदन है। यद्यपि कवि उस रुदन से दुःखी नहीं होता, बल्कि उसने अपने धैर्य और संतोष का दायरा इतना फैला दिया है कि वह बड़े से बड़े दुःख और बाधा का स्वागत करता है। और चूँकि वह उन्हीं भावों को व्यक्त करता है, जो हम सभी के हृदयों में मौजूद हैं, उसकी कविता में मर्म को स्पर्श करने की अतुल शक्ति है। यह जाहिर है कि अनुभूतियाँ सबके पास नहीं होतीं और जहाँ थोड़े-से कवि अपने दिल का दर्द कहते हैं, बहुत से केवल कल्पना के आधार पर चलते हैं।

अगर आप दुःख का विकास चाहते हैं, तो महादेवी, 'प्रसाद'; पंत, सुभद्रा, 'लली', 'द्विज', 'मिलिन्द', 'नवीन', पं माखनलाल चतुर्वेदी आदि कवियों की

रचनाएँ पढ़िए। मैंने केवल उन कवियों के नाम दिये हैं, जो मुझे याद आये, नहीं तो और भी ऐसे कई कवि हैं, जिनकी रचनाएँ पढ़कर आप अपना दिल थाम लेंगे, दुःख के स्वर्ग में पहुँच जायँगे। काव्यों का आनन्द लेना चाहें तो मैथिलीशरण गुप्त और त्रिपाठीजी के काव्य पढ़िए। ग्राम्य-साहित्य का दफीना भी त्रिपाठीजी ने खोद कर आपके सामने रख दिया है। उसमें से जितने रत्न चाहे शौक से निकाल ले जाइए और देखिए उस देहाती गान में कवित्व की कितनी माधुरी और कितना अनूठापन है। ड्रामे का शौक है, तो लक्ष्मीनारायण मिश्र के सामाजिक और क्रान्तिकारी नाटक पढ़िए। ऐतिहासिक और भावमय नाटकों की रुचि है, तो 'प्रसाद' जी की लगाई हुई पुष्पबाटियों की सैर कीजिए। उर्दू में सबसे अच्छा नाटक जो मेरी नजर से गुजरा, वह 'ताज' का रचा हुआ 'अनारकली' है। हास्यरस के पुजारी हैं, तो अन्नपूर्णानन्द की रचनाएँ पढ़िए। राष्ट्र-भाषा के सच्चे नमूने देखना चाहते हैं, तो जी. पी. श्रीवास्तव के हँसानेवाले नाटकों की सैर कीजिए। उर्दू में हास्य-रस के कई ऊँचे दरजे के लेखक हैं और पंडित रतननाथ दर तो इस रंग में कमाल कर गये हैं। उमर खैयाम का मजा हिन्दी में लेना चाहें तो 'बच्चन' कवि की मधुशाला में जा बैठिए। उसकी महक से ही आपको सरूर आ जायगा। गल्प-साहित्य में 'प्रसाद', 'कौशिक', जैनेन्द्र, 'भारतीय', 'अज्ञेय', विशेश्वर आदि की रचनाओं में आप वास्तविक जीवन की झलक देख सकते हैं। उर्दू के उपन्यासकारों में शरर, मिर्जा रुसवा, सज्जाद हुसेन, नजीर अहमद आदि प्रसिद्ध हैं, और उर्दू में राष्ट्र-भाषा के सबसे अच्छे लेखक ख्वाजा हसन निजामी हैं, जिनकी कलम में दिल को हिला देने की ताकत है। हिन्दी के उपन्यास-क्षेत्र में अभी अच्छी चीजें कम आयी हैं, मगर लक्षण कह रहे हैं कि नयी पौध इस क्षेत्र में नये उत्साह, नये दृष्टिकोण, नये सन्देश के साथ आ रही है। एक युग की इस तरक्की पर हमें लज्जित होने का कारण नहीं है।

मित्रो, मैं आपका बहुत-सा समय ले चुका; लेकिन एक झगड़े की बात बाकी है, जिसे उठाते हुए मुझे डर लग रहा है। इतनी देर तक उसे टालता रहा पर अब उसका भी कुछ समाधान करना लाजिम है। वह राष्ट्रलिपि का विषय है। बोलने की भाषा तो किसी तरह एक हो सकती है; लेकिन लिपि कैसे एक हो? हिन्दी और उर्दू लिपियों में तो पूरब-पच्छिम का अन्तर है। मुसलमानों को अपनी फारसी लिपि उतनी ही प्यारी है, जितनी हिन्दुओं को अपनी नागरी लिपि। वह मुसलमान भी जो तमिल, बँगला या गुजराती लिखते-पढ़ते हैं, उर्दू को धार्मिक श्रद्धा की दृष्टि से देखते हैं; क्योंकि अरबी और फारसी लिपि में वही अन्तर है, जो नागरी और बँगला में है, बल्कि उससे भी कम। इस फारसी लिपि में उनका प्राचीन गौरव, उनकी संस्कृति, उनका ऐतिहासिक महत्त्व सब कुछ भरा हुआ है। उसमें कुछ

कचाइयाँ हैं, तो खूबियाँ भी हैं, जिनके बल पर वह अपनी हस्ती कायम रख सकी है। वह एक प्रकार का शार्टहैंड है। हमें अपनी राष्ट्र-भाषा और राष्ट्रलिपि का प्रकार मित्र-भाव से करना है, इसका पहला कदम यह है कि हम नागरी लिपि का संगठन करें। बँगला, गुजराती, तमिल आदि अगर नागरी लिपि स्वीकार कर लें, तो राष्ट्रीय लिपि का प्रश्न बहुत कुछ हल हो जायगा और कुछ नहीं तो केवल संख्या ही नागरी को प्रधानता दिला देगी। और हिन्दी लिपि का सीखना इतना आसान है और इस लिपि के द्वारा उनकी रचनाओं और पत्र का प्रचार इतना ज्यादा हो सकता है कि मेरा अनुमान है, वे उसे आसानी से स्वीकार कर लेंगे। हम उर्दू लिपि को मिटाने तो नहीं जा रहे हैं। हम तो केवल यही चाहते हैं कि हमारी एक कौमी लिपि हो जाय। अगर सारा देश नागरी लिपि का हो जायगा, तो सम्भव है मुसलमान भी उस लिपि को कुबूल कर लें। राष्ट्रीय चेतना उन्हें बहुत दिन तक अलग न रहने देगी। क्या मुसलमानों में यह स्वाभाविक इच्छा नहीं होगी कि उनके पत्र और उनकी पुस्तकें सारे भारतवर्ष में पढ़ी जायँ? हम तो किसी लिपि को भी मिटाना नहीं चाहते। हम तो इतना ही चाहते हैं कि अन्तर्प्रान्तीय व्यवहार नागरी में हो। मुसलमानों में राजनैतिक जागृति के साथ यह प्रश्न आप हल हो जायगा। यू.पी. में यह आन्दोलन भी हो रहा है कि स्कूलों में उर्दू के छात्रों को हिन्दी और हिन्दी के छात्रों को उर्दू का इतना ज्ञान अनिवार्य कर दिया जाय कि वह मामूली पुस्तकें पढ़ सकें और खत लिख सकें। अगर वह आन्दोलन सफल हुआ, जिसकी आशा है, तो प्रत्येक बालक हिन्दी और उर्दू दोनों ही लिपियों से परिचित हो जायगा। और जब भाषा एक जो जायगी तो हिन्दी अपनी पूर्णता के कारण सर्वमान्य हो जायगी और राष्ट्रीय योजनाओं में उसका व्यवहार होने लगेगा। हमारा काम यही है कि जनता में राष्ट्र चेतना को इतना सजीव कर दें कि वह राष्ट्र हित के लिए छोटे-छोटे स्वार्थों का बलिदान करना सीखे। आपने इस काम का बीड़ा उठाया है, और मैं जानता हूँ आपने क्षणिक आवेश में आकर यह साहस नहीं किया है बल्कि आपका इस मिशन में पूरा विश्वास है, और आप जानते हैं कि यह विश्वास कि हमारा पक्ष सत्य और न्याय का पक्ष है, आत्मा को कितना बलवान् बना देता है। समाज में हमेशा ऐसे लोगों की कसरत होती है जो खाने-पीने, धन बटोरने और जिन्दगी के अन्य धन्धों में लगे रहते हैं। यह समाज की देह है। उसके प्राण वह गिने-गिनाये मनुष्य हैं, जो उसकी रक्षा के लिए सदैव लड़ते रहते हैं—कभी अन्धविश्वास से, कभी मूर्खता से, कभी कुव्यवस्था से, कभी पराधीनता से। इन्हीं लड़न्तियों के साहस और बुद्धि पर समाज का आधार है। आप इन्हीं सिपाहियों में हैं। सिपाही लड़ता है, हारने-जीतने की उसे परवाह नहीं होती। उसके जीवन का ध्येय ही यह है कि वह बहुतों के लिए अपने को होम कर दे। आपको

अपने सामने कठिनाइयों की फौजें खड़ी नजर आएँगी। बहुत सम्भव है, आपको उपेक्षा का शिकार होना पड़े। लोग आपको सनकी और पागल भी कह सकते हैं। कहने दीजिए। अगर आपका संकल्प सत्य है, तो आप में से हरेक एक-एक सेना नायक हो जायगा। आपका जीवन ऐसा होना चाहिए कि लोगों को आप में विश्वास और श्रद्धा हो। आप अपनी बिजली से दूसरों में भी बिजली भर दें, हर एक पन्थ की विजय उसके प्रचारकों के आदर्श-जीवन पर ही निर्भर होती है। अयोग्य व्यक्तियों के हाथों में ऊँचे-से-ऊँचा उद्देश्य भी निन्द्य हो सकता है। मुझे विश्वास है, आप अपने को अयोग्य न बनने देंगे।*

*दक्षिण-भारत हिन्दी-प्रचार सभा, मद्रास के चतुर्थ उपाधिवितरणोत्सव के अवसर पर, 29 दिसम्बर, 1934 ई. को दिया गया दीक्षान्त भाषण।

स्वदेश

स्वराज्य के फायदे

स्वराज्य क्या है?

अपने देश का पूरा-पूरा इन्तज़ाम जब प्रजा के हाथों में हो तो उसे स्वराज्य कहते हैं। जिन देशों में स्वराज्य है वहाँ की प्रजा अपने ही चुने हुए पंचों द्वारा अपने ऊपर राज करती है। वहाँ यह नहीं हो सकता कि प्रजा लगान और करों के बीच में दबी रहे और अधिकारी लोग दिनों-दिन सेना बढ़ाते जायँ, कर्मचारियों का वेतन बढ़ाते जायँ। प्रजा भूखों मर रही हो, चारों ओर अकाल पड़ा हो और देश का अन्न दूसरे देशों को ढोया चला जाता हो, मरो, हैजा आदि रोग फैल रहे हों और अधिकारी लोग उसके रोकने का उचित प्रयत्न न करके सैर सपाटे किया करते हों, गरीब मुसाफिरों को रेलगाड़ियों में बैठने की जगह न मिलती हो और अधिकारियों के वास्ते एक पूरी गाड़ी अलग खड़ी रहती हो, सारांश यह कि अधिकारी लोग प्रजा पर उसके हित के लिए नहीं बल्कि अपने प्रभुत्व जमाने और भोग विलास करने के लिए राज करते हों। जिन देशों में यह दशा होती है और प्रजा के हाथों में उसके सुधारने का कोई साधन नहीं होता, वही देश पराधीन कहलाता है और हमारा भारत इसी प्रकार के देशों में है जहाँ कर्मचारी लोग प्रजा का नमक खा कर अपने को प्रजा का सेवक नहीं, उसका स्वामी समझते हैं। भारत को छोड़ कर समस्त संसार में अब एक देश भी ऐसा नहीं है जहाँ की दशा इतनी खराब हो और आजकल हमारे नेता लोग इसी चिन्ता में पड़े हुए हैं कि इस दशा से भारत का उद्धार कैसे हो। क्या सारे संसार में हमी सबसे नीच, सबसे मूर्ख, सबसे निर्बल हैं कि हाथ पर हाथ धरे इस दशा में पड़े रहें? हमारे पुरुषाओं में श्री रामचन्द्र जैसे पराक्रमी, महात्मा श्रीकृष्ण जैसे ज्ञानी, महात्मा बुद्ध जैसे त्यागी, महाराज विक्रम जैसे प्रतापी, महाराणा प्रताप और शिवाजी जैसे रणधीर, बादशाह अकबर जैसे प्रजाभक्त, गुरु वशिष्ठ जैसे आत्मदर्शी हो गये हैं, हम लोग उन्हीं की सन्तान हैं। क्या हम लोगों में बल, बुद्धि, विद्या सवर्था लोप हो गयी है? नहीं, यह बात नहीं है; भीष्म और अर्जुन के नाम पर जान देनेवाले कभी इतने बलहीन, इतने कर्महीन नहीं हो

सकते। यह दिनों का फेर है जिसने हमें इस अधोगति को पहुँचा दिया है। लेकिन अब हम सचेत हो रहे हैं, हमारी निद्रा टूट रही है और हमें पूर्ण विश्वास है कि हम अपने सदुपयोग और पूर्वजों के आशीर्वाद से फिर भारत को उसी उन्नत दशा में पहुँचा देंगे जहाँ वह था, हम फिर समस्त भूमंडल में उनका नाम उजागिर कर देंगे। इसका एकमात्र साधन 'स्वराज्य' है और भारत में प्रत्येक प्राणी का धर्म है कि वह यथायोग्य इस सद्कार्य में अपने नेताओं की मदद करे।

स्वराज्य के भेद

स्वराज्य के तीन भेद हैं। एक वह है जहाँ का राजा उसी देश का निवासी होता है लेकिन राज का सब काम अपनी ही इच्छानुसार करता है, प्रजा उसके इन्तज़ाम में जरा भी दखल नहीं दे सकती, जैसे काबुल, नेपाल। दूसरा वह है जहाँ का राजा अपनी प्रजा के प्रतिनिधियों की सलाह के बिना कुछ न कर सकता हो, जैसे इंग्लिस्तान, जापान। तीसरा वह है जहाँ राजा नहीं होता, उसकी जगह पर पंच लोग किसी योग्य और सर्वमान्य पुरुष को चुन कर कुछ नियत समय के लिए अपना प्रधान बना लेते हैं और वह प्रजा के चुने हुए मेम्बरों की सम्मति से राज्य का सारा प्रबन्ध करता है, जैसे फ्रांस, अमेरिका, चीन आदि। भारत की दशा विचित्र है, वह इन तीनों भेदों में से एक में भी नहीं आता, उसकी दशा सबसे गयी बीती है, न उसका राजा ही भारत का निवासी है और न वह प्रजा के चुने हुए पंचों द्वारा देश पर राज्य ही करता है। वास्तव में भारत का राजा कोई एक आदमी नहीं है, बल्कि समस्त इंग्लैंड—नहीं बल्कि अँग्रेज जाति उस पर राज्य करती है, चाहे वह आस्ट्रेलिया में रहती हो, चाहे कनाडा में। सोचने की बात है कि जब एक लोभी राजा समस्त देश की प्रजा को नाना प्रकार की विपत्तियों में डाल सकता है तो एक पूरी जाति लोभ के वश में देश में कितना हाहाकार फैला सकती है। अकेला राजा तो प्रजा को लूट कर अपना पेट भर सकता है लेकिन किसी पराधीन देश के लिए अपने ऊपर राज करनेवाली समस्त जाति का पेट भरना असम्भव है। यही कारण है कि भारत की दशा इतनी हीन हो रही है। अँग्रेज जाति के व्यवसायी उसका व्यवसाय अपने हाथों में करना चाहते हैं, नौकरी पेशे करनेवाले ऊँचे-ऊँचे ओहदे दबाये बैठे हैं, वहाँ के उद्योगी लोग यहाँ के उद्योग धन्धों पर आसन जमाये हुए हैं, यहाँ तक कि वहाँ के विद्वान लोग यहाँ की विद्या के भी अधिकारी बन गये हैं। हम इन तीनों भेदों में कौन चाहते हैं यह अभी साफ-साफ नहीं कहा जा सकता, पर इसमें अब जरा भी सन्देह नहीं है कि हम वह स्वराज्य चाहते हैं जहाँ प्रजा के चुने हुए पंचों की सलाह से सब राजकाज किया जाता है और पंचों की सम्मति के बिना शासक लोग कुछ भी नहीं कर सकते। भारत में ऐसी सभाएँ हैं जहाँ प्रजा के प्रतिनिधि सरकार को सलाह देने जाते हैं। छोटे लाट साहब और बड़े लाट साहब

दोनों ही को सलाह देने के लिए ऐसी सभाएँ बनायी गयी हैं। लेकिन एक तो इन सभाओं में जो पंच प्रजा की ओर से भेजे जाते हैं उन्हें वही लोग चुनते हैं जो या तो महाजन हैं या बड़े ज़मींदार या बड़े काश्तकार हैं, साधारण जनता को उनके चुनने का अधिकार नहीं है, दूसरे इन सभाओं को केवल राय देने का अधिकार है, अधिकारियों की इच्छा है चाहे उस राय को मानें या न मानें, वह इन सलाहों के मानने पर मजबूर नहीं हैं। विदित ही है कि वास्तव में यह सभाएँ केवल हाथी के दाँत हैं, उनकी जात से जनता की कोई भलाई नहीं हो सकती। उन्हें न तो आमदनी और खर्च के विषय में मुँह खोलने का अधिकार है, न सेना के विषय में, न पुलीस के विषय में। हाँ, शिक्षा, स्वास्थ्य, रक्षा और म्यूनिस्पैलिटी के मामलों में उन्हें कुछ सत्ता प्राप्त है, लेकिन वह भी केवल नाम के लिए, क्योंकि जब आमदनी और खर्च उनके अखत्यार के बाहर है तो वह शिक्षा या स्वास्थ्य रक्षा का उचित प्रबन्ध कैसे कर सकते हैं, जब खजाने की कुंजी शासकों के हाथों में है तो वह उनके आधीन है कि वह शिक्षा के लिए धन दें या न दें। स्वराज्यवादियों का लक्ष्य यही है और महात्मा गाँधी ने साफ कह दिया है कि हमको आमदनी और खर्च और सेना सम्बन्धी मामलों पर पूरा अखत्यार हो, यही हमारा उद्देश्य है।

स्वराज्य के साधन

स्वराज्य का मुख्य साधन 'स्वावलम्बन' है, अर्थात् अपने देश की सब जरूरतों को आप पूरा कर लेना है। जो प्राणी अपने खेत का अनाज खाता है, अपने काते हुए सूत का कपड़ा पहनता है और अपने झगड़े बखेड़े अपनी पंचायत में चुका लेता है उसे हम स्वाधीन कह सकते हैं। हम अपनी जरूरतों के लिए दूसरे देशवालों के मुहताज हैं, अनेक छोटे-छोटे घरेलू झगड़े चुकाने के लिए भी अदालतों का मुँह ताकते हैं, यहाँ तक कि अन्न वस्त्र के लिए भी दूसरों के आधीन हैं। यही हमारी पराधीनता है, इस अवस्था को दूर कर देने पर फिर हम सच्चे स्वराजय का आनन्द उठाने लगेंगे। हमारे देश में काफी कपड़ा नहीं बनता। वह कपड़ा खरीदने के लिए हमें अपने देश का अनाज, तेलहन आदि अन्य देशों के हाथ बेचना पड़ता है। अनाज के निकल जाने से देश में बारहों मास अकाल की दशा बनी रहती है। महँगी से प्रजा को काफी भोजन नहीं मिलता, वह अपना उदर भरने के लिए नाना प्रकार के कुकर्म करती है, इस प्रकार पुलिस और अदालतों का जोर बढ़ता है। केवल एक कपड़े की कमी से देश के सिर कैसी-कैसी बाधाएँ आ पड़ती हैं। यदि हम लोग अपने तन ढाँकने के लिए काफी कपड़े बना लें, तो हमारे 70 करोड़ रुपये देश में रह जायँ, धन धान्य की वृद्धि हो जाय। भोग विलास की चीजों के पीछे भी हम अपने देश के करोड़ों रुपये अन्य देशों की भेंट करते हैं। इस मामले में सारा अपराध पढ़े लिखे अंग्रेजी शिक्षा के भक्तों के सिर है। वह वकालत करके

या नौकरी करके या अन्य रीतियों से प्रजा का धन खींच लेते हैं और उसे सिमरेट, साबुन, मोटर, शीशे के सामान, भाँति-भाँति की विलासयुक्त सामग्रियों की वेदी पर चढ़ा देते है। जब तक हम लोग अपने देश की कमायी अन्य देशों के हाथों इस प्रकार बेचते रहेंगे हम सच्चे स्वराज्य का आनन्द नहीं उठा सकते। इसलिए निहायत जरूरी है कि हम अपने पैरों पर खड़े होना सीखें, किसी के आधीन न रहें। अगर हमारे देश में साठ लाख चर्खें भी चलने लगें, तो हम अपने वस्त्रों के लिए किसी अन्य देश के मोहताज न रहें, सारा देश धन और अन्न से परिपूरित हो जाय। इसी प्रकार यदि हमारे सुशिक्षित भाई लोग भोग विलास के पदार्थों को त्याग दें तो उन्हें प्रजा को ठगकर, धूर्तता से, छल से धन कमाने की जरूरत न रहे। हमारा राष्ट्रीय जीवन कितना सुखद और शान्तिमय हो जाय। कितनी मनोहर कल्पना है। कुछ लोगों के कथनानुसार, यह सुदशा काल्पनिक ही सही, मनोरम स्वप्न ही सही, आदर्श सही, पर कोई कारण नहीं कि हम उस आदर्श को प्राप्त करने का प्रयास न करें। इस अवस्था में देश का सबसे उपकार जो हम कर सकते हैं वह चर्खें चलाना है। यह केवल व्यावसायिक प्रश्न नहीं है, धार्मिक प्रश्न है। यह केवल दैहिक मुक्ति का नहीं, आत्मिक मुक्ति का साधन है। यह विचार मत करो कि चर्खें चलाने से तो मजूरी नहीं पड़ती। मजूरी समझ कर नहीं, इस काम को अपना कर्त्तव्य समझ कर करो। हमारा विशेष अनुरोध उन परदेवाली साध्वी स्त्रियों से है जिनके समय का अधिकांश गपशप या परनिन्दा में कटता है। उन्हें इस समय ईश्वर ने देशोद्धार का बड़ा अच्छा अवसर प्रदान किया है। इस पवित्र काम में उन्हें सहर्ष अपने पुरुषों को सहायता करनी चाहिए। उन्हें केवल वस्त्र दान का पुन्न ही न होगा बल्कि वह अपने देश के उन लाखों जुलाहों को काम में लगा देंगी, उनके परिवार को दरिद्रता के चँगुल से निकाल लेंगी, जो इस समय ताशे ढोल बजा कर, या नेचे आदि बना कर अथवा पुतली घर में मजूरी करके अपना पेट पाल रहे हैं। इससे भी बड़ा उपकार यह होगा कि हमारे देश से कुली प्रथा उठ जाएगी जिसके कारण आज लाखों परिवार अपने गाँव घर छोड़ कर शहरों की तंग और गन्दी कोठरियों में अपने जीवन के दिन काट रहे हैं और नाना प्रकार की कुवासनाओं में पड़ कर अपने जीवन का सर्वनाश कर रहे हैं।

स्वराज्य प्राप्ति का दूसरा साधन उन व्यवस्थाओं का त्याग करना है जो हमारी आत्मा को दबाती हैं और उसे पराधीन, परावलम्बी बनाती हैं। अदालतें, सरकारी नौकरियाँ, सरकारी शिक्षा आदि हमारी आत्मा को कुचलनेवाली, हमारे मन के पवित्र भावों को दमन करनेवाली, हमें कौड़ी का गुलाम बनानेवाली, हमारी वासनाओं को भड़कानेवाली संस्थाएँ हैं। हमारे बालकवृन्द बालकपन से ही सरकारी नौकरियों की आशा करने लगते हैं, उसी समय से उनकी आत्मा पराधीन होने लगती है। उन्हें परकटे पक्षी की भाँति दरबे के सिवा और कुछ नहीं सूझता। चापलूसी करने

की, कांइयापन करने की आदत पड़ जाती है। वह अपनी इन्द्रियों के दास बन जाते हैं, सरकारी नौकरी ही उनका सर्वाधार बन जाती है। ऐसी शिक्षा पाने वाले युवकों के हृदय में देश प्रेम के उच्च भावों का उदय होना असम्भव नहीं तो कठिन अवश्य है। जिनकी आत्मा ही दब गयी वह स्वराज्य और स्वाधीनता की कल्पना भी नहीं कर सकते। यह तो हुआ शिक्षा का हाल। अदालतों का प्रभाव इससे कम प्राण घातक नहीं। वहाँ मुकदमेबाजी करने वाली जनता और उनका धन लूटनेवाले वकील मुखतार दोनों ही अपनी आत्मा को हताहत करते हैं। अगर कोई आदमी, झूठ, छल, कपट, धूर्तता, बेईमानी का भीषण नाटक देखना चाहे तो उसे एक बार अदालत में जाना चाहिए। वहाँ ऐसे-ऐसे घृणोत्पादक दृश्य देखने में आएँगे कि उसकी आँखे खुल जाएँगी और मानवी दुर्बलता, दुष्टता तथा नीचता का विकट अनुभव हो जाएगा। कहीं गवाह तैयार किये जा रहे हैं, कहीं मुवक्किलों को उनका बयान तोते की भाँति रटाया जा रहा है, कहीं कांइयाँ मुहर्रिर मुवक्किलों से खर्च के लिए तकरार कर रहा है, कहीं कर्मचारी लोग रिश्वत के सौदे चुका रहे हैं, कहीं वकील साहब अपने मेहनताने का सौदा पटाने में मग्न हैं, कहीं मुखतार देहातियों के एक दल को साथ लिये इज़लासों में दौड़ते फिरते हैं। और यह सब धूर्त लीला खुल्लम खुल्ला बिना किसी संकोच के होती रहती है। आत्मनाश का इससे करुणाजनक दृश्य कल्पना में नहीं आ सकता। वकालत को आजाद पेशा कह कर लोग इस पर गर्व करते हैं, यहाँ तक कि शिक्षा का यही सर्वश्रेष्ठ लक्ष्य समझा जाता है। हमारे विद्यालयों से उच्च उपाधियाँ प्राप्त करके लोग यही कामना लिये हुए निकलते हैं पर वास्तव में इससे नीच और परतन्त्र बनानेवाला कोई दूसरा पेशा नहीं है। शिक्षक की, चिकित्सक की, सौदागर की, कारीगर की जरूरत हमेशा रहेगी चाहे देश की राजनैतिक स्थित कुछ भी हो। लेकिन वकीलों की उपयोगिता अदालतों पर ही निर्भर है। आज अदालतें बन्द हो जायँ या पंचायतों का सर्वसाधारण में प्रचार हो जाय तो वकीलों को कोई कौड़ी को भी नहीं पूछे। टके-टके मारे फिरें। अंग्रेजी राज के पहिले यहाँ वकालत का नाम भी न था। अँग्रेजी राज के साथ यह पेशा भी आया और उसी राज की भाँति दिनोंदिन उन्नति करने लगा, यहाँ तक कि आज इसने शिक्षित समाज पर एकाधिपत्य-सा कर लिया है। सोचिए कि जिस समाज का प्रतिभाशाली भाग अपनी जीविका के लिए किसी विशेष संस्था के अधीन हो वह स्वराज्य और आजादी के भावों का आनन्द कैसे उठा सकता है। वस्तुतः हमारे वकील भाई अदालतों के गुलाम हैं, उन्हें कोई स्वाधीन पेशा नहीं आता, उसमें स्वावलम्बन का भाव लुप्त हो गया है और उनसे समाज के उपकार की कोई आशा नहीं की जा सकती। अब रहे मुकदमेबाज लोग, उनमें प्रायः वही लोग हैं जो अपने धन या धूर्तता के बल से अन्याय को न्याय बनाना चाहते हैं। ऐसे आदमियों की आत्मा दुर्बल हो जाती है और वह अपना मतलब निकालने के

लिए किसी गरीब की जायदाद हज़म करने के लिए अथवा शत्रुओं से अपना बैर चुकाने के लिए तरह-तरह के पाखंड रचते हैं। जो आत्मा अनीति की शरण लेती है वह कभी स्वराज्य के योग्य नहीं हो सकती। वह सदैव कुचेष्टाओं के नीचे दबी रहती है, अपना स्वार्थ सिद्ध करने के लिए सदैव दूसरों की खुशामद किया करती है। उसमें सम्मान का भाव नष्ट हो जाता है, वह पतित हो जाती है। ऐसी गिरी हुई आत्माएँ स्वराज्य की कल्पना भी नहीं कर सकतीं। उनके संकीर्ण हृदय में स्वार्थ के सिवा ऊँचे और पवित्र भाव उठते ही नहीं। वह नित्य इसी चिन्ता में रहती है कि किसका धन उड़ा लें, किसकी ज़ायदाद हड़प कर जायँ। स्वराज्य प्राप्त करने के लिए आत्मशुद्धि, निर्भयता और सद्व्यवहार ही की उपासना करनी पड़ेगी और मुकदमेबाज़ी को छोड़ने में हमें इस उपासना में बड़ी मदद मिलेगी।

ऊपर जिन साधनों का जिक्र किया गया है वह सभी एक शब्द असहयोग के अन्तर्गत आ जाते हैं। और शासन प्रजा के सहयोग या सहायता के बिना नहीं चल सकता। प्रजा का धर्म है कि वह अपनी सरकार की यथायोग्य सहायता करे, धन से, बल से, बुद्धि से उनकी सेवा करे, किन्तु जब शासन अनीति पर उतारू हो जाय, प्रजा को कष्ट देने लगे, उसके अधिकारों को कुचलने लगे, अपना रौब जमाने के लिए उस पर अत्याचार करने लगे, तो फिर उसको प्रजा से सहायता पाने का मुँह नहीं रहता, और प्रजा भी उसकी सहायता न करने में दोषी नहीं ठहरायी जा सकती। भारत में इस समय ऐसा ही अवसर आ पड़ा है। अधिकारी वर्ग नाना प्रकार के विधानों से प्रजा का दमन करने पर तुले हुए हैं। कहीं सभाएँ बन्द की जा रही हैं, कहीं नेताओं का मुँह बन्द किया जा रहा है, कहीं निहत्थी प्रजा पर गोलियाँ चल रही हैं, कहीं कार्यकर्त्ता जेल भेजे जा रहे हैं और वहाँ उनसे कड़ी मेहनत ली जा रही है, कहीं पंचायतों को तोड़ा और पंचों को दंड दिया जा रहा है, यहाँ तक कि किसी को शराब पीने से रोकने को भी जुर्म समझा जाता है। महात्मा गाँधी की जय-जयकार करने के लिए, खादी पहिनने के लिए, चरखों का प्रचार करने के लिए सज्जनों पर तरह-तरह के दोषारोपण किये जा रहे हैं। ऐसी दशा में प्रजा का कर्त्तव्य है कि वह सरकार को किसी प्रकार की सहायता न दे, क्योंकि अत्याचारी शासन की मदद करना अत्याचार करने से कम पाप नहीं है। सरकार की नौकरी करना अनुचित है, इसलिए कि प्रजा पर अत्याचार करने का काम नौकरों द्वारा ही होता है। सरकारी अदालतों में जाना अनुचित है इसलिए कि इससे सरकार का रौब बढ़ता है और प्रजा की आत्मा दुर्बल होती है, वकालत करना अनुचित है, इसलिए कि इससे सरकारी न्यायालयों की पुष्टि होती है, सरकारी विद्यालयों में पढ़ना अनुचित है, इसलिए कि इससे हमारे हृदय में गुलामी के भाव पुष्ट होते हैं। लेकिन यह स्मरण रखना चाहिए कि हम असहयोग इस हेतु ग्रहण नहीं करते कि इससे सरकार को हानि पहुँचे। नहीं, हम केवल इसलिए असहयोग

करते हैं कि हमारा यही वर्तमान धर्म है। सरकार की नीति का हमको जो अनुभव हुआ और हो रहा है उससे भली भाँति सिद्ध हो जाता है कि स्वराज्य के बिना हमारे देश का कल्याण नहीं हो सकता। उसकी प्राप्ति का साधन शान्तिमय असहयोग है, और आत्मशुद्धि, निर्भयता और सद्व्यवहार असहयोग के तीन अंग हैं। केवल असहयोग हमको स्वराज्य पद पर नहीं पहुँचा सकता। असहयोग तो केवल बाह्य साधन है, आन्तरिक साधन आत्मा की पवित्रता है। अपनी आत्मा को खो देने से हम पराधीन हुए, स्वार्थ परायणता ने ही हमारे गले में दासत्व की जंजीर डाली। आत्मा को पाकर ही हम स्वाधीन हो सकते हैं।

स्वराज्य के फ ायदे

स्वराज्य के फ़ायदे का शुमार करना ईश्वर के गुणों के गिनने के बराबर है। उसकी महिमा अपरम्पार है। स्वराज्य मिलने पर देश में सुख और शान्ति का स्वराज्य हो जाएगा, उसी तरह जैसे कोई क़ैदी जेल से छूट कर सुखी होता है। उसके हाथों में हथकड़ियाँ नहीं हैं, पैरों में बेड़ियाँ नहीं, सिर पर सिपाहियों की संगीनें नहीं हैं, वह अन्न के लिए, वस्त्र के लिए किसी का मुहताज़ नहीं है, जब चाहे सोये, जब चाहे जागे, जब चाहे काम करे, जब चाहे आराम करे, जहाँ चाहे जाय, कोई उसका बाधक नहीं है। इस छुटकारें का आनन्द उसी क़ैदी से पूछिए। वही उसका मजा जानता है। स्वराज्य से देश को सबसे बड़ा फायदा जो होगा वह भारतीय जीवन का पुनरुद्धार है। प्रत्येक जाति के जीवन में कोई प्रधान गुण होता है। अँग्रेज जाति का प्रधान गुण पराक्रम है, फ्रांसियों का प्रधान गुण स्वतन्त्र प्रेम है, उसी भाँति भारत का प्रधान गुण धर्मपरायणता है। हमारे जीवन का मुख्य आधार धर्म था। हमारा जीवन धर्म के सूत्र में बँधा हुआ था। लेकिन पश्चिमी विचारों के असर से हमारे धर्म का सर्वनाश हुआ जाता है, हमारा वर्तमान धर्म मिटता जाता है, हम अपनी विद्या को भूलते जाते हैं, अपने रहन-सहन, रीति रिवाज से विमुख होते जाते हैं, हमारा अद्वितीय सामाजिक संगठन छिन्न-भिन्न हुआ जाता है; पश्चिम की देखा देखी हम धनोपार्जन ही को जीवन का लक्ष्य मानने लगे हैं, सम्पत्ति ही को सर्वोपरि समझने लगे हैं, यही हमारा धर्म हो गया है। ज्ञान का, सन्तोष का, कर्त्तव्यपालन का, त्याग का महत्त्व हमारी निगाहों से उठता जाता है। हम विद्या को धर्म समझकर सीखते और सिखाते थे, चाहे वह गान विद्या ही, धनुर्विद्या हो या कोई अन्य विद्या हो। अब हम उसे धनोपार्जन के लिए सीखते और सिखाते हैं। हममें परस्पर प्रेम नहीं रहा, सहानुभूति नहीं रही। हमारी मैत्री, हमारा प्रेम, हमारी सदिच्छाएँ, हमारे हृदय की उच्च वृत्तियाँ, सभी धन इच्छा के नीचे दबती जाती हैं। सारांश यह है कि हम अपनी आत्मा को भूलते जाते हैं। स्वराज्य पाकर हम अपनी आत्मा को पा जाएँगे, हमारे धर्म का उत्थान हो जाएगा, अधर्म का अन्धकार मिट

जाएगा और ज्ञान भास्कर का उदय होगा। वर्ण व्यवस्था और आश्रम धर्म का फिर राज होगा। हम फिर अपने भाग्य के विधाता हो जाएँगे, बैलों की भाँति हाँके न जाकर पुरुषों की भाँति अपना मार्ग स्थिर करेंगे। हमको संसार में अपने विचारों के प्रचार करने का, अपने आदर्शों को दिखाने का अवसर मिल जाएगा। हम किसी जाति के पिछलग्गू न बन कर संसार सभा में अपने उचित स्थान बैठेंगे, हमारी गणना दीन-हीन परवश जातियों में न होकर उन जातियों में होने लगेगी जिनके हाथों में संसार की बागडोर है। पराधीनता ने हमारी बुद्धि को मन्द कर दिया है। हमारा मानसिक बल लुप्त हो गया है। हमने पिछली कई शताब्दियों से संसार के ज्ञानकोष में कुछ योग नहीं किया, कोई नयी कल्पना नहीं की, विचार सागर में कोई लहर पैदा नहीं की। पच्छिम की जगमगाते हुए बिल्लौर के सामने हमारे जवाहिरात की चमक मन्द पड़ गयी थी। स्वराज्य हमारी बुद्धि को, हमारी विचार शक्ति को मुक्त कर देगा और संसार में फिर उनकी आवाज़ सुनायी देगी। हमारा महत्त्व बढ़ेगा, हमारी प्रतिभा बढ़ेगी और हम उन्नत और बलवान जातियों के सम्मुख बैठने के अधिकारी हो जाएँगे। हम संसार में एक नयी सभ्यता, एक नये जीवन का प्रचार कर देंगे, संसार के वर्तमान धर्म प्रेम को अपने सन्तोषमय जीवन से लज्जित कर देंगे, स्पर्द्धा और प्रतिद्वन्द्विता को मिटा कर सहकारिता और प्रेम का सिक्का जमा देंगे। तब—संसार का द्वार हमारे लिए बन्द न होगा, हम अछूत, नीच, असभ्य, गँवार न समझे जाएँगे, तब कनाडा और आस्ट्रेलिया, अफ्रीका और न्यूजीलैंड के लोग हमारी सूरत से घृणा न कर सकेंगे, तब फिजी और उमरा के मदान्ध सौदागर हमें कोड़े मार कर गुलाम न बना सकेंगे, तब हमको कुचलने के लिए, हमको गुलाम बनाये रखने के लिए, तरह-तरह के कठोर पाशविक कानून न बनाये जा सकेंगे, क्योंकि तब हमारे हाथों में भी इन अत्याचारों को जवाब देने की शक्ति होगी, तब किसी को हमें नीचे समझने का अधिकार न रहेगा, तब हमको जो जाति अपने देश में जाने से रोकेगी उसे हम भारत मैं पैर न रखने देंगे। उसके साथ व्यवसाय न करेंगे, उससे कोई सम्पर्क न रक्खेंगे। तब हमारे देश में आप ही धन धान्य की इतनी बहुलता हो जायगी कि हमारे भाइयों को कुलियों में भरती होने की जरूरत ही न रहेगी। अँगेजी उपनिवेशों में इस समय हमारे भाइयों की जो दुर्गति हो रही है उसे देखकर किन आँखों से आँसू न निकल पड़ेंगे। जिन भारतीय मजूरों ने अपना पसीना और रक्त बहाकर पूर्वीय अफ्रीका, नेटाल, ट्रान्सवाल, फिज़ी का चमन बनाया, जंगलों को काट कर बसाया उन्हीं को अब वहाँ से निकाल देने के लिए मदान्ध, स्वार्थान्ध अंग्रेज, नाना प्रकार के क्रूर व्यवहार कर रहे हैं। स्वराज्य पाने के बाद फिर किसका मुँह है जो हमसे ऐसा बुरा, ऐसा पैशाचिक व्यवहार कर सके।

इस धार्मिक और मानसिक उन्नति के अतिरिक्त स्वराज्य से दूसरा बड़ा

उपकार जो होगा वह हमारी आर्थिक सुदशा है। प्रचीनकाल में भारत अत्यन्त समृद्धिशाली देशों में था। यहाँ तक कि अन्य देशों के लोग यहाँ के धन की उपमा देते थे। हमारे कवियों ने भी अपने काव्य ग्रन्थों में नगरों के जो वर्णन किये हैं उनसे भी उसी बात की पुष्टि होती है। अब वह कंचन, वह रत्न कहाँ हैं? आज तो हमारा देश संसार के सबसे कंगाल देशों में है जहाँ के निवासियों को साल में नौ महीने आधे पेट भोजन करके निर्वाह करना पड़ता है। इसका कारण कुछ तो यह है कि भूमि इतनी उर्बरा नहीं रही लेकिन मुख्य कारण हमारी पराधीनता है। हमको लगभग सत्तर करोड़ रुपये प्रतिवर्ष कपड़े के लिए अन्य देशों को देने पड़ते हैं, लगभग चालीस करोड़ रुपये अँग्रेज कर्मचारियों के पैन्शन आदि के निमित्त देने पड़ते हैं। सत्तर करोड़ रुपये केवल सेना विभाग के भेंट हो जाते हैं। रेलों की कम्पनियों को कितने ही करोड़ रुपये नफा के देने पड़ते हैं। इसके अतिरिक्त अँग्रेज लोग जितना धन चाय, नील, ऊख आदि की खेती करके, अन्न, लोहे, कपड़े आदि के कारखाने कायम करके ढो ले जाते हैं उसका कोई हिसाब नहीं। राजकर्मचारियों को वेतन जो यहाँ दिया जाता है वह अन्य देशों के कर्मचारियों से कहीं अधिक है। यह सब धन कहाँ से आता है? हमारी भूमि से। यही कारण है कि ज़मीन पर दिनोंदिन लगान बढ़ता जाता है, दिनोंदिन भाँति-भाँति के कर लगते जाते हैं कि किसी तरह यह शासन का बढ़ा हुआ खर्च पूरा पड़े। शिक्षा के लिए रुपयों का सदैव रोना रहता है। स्वास्थ्य रक्षा के लिए धन का सदैव तोड़ा रहता है लेकिन पुलीस और सेना के लिए कभी धन की कमी नहीं रहती। स्वराज्य होने से इस दशा में बहुत कुछ सुधार होने की सम्भावना है। अभी विश्वस्त रूप से यह तो नहीं कहा जा सकता कि इस शासन का खर्च घटाने में सफल होंगे लेकिन इसमें लेशमात्र भी सन्देह नहीं है कि कुछ न कुछ किफायत जरूर होगी। हम पुलीस की इतनी बड़ी संख्या न रखेंगे और पुलीस के उच्च अधिकारियों की संख्या घटाने का प्रयत्न किया जाएगा। खर्च की सबसे बड़ी मद सेना है। हम इतनी बड़ी और इतनी महँगी सेना न रक्खेंगे। गोरे सिपाहियों पर बहुत ज्यादा खर्च पड़ता है। गोरे अफसरों को भी लम्बी-लम्बी तनख्वाह देनी पड़ती है। इसकी जगह देशवासी ही अफसर होंगे और सिपाहियों की भी संख्या घटा दी जायगी। देश रक्षा के लिए स्वयंसेवकों की सेना बनायी जाएगी, स्थायी सेना के कम हो जाने से खर्च में बहुत बचत हो जाएगी। राज्यकर्मचारियों में अधिकांश इसी देश के लोग होंगे और उन्हें इतना वेतन न देना पड़ेगा। इसी मद से भी बहुत खासी बचत हो जाएगी। यह भ्रम है कि स्थायी सेना को घटा देने से अन्य जातियाँ हमारे ऊपर आक्रमण करेंगी। इस समय सब देश अपनी आन्तरिक उन्नति के उद्योगों में लगे हुए हैं और बोलशेविजम्म के भावों के कारण उन्हें अपना ही घर सँभालना मुश्किल पड़ रहा है। और जिस तरह इस मत का प्रचार बढ़ रहा है उससे बहुत कम राष्ट्रों को

दूसरे राष्ट्रों पर आक्रमण करने की फुरसत या हविश रह जाएगी। बोलशेविज्म का सुधरा हुआ जो रूप आगे बच रहेगा सम्भव है उसमें एक दूसरे पर आक्रमण करके उसका धन धान्य हरण करने का रिवाज ही उठ जाय। हम यदि किसी को न सतावेंगे तो दूसरे हमको क्यों सताने लगे। संसार से सैनिकता के उठ जाने के शुभ लक्षण जान पड़ रहे हैं। इसलिए हमें सेना और शासन विभागों में जो बचत होगी वह स्वास्थ्य रक्षा और शिक्षोन्नति में खर्च होगी। इतना करने पर बहुत सम्भव है कि हमारा भूमि-कर इससे हल्का हो जाय और अन्य कर तोड़ दिये जायं। हमारे नेता लोग भूमि-कर को हल्का करने के लिए सरकार से सदा अनुरोध करते आये हैं। जब प्रबन्ध उनके हाथों में आ जाएगा तो वह अवश्य अपने सिद्धान्त का पालन करेंगे और हमारे किसानों के सिर से लगान का भारी बोझा उतर जायेगा। हमारी अदालतों पर भी इस समय भारी व्यय होता है। न्याय इतना महँगा हो गया है कि बेचारे गरीबों के लिए वह दुर्लभ हो गया है। तब अदालतों का बहुत-सा काम पंचायतों को सौंप दिया जाएगा और जनता को बिना घरबार रेहन किए न्याय मिल जाया करेगा। अवैतनिक कर्मचारियों की संख्या बढ़ा देने से भी अदालतों के खर्च में कमी की जा सकेगी।

जब जनता के पास धन एकत्र हो जाय तो वह उससे किसी न किसी काम में लगाना चाहेगी। इस प्रकार देश की व्यावसायिक और व्यापारिक उन्नति होगी। अभी सरकार ने मालगाड़ियों के ऐसे नियम बना रक्खे हैं, विलायत के सौदागरों के माल भेजने के ऐसे सुभीते कर रक्खे हैं कि वह यहाँ सस्ता माल भेज सकें। यह देश अभी कौशल और कलों से काम करने में निपुण नहीं है। इसका फल यह हो रहा है कि बाहर से सस्ती चीजों के पट जाने के कारण हम अपने शिल्पादि को सँभाल नहीं सकते। तब रेलगाड़ियाँ हमारे इन्तजाम में होंगी। हम अपनी सुविधानुसार आने जानेवाले माल का महसूल बढ़ा घटा सकेंगे। बाहर से आनेवाली सस्ती चीजों पर कड़ा कर लगाकर विदेशी माल को रोक सकेंगे और स्वदेशी वस्तुओं को प्रोत्साहन देकर उनका प्रचार बढ़ा सकेंगे। इन थोड़े दिनों में हमारा देश किसी अन्य देश का मुहताज न रहेगा। हमारे यहाँ वह सभी जिन्सें पैदा होती हैं या पैदा की जा सकती हैं जो मानव जीवन के लिए आवश्यक हैं। फिर हमें किसी दूसरे देश का मुहताज क्यों रहना पड़े? यह भी याद रखना चाहिए कि हमारा देश कृषि प्रधान है। शिल्प और उद्योग यहाँ सदैव कृषि के नीचे ही रहेगा। अतएव हम अपने यहाँ बहुत बड़े-बड़े कारखाने क़ायम नहीं कर सकते क्योंकि इससे मजूर लोग शहर में बसने लगते हैं और नाना प्रकार की आदतों में पड़ कर अपने शरीर और आत्मा दोनों का ही सर्वनाश करते हैं। कलकत्ता, बम्बई, अहमदाबाद आदि स्थानों में मजूरों की दशा अत्यन्त शोचनीय हो रही है। हमें यही उद्योग करना चाहिए कि हमारा ग्राम्य जीवन जो स्वास्थ्य रक्षा और आचरण की पवित्रता का

पोषक है नष्ट न होने पावे। इसलिए हमें प्रायः उन्हीं उद्योग धन्धों का प्रचार करना होगा जो कृषक लोग घर बैठ कर अवकाश के समय कर सकें। छोटे-छोटे कारखाने अलबत्ता कस्बों में खोले जा सकते हैं। इसमें सन्देह नहीं कि इस व्यावसायिक नीति से हम विदेशी वस्तुओं का मुकाबला न कर सकेंगे। लेकिन जब हम कर लगा कर विदेशी वस्तुओं को रोक देंगे तो उनसे मुकाबला करने का प्रश्न ही न रह जाएगा। इसके सिवा हम तो केवल अपनी ज़रूरत को पूरा करने के लिए शिल्प और कला की उन्नति चाहते हैं। हमारा उद्देश्य कदापि नहीं है कि सस्ता माल बना कर निर्बल देशों पर पटकें और व्यवसाय के बहाने उन पर आधिपत्य जमाएँ। हम सुख और शान्ति से रहना चाहते हैं, किसी को सताना या दबाना नहीं चाहते। हम उतना ही कपड़ा बनाना चाहते हैं जिससे हमारी प्रजा का तन ढँक जाय। मैनचैस्टर, लंकाशायर आदि की भाँति दूसरे देश के गले अपना सस्ता माल नहीं मढ़ना चाहिए। इसी व्यावसायिक चढ़ा ऊपरी के कारण योरोप की जातियों में नित्य वैमनस्य बना रहता है, एक दूसरे को शत्रु समझती हैं। उसका भयंकर परिणाम वह महा समर था जिसका अभी तक निबटारा नहीं हुआ। हम इस संग्राम से दूर रहना चाहते हैं। खिलाफत का प्रश्न, जिसने संसार के समस्त मुसलमानों को बेचैन कर रक्खा है, बहुत कुछ इसी व्यावसायिक चढ़ा ऊपरी से सम्बन्ध रखता है। फ्रांस शामदेश को नही छोड़ता इसलिए कि वह शाम के बन्दरगाहों से अपना माल अरब देश में ला सके। अँग्रेज लोग बसरा और बगदाद नहीं छोड़ना चाहते क्योंकि वहाँ मिट्टी के तेल की खानें हैं। इस व्यावसायिक स्वार्थपरता को छिपाने के लिए तरह-तरह के नैतिक ढकोसले गढ़ते जाते हैं और हम उस देश को छोड़ दें तो वहाँ अराजकता फैल जाएगी, वहाँ के लोग एक दूसरे से लड़ मरेंगे इत्यादि।

कुछ सज्जनों का कहना है कि इस व्यावसायिक काम में हम संसार से अलग-अलग नहीं रह सकते। हमारा देश कोई कुटी नहीं है कि उसका द्वार बन्द करके हम शान्ति से बैठें। यह सर्वथा सत्य है। हम भी ऐसा करना नहीं चाहते। हम अन्य देशों से ज्ञान विज्ञान सीखना चाहते हैं। उनके आचार विचार से परिचित रहना चाहते हैं, किन्तु इसका यह आशय नहीं है कि हम अन्य देशों की व्यावसायिक पराधीनता स्वीकार करें। जर्मनी, फ्रांस आदि उन्नत देश भी अपने देश के व्यापार की रक्षा के लिए रक्षणकारी कर लगाते हैं। केवल इंग्लिस्तान अबाध वाणिज्य का पक्षपाती है, लेकिन वहाँ भी नीतिज्ञ इस नीति के विरोधी हैं और देश की वस्तुओं की रक्षा करने के लिए अन्य वस्तुओं पर कर लगाने का प्रयत्न कर रहे हैं। आजकल सारे अँग्रेजी साम्राज्य के नेता लोग इन्हीं प्रश्नों पर विचार करने के लिए लंदन में जमा हुए हैं। भारत से भी माननीय श्रीनिवास शास्त्री जी इस कांफ्रेंस में सम्मिलित होने के लिए गये हैं। जब ऐसे समुन्नत देशों का यह हाल है तो भारत यदि अपने व्यापार की रक्षा करे तो कोई अनुचित बात नहीं है।

रेल विभाग का प्रबन्ध अभी तक अँग्रेजी कम्पनियों के हाथों में है। यद्यपि कई रेल की शाखाएँ अब सरकार की सम्पत्ति हो गयी हैं पर सरकार ने उनका प्रबन्ध अपने हाथ में न लेकर कम्पनियों पर ही छोड़ दिया है। इस काम के लिए वह कम्पनियों को चार रु. पाँच रु. सैकड़ा नफा देती है। हमारे नेता सरकार से बार-बार कह चुके हैं कि वह रेलों का इन्तज़ाम स्वयं करे किन्तु सरकार इस ओर ध्यान नहीं देती। इसी बात की जाँच करने के लिए अभी हाल में एक कमेटी बैठी थी। मालूम नहीं उसने क्या निश्चय किया। कम्पनी के इन्तज़ाम से प्रजा को जो कष्ट होता है। कम्पनी प्रजा के सुख और सुभीते पर ध्यान नहीं देती, केवल अपने लाभ पर ध्यान रखती है। रेल के विभागों में ऊँचे पदों पर कोई हिन्दुस्तानी नियुक्त नहीं होने पाता। रेलगाड़ियों में जनता को जो कष्ट होता है वह हम अपनी आँखों से देखते हैं। आमदनी का बहुत बड़ा हिस्सा जनता की जेब से आता है लेकिन अव्वल और दूसरे दरज़े के मुसाफिरों के लिए जहाँ सजी हुई गाड़ियाँ होती हैं, सजी हुई भोजन की गाड़ियाँ और ठहरने के स्थान होते हैं वहाँ सर्वसाधारण को तीसरे दरज़े की गाड़ियों में भूसे की भाँति भरा जाता है और वह पशुओं की तरह मुसाफिर-खानों में पड़े रहते हैं, उन्हें स्टेशनों पर पानी तक नहीं मिलता। स्वराज्य रेलों का सारा प्रबन्ध हमारे हाथ में रख देगा और तब हम—तीसरे दरजे के मुसाफिरों के सुख के लिए यथोचित विधान करेंगे। मालगाड़ियों के इन्तज़ाम में भी हम अँग्रेज व्यापारियों के फायदे के लिए अपने देश के व्यापारियों का नुकसान न करेंगे। तब हमारे व्यापारी मालगाड़ियों के लिए स्टेशन मास्टरों की खुशामद न करेंगे और न बड़ी-बड़ी रिश्वत देंगे। उन्हें ज़रूरत के अनुसार सुगमता से गाड़ी मिल जाया करेगी और माल के रुके रहने से उन्हें जो हानि होती है वह कदापि न होने पाएगी।

मादक वस्तुओं का त्याग करना स्वराज्य प्राप्ति का उपाय है। सरकार को मादक पदार्थों की बिक्री और अफीम के बनाने से करोड़ों रुपयों की आमदनी होती है। यह अधर्म का धन है और अधर्म के धन को भोग करके कोई देश सुखी नहीं रह सकता। मादक वस्तुओं से मनुष्य की जो शारीरिक और आत्मिक हानि होती है उसका उल्लेख करने की जरूरत नहीं है। हम सभी जानते हैं कि इसका नतीजा खराब होता है। गरीबों की पसीने की कमायी नष्ट हो जाती है और वह दरिद्र होकर भाँति-भाँति के दुःख झेलते हैं। हर्ष की बात है कि जिन जातियों को नीच कहा जाता है वह इस बुरी प्रथा को छोड़ रहे हैं लेकिन उच्च जातियों के लोग जो शराब की जगह भाँग और अफीम का सेवन करते हैं इनके त्यागने का नाम भी नहीं लेते। उनके विचार में भाँग या अफीम त्याज्य नहीं। यह उनकी भूल है। मादक वस्तुएँ सभी हानिकर हैं और हमारा कर्तव्य है कि उन्हें स्वयं छोड़ें और यथाशक्ति दूसरों से छुड़वाएँ।

उपसंहार

स्वराज्य क्या है, उसके पाने के क्या उपाय हैं और हमारे क्या लाभ होंगे इनका संक्षिप्त वर्णन हम ऊपर कर चुके हैं। हमारे देश में काँग्रेस ही वह संस्था है जो स्वराज्य सम्बन्धी बातों का प्रचार करती है। महात्मा गाँधी उस सभा के मुखिया हैं। उन्होंने स्पष्ट कह दिया है कि स्वराज्य के सुख भोगना चाहते हो तो चर्खे चलाओ, स्वदेशी वस्तुओं को ग्रहण करो, अदालतों को छोड़ो, पंचायतों द्वारा अपने कलहों का फैसला कराओ। नशे की चीज़ों को त्यागो, वकालत के निकृष्ट पेशे को छोड़ो और राष्ट्रीय शिक्षा का उचित प्रबन्ध करो। महात्मा गाँधी देश के भक्त हैं। उन्होंने देश के लिए अपना सर्वस्व त्याग दिया है। हमारी भलाई के लिए वह रात दिन हिन्दुस्तान भर में दौड़ रहे हैं। यदि ऐसे बुद्धिमान और दूरदर्शी नेताओं की अधीनता में हम स्वराज्य न ले सकेंगे तो फिर हमको बहुत काल तक पछताना पड़ेगा क्योंकि ऐसे महान पुरुष संसार में बिरले ही जन्म लिया करते हैं। यह समझना चाहिए कि परमात्मा ने उन्हें भारत का उद्धार करने के लिए अवतरित किया है और यदि हम उनकी आज्ञा न मानें तो हमारा परम दुर्भाग्य है। हम सबको, चाहे विद्यार्थी हों या सौदागर, ब्राह्मण हों या शूद्र, चाहिए कि इस पवित्र उद्योग में अपने नेताओं का हाथ बँटाएँ। ईर्ष्या, द्वेष और स्वार्थपरता को कुछ दिनों के लिए भुला दें और एक दिल हो कर स्वराज्य प्राप्ति के लिए उद्योग करें, खुद चरखे चलाएँ और अपनी घरवालियों से चलवाएँ। क्योंकि इस समय यह आपत्ति धर्म है, इससे मुँह न मोड़ना चाहिए। अगर घर पीछे एक छटाँक सूत भी रोज निकलने लगे तो देश का बड़ा कल्याण हो और एक छटाँक सूत कातने में घंटे से ज्यादा समय नहीं लग सकता।

हमारी ईश्वर से प्रार्थना है कि वह हमें सद्बुद्धि दें और इस उच्च और पवित्र काम में हमारी सहायता करें।

साम्प्रदायिकता और संस्कृति

साम्प्रदायिकता सदैव संस्कृति की दुहाई दिया करती है। उसे अपने असली रूप में निकलते शायद लज्जा आती है, इसलिए वह गधे की भाँति जो सिंह की खाल ओढ़ कर जंगल के जानवरों पर रोब जमाता फिरता था, संस्कृति का खोल ओढ़ कर आती है। हिन्दू अपनी संस्कृति को क़यामत तक स्वरक्षित रखना चाहता है, मुसलमान अपनी संस्कृति को। दोनों ही अभी तक अपनी-अपनी संस्कृति को अछूती समझ रहे हैं, यह भूल गये हैं, कि अब न कहीं मुसलिम-संस्कृति है, न कहीं हिन्दू-संस्कृति, न कोई अन्य संस्कृति, अब संसार में केवल एक ही संस्कृति है और वह है आर्थिक संस्कृति, मगर हम आज भी हिन्दू और मुसलिम संस्कृति का रोना रोये चले जाते हैं। हालाँकि संस्कृति का धर्म से कोई सम्बन्ध नहीं। आर्य संस्कृति है, ईरानी संस्कृति है, अरब संस्कृति है, लेकिन ईसाई संस्कृति और मुसलिम या हिन्दू संस्कृति नाम की कोई चीज़ नहीं है। हिन्दू मूर्ति पूजक है, तो क्या मुसलमान कब्र-पूजक और स्थान पूजक नहीं हैं, ताज़िए को शर्बत और शीरीनी कौन चढ़ाता है, मसजिद को खुदा का घर कौन समझता है। अगर मुसलमानों में एक सम्प्रदाय ऐसा है, जो बड़े-से-बड़े पैगम्बरों के सामने सिर झुकाना भी कुछ समझता है, हिन्दुओं में भी एक सम्प्रदाय ऐसा है जो देवताओं को पत्थर के टुकड़े और नदियों को पानी की धारा और धर्म ग्रन्थों को गपोड़े समझता हे। यहाँ तो हमें दोनों संस्कृतियों में कोई अन्तर नहीं दीखता।

तो क्या भाषा का अन्तर है? बिलकुल नहीं। मुसलमान उर्दू को अपनी मिल्ली भाषा कह लें, मगर मदरासी मुसलमान के लिए उर्दू वैसी ही अपरिचित वस्तु है, जैसे मदरासी हिन्दू के लिए संस्कृत। हिन्दू या मुसलमान जिस प्रान्त में रहते हैं, सर्व-साधारण की भाषा बोलते हैं, चाहे वह उर्दू हो या हिन्दी, बंगला हो या मराठी। बंगाली मुसलमान उसी तरह उर्दू नहीं बोल सकता और न समझ सकता है, जिस तरह बंगाली हिन्दू। दोनों एक ही भाषा बोलते हैं। सीमा प्रान्त का हिन्दू उसी तरह पश्तो बोलता है, जैसे वहाँ का मुसलमान।

फिर क्या पहनावे में अन्तर है? सीमाप्रान्त के हिन्दू और मुसलमान आपके

सामने खड़े कर दिये जायँ, कोई तमीज नहीं। हिन्दू स्त्री-पुरूष भी मुसलमानों के-से शलवार पहनते हैं, हिन्दू-स्त्रियाँ मुसलमान स्त्रियों की ही तरह कुरता और ओढ़नी पहनती-ओढ़ती हैं। हिन्दू-पुरुष भी मुसलमानों की तरह कुलाह और पगड़ी बाँधता है। अक्सर दोनों ही दाढ़ी भी रखते है। बंगाल में जाइए, वहाँ हिन्दू और मुसलमान-स्त्रियाँ दोनों ही साड़ी पहनती हैं, हिन्दू और मुसलमान-पुरुष दोनों ही कुरता और धोती पहनते हैं। तहमद की प्रथा बहुत हाल में चली है, जब से साम्प्रदायिकता ने जोर पकड़ा है।

खान-पान को लीजिए। अगर मुसलमान माँस खाते हैं, तो हिन्दू भी अस्सी फीसदी माँस खाते हैं। ऊँचे दरजे के हिन्दू भी शराब पीते हैं ऊँचे दरजे के मुसलमान भी। नीचे दरजे के हिन्दू भी शराब पीते हैं, नीचे दरजे का मुसलमान भी। मध्यमवर्ग के हिन्दू या तो बहुत कम शराब पीते हैं, या भाँग के गोले चढ़ाते हैं, जिसका नेता हमारा पंडा पुजारी क्लास है। मध्यवर्ग के मुसलमान भी बहुत कम शराब पीते हैं, हाँ कुछ लोग अफीम की पीनक अवश्य लेते हैं, मगर इस पीनक-बाजी में हिन्दू भाई मुसलमानों से पीछे नहीं हैं। हाँ मुसलमान गाय की कुर्बानी करते हैं और उसका माँस खाते हैं, लेकिन हिन्दुओं में भी ऐसी जातियाँ मौजूद हैं, जो गाय का माँस खाती हैं, यहाँ तक कि मृतक माँस भी नहीं छोड़ती, हालाँकि बधिक और मृतक माँस में विशेष अन्तर नहीं है। संसार में हिन्दू ही एक ऐसी जाति है, जो गो-माँस को अखाद्य या अपवित्र समझती है। तो क्या इसलिए हिन्दुओं को समस्त संसार से धर्म-संग्राम छेड़ देना चाहिए?

संगीत और चित्रकला भी संस्कृति का एक अंग है, लेकिन यहाँ भी हम कोई सांस्कृतिक भेद नहीं पाते। वही राग-रागिनियाँ दोनों गाते हैं और मुगल काल की चित्रकला से भी हम परिचित हैं। नाट्य कला पहले मुसलमानों में न रही हो, लेकिन आज इस शीशे में भी मुसलमानों को उसी तरह पाते हैं जैसे हिन्दुओं को।

फिर हमारी समझ में नहीं आता, कि वह कौन-सी संस्कृति है, जिसकी रक्षा के लिए साम्प्रदायिकता इतना जोर बाँध रही है। वास्तव में संस्कृति की पुकार केवल ढोंग है, निरा पाखंड। और इसके जन्मदाता भी वही लोग हैं, जो साम्प्रदायिकता की शीतल छाया में बैठे विहार करते हैं। वह सीधे-सादे आदमियों को साम्प्रदायिकता की ओर घसीट लाने का केवल एक मंत्र है और कुछ नहीं। हिन्दू और मुसलिम संस्कृति के रक्षक वही महानुभाव और वही समुदाय हैं जिनको अपने ऊपर, अपने देशवासियों के ऊपर और सत्य के ऊपर कोई भरोसा नहीं, इसलिए अनन्त तक एक ऐसी शक्ति की जरूरत समझते हैं, जो उनके झगड़ों में सरपंच का काम करती रहे। इन संस्थाओं को जनता के सुख-दुःख से कोई मतलब नहीं, उनके पास ऐसा कोई सामाजिक या राजनैतिक कार्यक्रम नहीं है, जिसे राष्ट्र के सामने रख सकें। उनका काम केवल एक-दूसरे का विरोध करके सरकार के सामने फ़रियाद

करना और इस तरह विदेशी शासन को स्थायी बनाना है। उन्हें किसी हिन्दू या किसी मुसलिम शासन की अपेक्षा विदेशी शासन कहीं सह्य है। वे ओहदों और रियायतों के लिए एक दूसरे से चढ़ा-ऊपरी करके जनता पर शासन करने में शासक के सहायक बनने के सिवा और कुछ नहीं करते। मुसलमान अगर शासकों का दामन पकड़कर कुछ रियायतें पा गया है, तो हिन्दू क्यों न सरकार का दामन पकड़े और क्यों न मुसलमानों ही की भाँति सुर्खरु बन जाय। यही उनकी मनोवृत्ति है। कोई ऐसा काम सोच निकालना, जिससे हिन्दू और मुसलमान दोनों एक होकर राष्ट्र का उद्धार कर सकें, उनकी विचार शक्ति से बाहर है। दोनों ही साम्प्रदायिक संस्थाएँ मध्यवर्ग के धनिकों, जमींदारों, ओहदेदारों और पद-लोलुपों की हैं। उनका कार्य क्षेत्र अपने समुदाय के लिए ऐसे अवसर प्राप्त करना है, जिससे वह जनता पर शासन कर सकें, जनता पर आर्थिक और व्यावसायिक प्रभुत्व जमा सकें। साधारण जनता के सुख-दुख से उन्हें कोई प्रयोजन नहीं। अगर सरकार की किसी नीति से जनता को कुछ लाभ होने की आशा है और इन समुदायों को कुछ क्षति पहुँचने का भय है, तो वे तुरन्त उसका विरोध करने को तैयार हो जायगी। अगर और ज्यादा गहराई तक जायँ, तो हमें इन संस्थाओं में अधिकांश ऐसे सज्जन मिलेंगे जिनका कोई-न-कोई निजी हित लगा हुआ है। और कुछ न सही तो हुक्काम के बंगलों पर उनकी रसाई ही सरल हो जाती है। एक विचित्र बात है कि इन सज्जनों की अफसरों की निगाह में बड़ी इज्जत है, इनकी वे बड़ी खातिर करते हैं। इसका कारण इसके सिवा और क्या है कि वे समझते हैं, ऐसों पर ही उनका प्रभुत्व टिका हुआ है। आपस में खूब लड़े जाओ, खूब एक दूसरे को नुकसान पहुँचाओ। उनके पास फरियाद ले जाओ, फिर उन्हें किसका गम है, वे अमर हैं। मजा यह है कि बाजों ने यह पाखंड फैलाना भी शुरू कर दिया है कि हिन्दू अपने बूते पर स्वराज्य प्राप्त कर सकते हैं। इतिहास से उसके उदाहरण भी दिये जाते हैं। इस तरह की गलतफहमियाँ फैलाकर इसके सिवा कि मुसलमानों में और ज्यादा बदगुमानी फैले और कोई नतीजा नहीं निकल सकता। अगर कोई जमाना था, जब मुसलमानों के राजकाल में हिन्दुओं ने स्वाधीनता पायी थी, तो कोई ऐसा काल भी था, जब हिन्दुओं के जमाने में मुसलमानों ने अपना साम्राज्य स्थापित किया था। उन जमानों को भूल जाइए। वह मुबारक दिन होगा, जब हमारी शालाओं से इतिहास उठा दिया जाएगा। यह जमाना साम्प्रदायिक अभ्युदय का नहीं है। यह धार्मिक युग है और आज वही नीति सफल होगी जिससे जनता अपनी आर्थिक समस्याओं को हल कर सके, जिससे यह अन्धविश्वास, यह धर्म के नाम पर किया गया पाखंड, यह नीति के नाम पर गरीबों को दुहने की कृपा मिटायी जा सके। जनता को आज संस्कृतियों की रक्षा करने का न अवकाश है न जरूरत। 'संस्कृति' अमीरों का, पेटभरों का, बेफिक्रों का व्यसन है। दरिद्रों के लिए प्राण-रक्षा ही सबसे

बड़ी समस्या है। उस संस्कृति में था ही क्या, जिसकी वे रक्षा करें। जब जनता मूर्छित थी, तब उस पर धर्म और संस्कृति का मोह छाया हुआ था। ज्यों-ज्यों उसकी चेतना जागृत होती जाती है। वह देखने लगी है कि यह संस्कृति केवल लुटेरों की संस्कृति थी, जो राजा बनकर, विद्वान बनकर, जगत सेठ बनकर जनता को लूटती थी। उसे आज अपने जीवन की रक्षा की ज्यादा चिन्ता है, जो संस्कृति की रक्षा से कहीं अधिक आवश्यक है। उसी पुरानी संस्कृति में उसके लिए मोह का कोई कारण नहीं है। और साम्प्रदायिकता उसकी आर्थिक समस्याओं की तरफ से आँखें बन्द किये हुए ऐसे कार्यक्रम पर चल रही है, जिससे उसकी पराधीनता चिरस्थायी बनी रहेगी।

[15 जनवरी, 1934]

मनुष्यता का अकाल

हिन्दू-मुस्लिम एकता के बारे में इस वक़्त मुसलमान क़ौम के बड़े लोगों ने बार-बार की उत्तेजना के बावजूद जो अच्छी रविश अख़्तियार की है, और जिस सूझ-बूझ और दूरंदेशी का सबूत दिया है उस पर हिन्दुओं को शर्मिन्दा होना चाहिए। अब तक उन्हें यह दावा था कि स्वराज्य के लिए हम जितनी कुर्बानियाँ कर सकते हैं, उतनी मुस्लिम सम्प्रदाय नहीं करता। वह हिन्दुस्तान में रहकर, हिन्दुस्तान का दाना-पानी खाकर अरब और अजम के सपने देखा करता है। उसे स्वराज्य की उतनी फ़िक्र नहीं है जितनी पैन-इसलाम की। एक बार जब मौलाना शौकत अली ने किसी खिलाफ़त के जलसे में कहा था कि अगर मुसलमान को किसी क़ौमी काम के लिए एक रुपया देना मंजूर हो, तो वह चौदह आने खिलाफ़त को दे और दो आने काँग्रेस को, इस क़ौल को हिन्दू अखबारों ने बड़े निष्ठुर ढंग से बहुत ज़्यादा महत्व दिया और उसे अपनी बात को प्रमाण के रूप में पेश किया।

इस क़ौल का तक़ाज़ा तो यह था कि हिन्दू महाशय अपने दिल में लज्जित होते कि एक मुसलमान को जो अपना सब कुछ भारतमाता की नज़र कर चुका हो, इस तरह दोनों में भेद करने की ज़रूरत पड़ी क्योंकि जाहिर है कि अगर हिन्दुओं ने खिलाफत के मसले को महात्मा गाँधी की व्यापक दृष्टि से देखा होता तो मौलाना साहब को यह बात कहने का कोई मौका ही न था। मगर सच्चाई यह है कि हिन्दुओं ने कभी खिलाफ़त के महत्व को ही नहीं समझा और न समझने की कोशिश की, बल्कि उसको संदेह की दृष्टि से देखते रहे। मगर अब जिसे न्याय की दृष्टि मिली हुई हो, वह चाहे तो देख सकता है कि वही व्यक्ति हिन्दू-मुसलिम एकता को, जो दूसरे शब्दों में स्वराज्य है, कितना महत्त्वपूर्ण समझता है और उसके लिए कितनी बड़ी कुर्बानियाँ करने के लिए तैयार है। हिन्दू क़ौम कभी अपनी राजनीतिक उदारता के लिए मशहूर नहीं रही और इस मौके पर तो उसने जितनी संकीर्णता का परिचय दिया है, उससे मजबूरन इस नतीजे पर पहुँचना पड़ता है कि इस क़ौम को राजनीतिक दीवाला हो गया वर्ना कोई वजह न थी कि सारी हिन्दू

क़ौम सामूहिक रूप से कुछ थोड़े से उन्मादग्रस्त तथाकथित देशभक्तों की प्रेरणा से इस तरह पागल हो जाती। हम कहते हैं कि अगर हिन्दुओं में एक भी किचलू, मुहम्मद अली या शौकत अली होता तो हिन्दू-संगठन और शुद्धि की इतनी गर्मबाज़ारी न होती और इन हंगामों में काफ़ी कमी हो जाती जो इस वैमनस्य के कारण दिखायी पड़ते हैं। मगर अफ़सोस के साथ कहना पड़ता है कि काँग्रेस ने भी समग्र रूप से इन आन्दोलनों से अलग-अलग रहने के बावजूद व्यक्तिगत रूप से उसमें शामिल होने में कुछ भी उठा नहीं रक्खा। इतना ही नहीं, एक भी जिम्मेदार काँग्रेस नेता ने ऐलान करके इन आन्दोलनों के खिलाफ़ आवाज बुलन्द करने का साहस नहीं किया। पंडित मोतीलाल नेहरू, पं. जवाहरलाल नेहरू, लाला भगवानदास, लाला श्रीप्रकाश इन आदमियों में, जिनसे ज़्यादा नैतिक साहस से काम लेने की आशा की जा सकती थी, मगर इन सभी लोगों ने एक रोज अपने विरोध और अपनी आशंका को व्यक्त करके दूसरे रोज़ उसका खंडन कर दिया और डंके की चोट पर यह कहा कि शुद्धि और संगठन के बारे में हमने जो खयाल जाहिर किया था वह गलतफहमियों पर आधारित था। जब ऐसे-एसे लोग दबाव में आ जायँ तो फिर इन्साफ़ की उम्मीद किससे की जाए। अगर मौलाना मुहम्मद अली और शौकत अली की तरह इन सज्जनों ने भी अपनी कौम को इन आन्दोलनों के हानिकर और सांघातिक परिणाम बतलाये होते और उसके खिलाफ़ बाक़ायदा व्यवस्थित ढंग से प्रयत्न करते तो यक़ीनन आज हिन्दू-मुस्लिम सम्बन्ध इतने खिंचे हुए न होते। मगर जो राजनीतिक दूरदर्शिता सदियों से खत्म हो चुकी हो उससे और क्या हो सकता है। एक स्त्री ने सारे योरोप को दाँतों तले उँगली दबाने पर मजबूर कर दिया। हिन्दुओं में ऐसे व्यक्ति पैदा करने के लिए अभी सदियाँ लगेंगी। आज कौन-कौन हिन्दू है जो हिन्दू-मुस्लिम एकता के लिए जी-जान से काम कर रहा हो, जो उसे हिन्दोस्तान की सबसे महत्वपूर्ण समस्या समझता हो, जो स्वराज्य के लिए एकता को बुनियादी शर्त समझता हो। क़ौम का यह दर्द, यह टीस, यह तड़प आज हिन्दुओं में कहीं दिखायी नहीं देती। दस-पाँच हज़ार मलकानों को शुद्ध करके लोग फूले नहीं समाते, मानो अपने लक्ष्य पर पहुँच गये, अब स्वराज्य हासिल हो गया! हमें याद नहीं आता कि आज तक किसी हिन्दू ने वैसे पवित्र, ऊँचे, दैवी प्रेरणा के भाव व्यक्त किये हों जो इस रामलखन की जोड़ी ने जेल से निकलते ही रो-रो कर भीगी हुई आँखों से निकलती हुई दर्द की आवाज की तरह व्यक्त किये हैं। यह है वह राष्ट्रीय भावना जो राष्ट्रों के बेड़े पार करती है, उनकी नैया किनारे लगाती है। यह क़ौमी मेल-जोल और एक-दूसरे के प्रति सहिष्णुता का चमत्कार है। हमारे पास वह शब्द नहीं है जो उस कृतज्ञता को ज्ञापित कर सके, जो हर एक देशभक्त हिन्दू के दिल में इन आदरणीय व्यक्तियों के लिए उबल रहा है।

हमको यह मानने में कोई संकोच नहीं है कि इन दोनों सम्प्रदायों में कशमकश और सन्देह और घृणा की जड़ें इतिहास में हैं। मुसलमान विज़ेता थे, हिन्दू विजित। मुसलमानों की तरफ़ से हिन्दुओं पर अक्सर ज़्यादतियाँ हुईं और यद्यपि हिन्दुओं ने मौक़ा हाथ आ जाने पर उनका जवाब देने में, कोई कसर नहीं रखी, लेकिन कुल मिलाकर यह कहना ही होगा कि मुसलमान बादशाहों ने सख़्त से सख़्त जुल्म किये। हम यह भी मानते हैं कि मौजूदा हालात में अजान और कुर्बानी के मौक़ों पर मुसलमानों की तरफ़ से ज़्यादतियाँ होती हैं और दंगों में भी अक्सर मुसलमानों ही का पलड़ा भारी रहता है। ज़्यादातर मुसलमान अब भी 'मेरे दादा सुल्तान थे' नारे लगाता है और हिन्दुओं पर हावी रहने की कोशिश करता रहता है। तबलीग के मामले में ज़्यादती मुसलमानों ने की और हिन्दुओं की रोज़ घटती हुई संख्या के कारण भी किसी हद तक वही है। मगर इन सारे क़ारणों और दलीलों और घटनाओं को नज़र के सामने रखते हुए हम यह कहना चाहते हैं कि हिन्दुओं को इससे कहीं ज़्यादा राजनीतिक सहिष्णुता से काम लेने की ज़रूरत है। इतिहास से उत्तराधिकार में मिली हुई अदावतें मुश्किल से मरती हैं, लेकिन मरती हैं, अमर नहीं होतीं। दुनिया के इतिहास में इसकी मिसालें न मिलती हों, ऐसी बात नहीं है और अगर न भी मिलती हों तो कोई वजह नहीं कि हम इसे ताबीज़ की तरह अपने गले में लटकाये रहें। हिन्दुओं के त्यौहारों और जुलूसों के मौक़े पर अक्सर मुसलमानों की तरफ़ से यह तक़ाज़ा होता है कि मसजिदों के सामने नमाज़ के मौके पर बाजा और शादियाने न बजाये जायँ। यह बहुत ही स्वाभाविक माँग है। शोर-गुल से निश्चय ही उपासना में विघ्न पड़ता है और अगर मुसलमान इस शोर-गुल को बन्द करने पर ज़ोर देते हैं तो हिन्दुओं को चाहिए कि वह उनकी दिलजोई करें। यह तो हिन्दुओं को उनके आग्रह के बिना भी, भगवान के प्रति सम्मान की दृष्टि से ही कर्त्तव्य है, न कि जब कोई उन्हें उनका कर्त्तव्य याद दिलाये तो उससे लड़ने के लिए तैयार हो जायँ। हिन्दू कहेंगे कि हमारे मन्दिरों के सामने से मुसलमानों के जुलूस भी बाजे बजाते न निकलें। ऊपरी दृष्टि से तो यह बात बिलकुल न्याय की मालूम होती है कि लेकिन व्यवहार में इसका यह परिणाम होना सम्भव है कि शहरों में बाजे क़तई बन्द कर दिये जायँ क्योंकि मन्दिरों की संख्या इतनी अधिक है कि किन्हीं-किन्हीं शहरों में तो हर एक घर के बाद मन्दिर दिखाई पड़ता है। फिर हिन्दुओं की सन्ध्या-हवन तो एकान्त में होती है। लेकिन देवताओं की पूजा अक्सर घंटे और घड़ियाल के साथ हुआ करती है। तो जब वह उपासना के लिए स्वयं भी मौन आवश्यक नहीं समझते तो किस मुँह से मुसलमानों से इस चीज़ की माँग कर सकते हैं। तो भी हम यह कह देना उचित समझते हैं कि जब उपासना एक ही परमात्मा की है और केवल उसके बाह्य रूप में भेद है तो हिन्दू लोग क्यों इसकी राह देखें कि जब मुसलमान हमारे

धर्म का आदर करेंगे तो हम भी उनके धर्म का आदर करेंगे। अगर धर्म का आदर करना अच्छा है तो हर हालत में अच्छा है। इसके लिए किसी शर्त की ज़रूरत नहीं। अच्छा काम करनेवाले को सब अच्छा कहते हैं। बुनियादी मामलों में दबने से आबरू में बट्टा लगता है, दीन-धर्म के मामले में दबने से नहीं। हम यह कल्पना नहीं कर सकते कि हम किसी धर्म का आदर करें और वह हमारे धर्म का अपमान करे। थोड़ी देर के लिए यह भी सुन लें। अगर मुसलमानों का आम ग़ैर-ज़िम्मेदार तबक़ा हमारे बाजों को मसजिदों के सामने बन्द होते देखकर तालियाँ बजाएगा और बड़ी शान के साथ कहेगा 'दब गये, दब गये' तो इतना सुन लेने में क्या बुराई है। निश्चय ही मुसलिम लीडरान इस हालत को ज्यादा अर्से तक कायम न रहने देंगे। यह किसी मजहब के लिए शान की बात नहीं है कि वह दूसरों की धार्मिक भावना को ठेस पहुँचाये। गौकशी के मामले में हिन्दुओं ने शुरू से अब तक एक अन्यायपूर्ण ढंग अख्तियार किया है। हमको अधिकार है कि जिस जानवर को चाहे पवित्र समझें लेकिन यह उम्मीद रखना कि दूसरे धर्म को माननेवाले भी वैसा ही पवित्र समझें, खामख़ाह दूसरों से सर टकराना है। गाय सारी दुनिया में खायी जाती है, इसके लिए क्या आप सारी दुनिया को गर्दन मार देने के क़ाबिल समझेंगे? यह किसी खूँ-खार मजहब के लिए भी शान की बात नहीं हो सकती कि वह सारी दुनिया से दुश्मनी करना सिखाये, न कि हिन्दू जैसे दार्शनिक, व्यापक और सुसंस्कृत के लिए जिसका सबसे पवित्र सिद्धान्त हो 'अहिंसा परमो धर्मः'। अगर हिन्दुओं को अभी यह जानना बाक़ी है कि इन्सान किसी हैवान से कहीं ज़्यादा पवित्र प्राणी है, चाहे वह गोपाल की गाय हो या ईसा का गधा, तो उन्होंने अभी सभ्यता की वर्णमाला भी नहीं समझी। हिन्दुस्तान जैसे कृषि-प्रधान देश के लिए गाय का होना एक वरदान है, मगर आर्थिक दृष्टि के अलावा उसका और कोई महत्त्व नहीं है। लेकिन गोरक्षा का सारे हो-हल्ले के बावजूद हिन्दुओं ने गोरक्षा का ऐसा कोई सामूहिक प्रयत्न नहीं किया जिससे उनके दावे का व्यावहारिक प्रमाण मिल सकता। गौरक्षिणी सभाएँ कायम करके धार्मिक झगड़े पैदा करना गो रक्षा नहीं है। इस सूबे में अधिकांश ज़मींदार हिन्दू हैं। उन्होंने गोचर ज़मीन का कोई इन्तज़ाम किया या जहाँ पहले से इन्तज़ाम था वहाँ उसे खत्म नहीं कर दिया? जिस मुल्क में तम्बाकू और चाय और नील और रबर की खेती के लिए काफ़ी जमीन हो वहाँ मौज़ों में गोचर का न होना अधिक आर्थिक खींच-तान की दलील हो सकती है, गोरक्षा की दलील हरगिज़ नहीं हो सकती। जब हम देखते हैं कि बैलों के लिए चारा मयस्सर नहीं तो गायों के लिए (वह भी जब बुड्ढी, मरियल कमज़ोर हो जायँ) चारा इकट्ठा करने की दिक़्क़त का हाल किसी किसान से पूछिए। वह गायों की भूख से एड़ियाँ रगड़-रगड़कर मरने के बदले उन्हें कसाई के हवाले कर देना ज़्यादा अच्छा समझता है।

रहा तबलीग़ का मसला। इसमें दो रायें नहीं हो सकतीं, क्योंकि हर मज़हब को इसका काफ़ी अख्तियार है बशर्ते कि उद्देश्य सच्चे अर्थों में धर्म का संस्कार और सिद्धान्तों का प्रचार हो। जब उसमें कोई राजनीतिक उद्देश्य छिपा होता है तो वह फ़ौरन एक सियासी मामले की सूरत अख़्तियार कर लेता है। दुर्भाग्य से वर्तमान समय में धर्म विश्वासों के संस्कार का साधन नहीं, राजनीतिक स्वार्थ सिद्धि का साधन बना लिया गया है। उसकी हैसियत पागलपन की-सी हो गयी है जिसका वसूल है कि सब कुछ अपने लिए और दूसरों के लिए कुछ नहीं। जिस दिन यह आपस की होड़ और दूसरे से आगे बढ़ जाने का खयाल धर्म से दूर हो जायगा, उस दिन धर्म-परिवर्तन पर किसी के कान न खड़े होंगे।

ग़रज़ कि जिन कारणों का ऊपर ज़िक्र हुआ उनमें एक भी ऐसा नहीं है जो हिन्दुओं के लिए 'हमारी जान खतरे में है' की हाँक लगाने को उचित ठहरा सके। इस ख़ास मौके पर हिन्दू संगठन की पुकार ने हिन्दू-मुस्लिम एकता को जो ठेस पहुँचाई है, उसका बुरा असर अगर दूर भी होगा तो बहुत दिनों में होगा। हिन्दू और मुसलमान न कभी दूध और चीनी थे, न होंगे और न होने चाहिए। दोनों की अलग-अलग सूरतें बनी रहनी चाहिए और बनी रहेंगी। ज़रूरत सिर्फ़ इस बात की है कि उनके नेताओं में परस्पर सहिष्णुता और उत्सर्ग की भावना हो। आम तौर पर हमारे नेता वह सज्जन होते हैं जो अपने सम्प्रदाय की मुसीबतों ओर शिकायतों का हमेशा बहुत सरगर्मी से रोना रोया करते हैं। वह अपने सम्प्रदाय के लोगों की दृष्टि में लोकप्रिय बनने के लिए उसकी भावनाओं को उकसाते रहते हैं और समझौते के मुक़ाबिले में, जो उनके उस विलाप को बन्द कर देगा, झगड़े को कायम रखना ज़्यादा ज़रूरी समझते हैं। हिन्दुओं में इस वक़्त सहिष्णु नेताओं का अकाल है। हमारा नेता वह होना चाहिए जो गम्भीरता से समस्याओं पर विचार करे। मगर होता यह है कि उसकी जगह शोर मचानेवालों के हिस्से में आ जाती है जो अपनी ज़ोरदार आवाज़ से जनता की गन्दी भावनाओं को उभाड़कर उन पर अपना अधिकार जमा लिया करते हैं। वह क़ौम को दरगुजर करना नहीं सिखाता, लड़ना सिखाता है। उसका फ़ायदा इसी में है। कोई आदमी ऐसी उलटी बुद्धि का नहीं हो सकता कि उसे इस नाजुक मौक़े पर दोनों सम्प्रदायों की आपसी खींच-तान के नतीजे न दिखाई दें और अगर है तो हमें उसकी नीयत में सन्देह है। इस सन्देह की पुष्टि इस कारण से और भी होती है कि इस आन्दोलन के शुरू करनेवाले और कार्यकर्त्ता अधिकतर वह लोग हैं जो राजनीतिक मामलों में हिस्सा लेने से कावा काटते रहते हैं या उसमें हिस्सा लेते भी हैं तो आबरू बचाये हुए। वर्ना हिन्दू संगठन के बनारस में आयोजित जलसे में ज़मींदारों और राजाओं की इतनी बड़ी संख्या न दिखाई देती। जिधर देखिए राजे-महराजे और सेठ-महाजन ही नज़र आते थे। उनके पीछे चलनेवालों में अधिकतर वह लोग थे जिनका पुश्तैनी पेशा गुलामी

है, जिन्हें शुरू से यह शिकायत है कि मुसलमान सरकारी नौकरियाँ हड़प कर जाते हैं और हमारा हाल पूछनेवाला कोई नहीं है, जिनके लिए एक मुसलमान सब-इंसपेक्टर या कुर्क अमीन की नियुक्ति चीन के इन्कलाब या तुर्की की फ़तेह से ज़्यादा बड़ी घटना है।

हमारे रईसों ने जन-आन्दोलनों की तरफ अब तक जो रवैया अख्तियार किया है उसने उन्हें एक नापने का आला बना दिया है जिससे हुक्काम के हथकंडों का साफ़-साफ़ पता चलता है। हिन्दू-मुस्लिम एकता हुक्काम की नज़रों में काँटे की तरह खटकती थी इसलिए जब धनी-मानी लोग किसी ऐसे आन्दोलन का उत्साह से स्वागत करें जिससे एकता को नुकसान पहुँचने का यक़ीन हो तो ज़ाहिर है कि उनका उसमें शरीक होना उनके अपने मन की बात नहीं, बल्कि किसी की प्रेरणा से होनेवाली बात है। वर्ना जिन लोगों ने सख़्त कानून पास करने में गवर्नमेंट का साथ दिया वह हिन्दू संगठन के जलसे में इस ज़ोर-शोर से हरगिज़ शरीक न होते। मगर यहाँ तो यक़ीन था कि हमारी कोशिशें ऊपरवालों की दुनिया में क़ब्र की निगाहों से देखी जा रही हैं। तो फिर क्यों न हाथों से पुण्य लूटें, क़ौम रहे या मिटे, इसकी क्या फ़िक्र। यह एक सच्ची बात है कि हुक्काम ने भी हिन्दू संगठन के आन्दोलन से हमदर्दी दिखलायी। इसलिए रईसों का उसमें ज़ोर-शोर से बड़ी संख्या में शरीक होना ज़रूरी था। उनके योगदान पर खुशी ज़ाहिर करना घटनाओं से अपनी नादानी ज़ाहिर करना है।

इन धार्मिक आवेशों को भड़काने का इल्ज़ाम सबसे ज़्यादा कौंसिलों की माँग करनेवालों की गर्दनों पर है। चाहे वह हिन्दू हों या मुसलमान। काँग्रेस ने लिबरल नेताओं का पर्दाफ़ाश कर दिया था। रईस और ताल्लुक़ेदार भी जनता की नज़रों से गिर चुके थे। वह हज़रात जिन्होंने देशभक्ति के अपने तमाम दावों के बावजूद वकालत या सरकारी नौकरी न छोड़ी थी, पब्लिक की निगाहों में अपनी प्रतिष्ठा खो बैठे थे। इस बहुसंख्यक जमात के लिए अपनी खोयी हुई आबरू हासिल करने का, अपनी साख जमाने का, अपनी क़ौमेपरस्ती का सबूत देने का, और ऐसे मौक़े पर जब कौंसिलों का चुनाव पास था, इससे बेहतर और कौन मौक़ा हाथ आ सकता था? 'हिन्दू क़ौम खतरे में है' का नारा मारकर वह लोग हिन्दुओं के हितैषी बनना चाहते थे। मुसलिम जमात में भी उनकी तादाद कम न थी। धार्मिक पक्षपातों को भड़काना शुरू किया गया। राय साहब और खान साहब अपने गुप्त स्थानों से निकल पड़े और जनता की दोस्ती का दम भरने लगे। एक तरफ़ से आवाज़ आयी, हिन्दुओं को खिलाफ़त के आन्दोलन से सावधान रहना चाहिए क्योंकि यह उनकी हस्ती को मिटा देगा। दूसरी तरफ़ नारएतकबीर बुलन्द हुआ, हिन्दू हम पर हावी होते जो रहे हैं, स्वराज्य से दूर रहना हमारा कर्त्तव्य है। कहीं किसी म्यूनिसिपैलिटी ने क़ानूनन् गौकुशी बन्द की। बावेला मच गया। शोर मचानेवालों की कमी न थी।

जेल जाना था, तब शान्तिपूर्वक अपने-अपने कोनों में दुबके बैठे थे। अब जेल का डर नहीं, इज्ज़त बढ़ने की उम्मीद थी। फिर क्यों चुप रहें। सवाल-जवाब शुरू हुआ। रोज़ ब रोज़ लहजा सख्त होता गया। इधर 'लीडर' था तो उधर ढेरों उर्दू अखबार ऐंग्लो-इंडियन अफ़सरों के निर्देशानुसार मैदान में आ खड़े हुए। युद्ध की घोषणा हो गयी। जो इस हँगामें को ठंडा कर सकते थे, वह जेल में थे। उनकी जगह लिबरल हज़रात ने ली। नतीजा जो कुछ हुआ, जाहिर है। वह क़ौम के दोस्त साबित हो गये। सरकार से भी वाहवाही मिली। फूट का बीज बोया गया; काँग्रेस की जड़ खोदने के लिए। उसकी प्रतिष्ठा मिट्टी में मिलाने के लिए। उसे पब्लिक की नज़रों में ज़लील करने के लिए। और चूँकि काँग्रेस का एक हिस्सा खुद ही लिबरल सज्जनों के से स्वार्थवाला था, उसने भी इस चिनगारी को भड़काया कि कहीं हम अपना भरम न खो बैठें। काँग्रेस के लीडरों ने भी अपराधियों जैसे मौन से काम लिया। यह है उस खींचतान का भेद जो इस वक्त क़ौम का सबसे नाजुक मसला बना हुआ है। यह सारी आग लगाने की कोशिशें या तो महज कौंसिलों में वोट हासिल करने के लिए की गयीं या सरकार को खुश करने लिए। बस। लेकिन इसका असर लक्ष्य-सिद्धि के बाद बरसों तक क़ायम रहेगा। सितम यह है कि अब भी हिन्दू क़ौम के अलमबरदार एकता के महत्व को समझने में असमर्थ हैं। चुनाँचे कौंसिलों में जानेवालों की कमी नहीं है, हिन्दू संगठन को ताक़त पहुँचानेवालों की कमी नहीं है, ऐतिहासिक विद्वेषों के मुर्दे उखाड़नेवालों की कमी नहीं है—कमी है तो एकता के लिए अपने को समर्पित कर देनेवालों की, एकता के लिए मिट जानेवालों की। मुसलमानों में अली बरादरान, मौलाना अबुलकलाम आजाद, डाक्टर किचलू एकता के लिए अपने को समर्पित कर चुके हैं। हिन्दुओं में यह क़तार ख़ाली है। कितने शर्म की बात है कि जिस एकता को महात्मा गाँधी ने स्वराज्य की पहली सीढ़ी क़रार दिया हो उसके लिए एक प्रभावशाली हिन्दू बुजुर्ग पूरी तरह तैयार नहीं है। अगर यही रफ्तार है तो स्वराज्य मिल चुका, और अगर हलवाई की दूकान पर दादे का फ़ातिहा पढ़ा जाना मुमकिन हो तो हमें स्वराज्य के नाम पर फ़ातिहा पढ़ लेना चाहिए।

[ज़माना, फरवरी 1924]

मानसिक पराधीनता

हम दैहिक पराधीनता से मुक्त होना चाहते हैं; पर मानसिक पराधीनता में अपने-आपको स्वेच्छा से जकड़ते जा रहे हैं। किसी राष्ट्र या जाति का सबसे बहुमूल्य अंग क्या है? उसकी भाषा, उसकी सभ्यता, उसके विचार, उसका कलचर। यही कलचर हिन्दू को हिन्दू, मुसलमान को मुसलमान और ईसाई को ईसाई बनाये हुए है। मुसलमान इसी कलचर की रक्षा के लिए हिन्दुओं से अलग रहना चाहता है, उसे भय है कि सम्मिश्रण से कहीं उसके कलचर का रूप ही विकृत न हो जाय। इसी तरह हिन्दू भी अपने कलचर की रक्षा करना चाहता है; लेकिन क्या हिन्दू और क्या मुसलमान दोनों अपने कलचर की रक्षा की दुहाई देते हुए भी उसी कलचर का गला घोंटने पर तुले हुए हैं।

कलचर (सभ्यता या परिष्कृति) एक व्यापक शब्द है। हमारे धार्मिक विचार, हमारी सामाजिक रूढ़ियाँ, हमारे राजनैतिक सिद्धान्त, हमारी भाषा और साहित्य हमारा रहन-सहन, हमारे आचार-व्यवहार, सब हमारे कलचर के अंग हैं; पर आज हम कितनी बेदर्दी से उसी कलचर की जड़ काट रहे हैं। पश्चिमवालों को शक्तिशाली देखकर हम इस भ्रम में पड़ गये हैं, कि हममें सिर से पाँव तक दोष ही दोष है, और उनमें सिर से पाँव तक गुण ही गुण। इस अन्धभक्ति में हमें उनके दोष भी गुण मालूम होते हैं और अपने गुण भी दोष। भाषा ही को ले लीजिए। आज अँग्रेजी हमारे सभ्य-समाज की व्यावहारिक भाषा बनी हुई है। सरकारी भाषा तो वह है ही, दफ्तरों में तो हमें अंग्रेजी में काम करना ही पड़ता है; पर उस भाषा की सत्ता के हम ऐसे भक्त हो गये हैं, कि निजी चिट्ठियों में, घर की बातचीत में भी उसी भाषा का आश्रय लेते हैं। स्त्री पुरुष को अँग्रेज़ी में पत्र लिखती है, पिता पुत्र को अंग्रेजी में पत्र लिखता है। दो मित्र मिलते हैं, तो अंग्रेजी में वार्तालाप करते हैं, कोई सभा होती है, तो अँग्रेजी में। डायरी अँग्रेज़ी में लिखी जाती है। वाह! क्या भाषा है! क्या लोच है! कितनी मार्मिकता है, विचारों को व्यंजित करने की कितनी शक्ति, शब्द-भंडार कितना विशाल, साहित्य कितना बहुमूल्य, कितना परिष्कृत, कविता कितनी मर्मस्पर्शिणी, गद्य कितना अर्थबोधक! जिसे देखो अंग्रेज़ी

जबान पर लट्टू, उसके नाम पर कुर्बान है। यहाँ तक कि हमारी योग्यता और विद्वता की यही एक परख हो गयी है, कि हम अंग्रेजी बोलने या लिखने में कितने कुशल हैं। आठवें क्लास से अंग्रेजी के मुहाविरों की रटन शुरू हो जाती है, पर्यायों के सूक्ष्म अर्थभेद पर विचार होने लगता है, अपनी अँग्रेजी वक्तृता में अँग्रेजों का ऐक्सेंट और उच्चारण कैसे लायें, इस प्रयत्न में जान खपा दी जाती है। अगर किसी स्वर का उच्चारण अँग्रेजों से उनके मौखिक गठन के दोषों के कारण नहीं होता, तो हम भी अपने में वही बात पैदा करेंगे। आज तक 'the' जैसे साधारण शब्द का भी ठीक उच्चारण—जो अँग्रेजों को भी जँचे—बहुत कम लोग कर सकते हैं और हमारी यह मनोवृत्ति राष्ट्रीय भावों के साथ ही साथ बढ़ती चली जाती है। यहाँ तक कि अँगेजी ही पठित-समाज की भाषा बन गयी है। अपनी भाषा में बात-चीत करते समय कभी-कभी एकाध अँग्रेजी शब्द आ जाने को तो हम मुआफ़ी के क़ाबिल समझते हैं; लेकिन दुख तो यह है, कि ऐसे सज्जनों की भी कमी नहीं है, जो बहुत थोड़ी-सी अँग्रेजी ही में अपनी योग्यता का प्रदर्शन करते हैं। अँग्रेज स्वप्न में भी किसी अँग्रेज से गैर अंग्रेजी भाषा में न बोलेगा; मगर यहाँ हम आपस में ही अंग्रेजी बोलकर अपनी मानसिक दासता का ढिंढोरा पीटते हैं। मैं उस मनोवृत्ति की कल्पना भी नहीं कर सकता, जो एक ही भाषा-भाषियों को अँग्रेजी में बातें करने की प्रेरणा करती है। किसी मदरासी, बंगाली या चीनी से तो अंग्रेजी में बातें करने का कोई अर्थ हो सकता है। उनसे बातें करनी जरूरी हैं और इस वक्त और कोई ऐसी भारतीय भाषा नहीं, जिसका सभी प्रान्तवालों का एक-सा ज्ञान हो; मगर एक ही प्रान्त के रहनेवाले, एक ही भाषा के बोलनेवाले, क्यों आपस में अंग्रेजी बोलें, क्यों अंग्रेजी में पत्र लिखें, क्यों 'प्रणाम' या 'नमस्कार' या 'बन्दे' या 'नमस्ते' का 'तस्लीम' करने के बदले 'मार्निंग-मार्निंग' कहें, यह मेरी समझ में नहीं आता। क्यों 'हल्लो' ही मुँह से निकले, मैं इसकी कल्पना नहीं कर सकता। संसार में ऐसे प्राणियों की कमी नहीं है, जो मँगनी की चीजों का व्यवहार करके भी सिर उठाकर चलते हैं। उन्हें यही खुशी है, कि लोग मुझे इन चीजों का स्वामी समझते होंगे। अंग्रेजी का व्यवहार करनेवालों की मनोवृत्ति भी कुछ इसी तरह की होती है। या तो उनका अभिप्राय यह होता है कि देखें हम दोनों में कौन अच्छी अँग्रेजी बोलता है, या यह कि देखो, हम जितनी सफ़ाई से अँग्रेजी बोलते हैं, तुम में वह सफ़ाई नहीं है। और इसका परिणाम यह होता है कि अच्छी अंग्रेजी लिखनी और बोलनी तो आ जाती है; पर अपनी भाषा भूल जाती है, या हेय और तुच्छ समझकर भुला दी जाती है। यह हमारे शिक्षित-समुदाय की लल्जाजनक ही नहीं, शोकजनक मानसिक दासता है।

फ्रांसीसी कवि फ्रेंच में कविता करता है, जर्मन, जर्मन में, रूसी रशियन में, कम से कम जिन रचनाओं पर उसे गर्व होता है, वह अपनी ही भाषा में करता है;

लेकिन हमारे यहाँ के सारे कवि और सारे लेखक अंग्रेजी में लिखने लगें, अगर केवल कोई प्रकाशक उनकी रचनाओं को छापने पर तैयार हो जाय! जिन्हें प्रकाशक मिल जाते हैं, वह चूकते भी नहीं, चाहे अँगेज आलोचक उनका मज़ाक ही क्यों न उड़ावें; मगर वह खुश हैं।

हम मानते हैं, कि अंग्रेजी भाषा प्रौढ़ है, हरेक प्रकार के भावों को आसानी से जाहिर कर सकती है और भारतीय भाषाओं में अभी वह बात नहीं आयी; लेकिन जब वही लोग, जिन पर भाषा के निर्माण और विकास का दायित्व है, दूसरी भाषा के उपासक हो जावें, तो उनकी अपनी भाषा का भविष्य भी तो शून्य हो जाता है। फिर क्या विदेशी साहित्य की नींव पर आप भारतीय राष्ट्रीयता की दीवार खड़ी करेंगे? यह हिमाकत है। आज हमारा पठित-समाज साधारण जनता से पृथक् हो गया है। उसका रहन-सहन, उसकी बोल-चाल, उसकी वेष-भूषा, सभी उसे साधारण समाज से अलग कर रहे हैं। शयद वह अपने दिल में फूला नहीं समाता, कि हम कितने विशिष्ट हैं। शायद वह जनता को नीच और गँवार समझता है; लेकिन वह खुद जनता की नज़रों से गिर गया है। जनता उससे प्रभावित नहीं होती, उसे 'किरंटा' या 'बिगड़ैल', या 'साहब बहादुर' कहकर उसका बहिष्कार करती है और आज खुदा न ख्वासता वह किसी अँग्रेज के हाथों पिट रहा हो, तो उसकी दुर्गति का मजा उठावेंगे, कोई उसके पास भी न फटकेगा। जरा इस गुलामी को देखिए, कि हमारे विद्यालयों में हिन्दी या उर्दू भी अँग्रज़ी द्वारा पढ़ायी जाती है। अगर बेचारा हिन्दी-प्रोफ़ेसर अँग्रेज़ी में लेक्चर न दे, तो छात्र उसे नालायक समझते हैं। आदमी के मुख में कलंक लग जाय तो वह शर्माता है, उस कलंक को छिपाता है, कम से कम उस पर गर्व नहीं करता; पर हम अपनी दासता के कलंक को दिखाते फिरते हैं, उसकी नुमाइश करते हैं, उस पर अभिमान करते हैं, मानो वह नेकनामी का तमगा हो, या हमारी कीर्ति की ध्वजा। बाह री भारतीय दासता, तेरी बलिहारी है!

भाषा को छोड़िए, वेष-भूषा पर आइए। आप उन साहब बहादुर को देख रहे हैं, जो हैट-कैट लगाये, गरूर से इधर-उधर देखते चले जा रहे हैं। यह हमारे हिन्दुस्तानी योरोपियन हैं। रास्ते से हट जाओ, साहब बहादुर आते हैं! साहब को सलाम करो, आप पूरे साहब बहादुर हैं! मुझे तो आप सिर से पाँव तक गुलाम नज़र आते हैं, जो अपनी गुलामी का उसी बेशर्मी से प्रदर्शन कर रहे हैं, जैसे कोई वेश्या अपने हाव-भाव का। आपमें आत्मबल अवश्य है, बड़े ऊँचे दरजे का आत्मगौरव, आप लोक-मत को ठुकरा देते हैं, किसी के नाक-भौं सिकोड़ने की परवा नहीं करते, जो अपने स्वार्थ के लिए उपयोगी या अपनी मनोतुष्टि के लिए वांछनीय समझते हैं, वह अबाध्य रूप स करते हैं। क्यों लोकमत का आदर करें! लोकमत के गुलाम नहीं; लेकिन उसी आत्मगौरव के पुतले से कहिए, कि जरा शाम को बिना

फेल्टकैप लगाये किसी अँगेजी-क्लब में चला जाय, तो उसके हाथ-पाँव फूल जाएँगे, खून ठंढा हो जायगा, चेहरा फक़ हो जायगा! क्यों? इसलिए कि उसका आत्म-गौरव केवल अपने भाइयों पर रोब जमाने के लिए है, उसमें सार का नाम नहीं। वह जिस समाज में मिलना चाहता है, उसकी छोटी से छोटी रूढ़ियों की भी अवहेलना नहीं कर सकता। जनता को वह समझता है, हमारा कर ही क्या लेगी, यह खुश रहे तो क्या, और नाराज रहे तो क्या, यह हमारा कुछ बना-बिगाड़ नहीं सकती। जिनसे कुछ बनने-बिगड़ने का भय है उनके सामने वह भीगी बिल्ली बन जाता है। अपने एक मित्र साहब बहादुर से मैंने पूछा—तुम इस ठाठ से क्यों रहते हो, तो बड़े दार्शनिक भाव से बोले—इसलिए कि अँग्रेजों से मिलने जाता हूँ, तो जूते बाहर नहीं उतारने पड़ते। जो लोग अचकन और टोपी पहनकर जाते हैं, उन्हें जूते उतार देने पड़ते हैं। मैं कहता हूँ, जो स्वार्थ लेकर अँग्रेजों से मिलने नहीं जाते, वह अचकन नहीं, मिर्जइ भी पहने हों, तो उन्हें जूते उतारने की जरूरत नहीं और जो स्वार्थ लेकर जाते हैं, वह किसी वेष में हों, उनकी आत्मा दबी रहती है। ऐसे प्राणियों की दशा उस आदमी की सी है, जो अपने कपड़े पर एक दाग को छिपाने के लिए सारा कपड़ा ही काला रँग ले। अगर स्वार्थ मजबूर कर रहा हो, तो मेरे विचार में तो जूते उतार देना इससे कहीं अच्छा है, कि हम उस अपमान से बचने के लिए बेहयाई का एक अपराध और अपने सिर पर लें। यह मत समझो, कि अँग्रेज तुम्हारा कोट-पैंट देखकर तुम्हारा ज्यादा आदर करता है। और अगर ऐसा हो भी, तो अपना वेष छोड़कर उस आदर को लेना, एक प्याले शोरबे के लिए अपने जन्म-सिद्ध गौरव को बेचना है। एक दूसरे मित्र से यही प्रश्न किया, तो बोले—इससे सफर करने में बड़ा सुभीता होता है, जनता समझती है यह कोई साहब है, मेरे डब्बे में नहीं आती। एक और साहब ने कहा—अंग्रेजी कपड़े पहनने में देह में बड़ी चुस्ती और फुरती आ जाती है। गरज, लोग तरह-तरह की दलीलों से आपका समाधान कर देंगे। मैं पूछता हूँ—क्यों साहब, क्या सारी चुस्ती और फुरती अँग्रेजी कपड़ों में ही है? क्या यह कोई तिलिस्माती चीज है, कि बदन पर आयी और आपकी देह में स्फूर्ति दौड़ी! यह दलीलें लगों और लचर हैं। हाँ, इस तर्क में अवश्य सार है, कि जब सारा संसार योरोपीय वेष के पीछे जा रहा है, तो आप उससे अलग कैसे जा सकते हैं। दूसरी दलील यह हो सकती है, कि हमारा कोई जातीय परिधान भी तो नहीं है। भिन्न-भिन्न प्रान्तीय परिधानों की अपेक्षा तो एक सार्वदेशिक योरीपीय परिधान का होना कहीं अच्छा है। बेशक यह टेढ़ा प्रश्न है। यह बात भी विचारणीय है, कि अन्य देशों में अमीर-गरीब सबका पहनावा एक ही है, चाहे उसके कपड़े में कितना ही अन्तर हो। आपके यहाँ किसान मिर्जई या नीमआस्तीन या कुर्ता-धोती पहनता है, कहीं शलवार है, कहीं पगड़ी, कहीं जांघिया। पहले एक जातीय ठाठ की सृष्टि तो कर लीजिए, फिर विलायती पहनावे पर

आक्षेप कीजिएगा। भाषा ही की भाँति एक जातीय पहनावा भी बरसों के बाद कहीं जाकर आविर्भूत होता है, किसी संस्था या नीति-द्वारा उसकी सृष्टि नहीं की जा सकती। अभी भारत के एक सार्वदेशिक परिधान के लिए बहुत दिनों तक इन्तजार करना पड़ेगा; मगर जब तक वह समय नहीं आता, तब तक के लिए हमारे विचार में इस नीति को सामने रखना चाहिए, कि यथासध्य जनरुचि का सम्मान किया जाय। अगर किसी प्रान्त में जनता कोट पहनती है, तो वहाँ के लिए कोट-पतलून ही उपयुक्त है। इसी भाँति जिन प्रान्तों में साधारण जनता कुरता और धोती पहनती है, वहाँ कुरता और धोती को ही जातीय परिधान के पद पर सम्मानित करना चाहिए। अभिप्राय केवल यह है, कि शिक्षित-समाज केवल अपनी विशिष्टता या प्रभुत्व जताने के लिए ऐसे वेष-भूषा का व्यवहार न करे जिसमें विदेशीपन की झलक आती हो। हो सकता है, कि कुछ लोगों को अंग्रेजी वेष में रहने पर भी जरा अभिमान या स्वार्थ-सिद्धि की भावना न हो; पर दुर्भाग्यवश यह विदेशी वेष जनता की आँखों में खटकता है और इसे धारण करनेवाले चाहे देवता ही क्यों न हों, वे स्वजाति के द्रोही और शासक जाति के अनन्य भक्त के रूप में नजर आते हैं, सम्भव है, स्वाधीन हो जाने पर यही हमारा स्वजातीय वेष हो जाय; लेकिन तब इसमें वह कुसंस्कार न रहेंगे, जिन्होंने इस वक्त इसे इतना अवहेलनीय बना रक्खा है। जरा सोचिए, क्या यह एक पढ़े-लिखे व्यक्ति को शोभा देता है, कि वह अपना रहन-सहन ऐसा बना ले, कि जनता उसे श्रद्धा की दृष्टि से देखने के बदले घृणा या भय की दृष्टि से देखे। किसी समय जनरुचि को पद-दलित करने का नतीजा बुरा भी हो सकता है, और यह तो स्पष्ट ही है, कि अगर जनता के हाथों में प्रभुत्व होता, तो बहुत से अँग्रेजी वेष के प्रेमी यह वेष धारण करने के पहले ज्यादा विचार से काम लेना आवश्यक समझते; मगर हमारी यह मनोवृत्ति भाषा और वेष तक ही रहती, तो अधिक चिन्ता की बात न थी। इसने हमारे कितने और सामाजिक विचारों पर भी अपना प्रभुत्व जमा लिया है और अभी से रोक-थाम न की गयी, तो एक दिन हमारी जातीय संस्कृति ही का लोप हो जायगा। यह एक साधारण-सी बात है, कि पराधीन जाति को अपने में सारी बुराइयाँ और राज्य करनेवाली जाति में भलाइयाँ ही भलाइयाँ नजर आती हैं। हमारी सभ्यता कहती है—अपनी जरूरतों को मत बढ़ाओ, ताकि तुम्हारी जात से कुटुम्ब और परिवार का भी कुछ उपकार हो। पश्चिमी सभ्यता का आदर्श है—अपनी जरूरतों को खूब बढ़ाओ, चाहे उसके लिए दूसरों की जेब ही क्यों न काटनी पड़े। अपने ही लिए जिओ और अपने ही लिए मरो। हमारी सभ्यता कृषि-प्रधान थी, हम गाँवों में रहते थे, जहाँ अपने आत्मीयजनों का संसर्ग बहुत-सी बुराइयों से हमारी रक्षा करता था। पश्चिमी सभ्यता व्यवसाय-प्रधान है और बड़े-बड़े नगरों का निर्माण करती है, जहाँ हम सारे बन्धनों से मुक्त होकर दुराचरण में पड़ जाते हैं। हमारी सभ्यता में सम्मिलित-कुटुम्ब

एक प्रधान अंग था। पश्चिमी सभ्यता में परिवार का अर्थ है—केवल स्त्री और पुरुष। दोनों में बुराइयाँ और भलाइयाँ, दोनों ही हैं; पर जहाँ एक में सेवा और त्याग प्रधान है, वहाँ दूसरे में स्वार्थ और संकीर्णता। हमारी सभयता में नम्रता का बड़ा महत्व था, पश्चिमी सभ्यता में आत्मप्रशंसा को वही स्थान प्राप्त है। अपने को खूब सराहो, अपने मुँह खूब मियाँ-मिट्ठू बनो। हमारी सभ्यता में धन का स्थान गौण था, विद्या और आचरण से आदर मिलता था। पश्चिमी सभ्यता में धन ही मुख्य वस्तु है। हम भी धन कमाते थे; पर दया के साथ। पश्चिम भी धन कमाता है; पर दया का नाम नहीं। हमारी सभ्यता का आधार धर्म था, पश्चिमी सभ्यता का आधार संघर्ष है।

लेकिन यहाँ हम अपने सद्गुणों की प्रशंसा नहीं करने बैठे हैं। हमारे कहने का तात्पर्य केवल यह है, कि हमें हरेक पश्चिमी चीज़ के पीछे आँखें बन्द करके चलने की जो प्रवृत्ति हो रही है, वह केवल हमारी मानसिक पराजय के कारण। हमारी सभ्यता में भी रोग थे; मगर उसकी दवा योरोपीय सभ्यता की अन्धभक्ति नहीं है। उसकी दवा हमें अपनी ही संस्कृति में खोजनी थी। योरोपीय सभ्यता की नक़ल करके हमें अपने यहाँ भी उन्हीं दवाओं का व्यवहार करना पड़ेगा, जो योरोप कर रहा है। योरोप पथ-भ्रष्ट है, उसे अपने लक्ष्य का ज्ञान नहीं और आज योरोप के विचारवान् लोग कह रहे हैं, कि यह संस्कृति अब विध्वंस के गर्त में जानेवाली है। क्या हम भी उन्हीं बुराइयों की नक़ल करके अपनी संस्कृति को भी विध्वंस के गर्त में ढकेलने की तैयारी करें? यह समझ लीजिए, कि यह राजनीतिक परिस्थिति नहीं रहेगी; पर इस परिस्थिति में हमने अपने अस्तित्व को खो दिया, अपने धर्म की सत्ता खो दी, अपनी संस्कृति को खो बैठे, तो हमारा अन्त हो जायगा।

[जनवरी 1931]

पूँजीवाद

पुराना ज माना : नया ज माना

पुराने ज़माने में सभ्यता का अर्थ आत्मा की सभ्यता और आचार की सभ्यता होता था। वर्तमान युग में सभ्यता का अर्थ है स्वार्थ और आडम्बर। उसका नैतिक पक्ष छूट गया। उसकी सूरत बदल कर अब वह हो गयी है जिसे हमारे पुराने लोग असभ्यता कहते। शारीरिक बनाव-सँवार और टीमटाम पुराने तर्ज़ की निगाहों में कभी अच्छी न समझी जाती थी। भोग-विलास के सामान इकट्ठा करना कभी पुरानी सभ्यता का लक्ष्य नहीं रहा। पुराने लोग सजावट और बनावट को घृणा की दृष्टि से देखते थे। उस समय सभ्य कहलाने के लिए यह ज़रूरी नहीं था कि आपका बैंक में इतना हिस्सा हो, आपके बाल एलबर्ट फ़ैशन के कटे हुए हों, आपकी दाढ़ी इटालियन या फ्रेंच हो, आपका कोट शिकारी हो या टेनिस हो या कैम्ब्रिज हो या चीनी या जापानी हो, आपके जूते डर्बी या पम्प हों। आपकी शेरवानी या सलीमशाही जूते पर उनकी निगाह न जाती थी। वे उसे शान कहें, प्रदर्शन कहें, शेखी कहें लेकिन सभ्यता हर्गिज़ न कहते, सभ्यता के नाम को बट्टा न लगाते। सभ्यता से उनका अभिप्राय नैतिक, आध्यात्मिक, हार्दिक था। उस समय वह व्यक्ति सभ्य था जिसका आचार पवित्र हो, जो धैर्यवान हो, गम्भीर हो, हँसमुख हो, विनयशील हो। बड़े-बड़े राजा-महाराजा संयासियों को देखकर आदरपूर्वक खड़े हो जाते थे। उनका सम्मान करते थे और केवल औपचारिक या प्रदर्शनपूर्ण सम्मान नहीं, हृदय से उनकी चारित्रिक शुद्धता और आध्यात्मिकता को सिर झुकाते थे, उनसे अपनी भेंट होने को जीवन का एक बड़ा प्रसाद समझते थे। इसका असर उनके मन पर होना ज़रूरी था। सिद्धार्थ, अशोक, शिलादित्य, जनक की उपासना, वैराग्य, तपस्या इन्हीं सत्संगों का परिणाम थी। उन लोगों की आज़ादी को देखिए कि वे अपने सिद्धान्तों के सामने सिंहासन और मुकुट की परवाह न करते थे। और एक यह स्वार्थपरता का युग है कि राजा-महाराजा पाँवों में ज़ंजीर होते हुए भी बादशाही के नाम पर मरते हैं। मिस्र, ईरान और यूरोप के पुराने इतिहासों में जनक और अशोक के उदाहरण मिलते हैं लेकिन आज अगर कोई अपना राज्य छोड़कर एकान्तवास करने लगे तो लोग यह समझेंगे कि उसका दिमाग खराब हो गया है।

पुरानी सभ्यता सर्वजन-सुलभ, प्रजातांत्रिक थी। उसकी जो कसौटी धन और ऐश्वर्य की आँखों में थी वही कसौटी साधारण और नीच लोगों की आँखों में भी थी। गरीबी और अमीरी के बीच उस समय कोई दीवार न थी। वह सभ्यता गरीबों को अपमानित न करती थी, उसको मुँह न चिढ़ाती थी, उसका मज़ाक़ न उड़ाती थी। ज्ञान और उपासना का, गम्भीरता और सहिष्णुता का सम्मान राजा भी करता था और किसान भी करता था। उनके दार्शनिक विचार अलग-अलग हों लेकिन सभ्यता की कसौटी एक थी। पर आधुनिक सभ्यता ने विशेष और साधारण में, छोटे और बड़े में, धनवान और निर्धन में एक दीवार खड़ी कर दी है। किसी बिसाती की दूकान पर जाइए, किसी दवाफ़रोश या सौदागर की दूकान को देखिए और आपको मालूम हो जाएगा कि वर्तमान सभ्यता कितनी सीमित और सविशेष है। आपके साबुन, बिस्कुट, लवेंडर की शीशियाँ, कुन्तल कौमुदी, दस्ताने, कमरबन्द, टाई, कॉलर, ट्रंक और भगवान जाने विलास की और कौन कौन-सी सामग्रियाँ दूकानों में सजी नज़र आएँगी, पेटेंट दवाएँ चुनी हुई हैं, लेकिन आपके कितने देशवासी उनसे लाभान्वित होते हैं? आपका आधुनिक शिक्षा से वंचित भाई आपको इस ठाट में देखता है और यह समझता है कि यह आदमी हममें से नहीं है, हम उनके नहीं हैं। फिर आप चाहे कितनी बुलन्द आवाज़ से राष्ट्रीयता की हाँक लगायें वह आपकी ओर ध्यान नहीं देता। वह आपको पराया समझ लेता है। आपके सर्कस और थियेटर में वह सहज सौन्दर्य कहाँ है जो पुराने ज़माने के मेलों और तमाशों में होता था? आपके काव्य में वह आकर्षण कहाँ है जो पुराने ज़माने के भजनों में होता था जिन्हें सुनकर अमीर और गरीब, राजा और रंक सब के सब सिर धुनने लगते थे? आधुनिक प्रणाली ने जनासाधारण को अपनी परिधि से बाहर कर दिया है। उसने अपनी दीवार आडम्बर पर खड़ी की है। भौतिकता और स्वार्थपरता उसकी आत्मा है। इसके बावजूद जनतांत्रिकता ही आधुनिक सभ्यता का सबसे प्रधान गुण कही जाती है।

वर्तमान सभ्यता का सबसे अच्छा पहलू राष्ट्रीयता की भावना का जन्म लेना है। उसे इस पर गर्व है और उचित गर्व है। लेकिन पुराने ज़माने में भी राष्ट्रीयता की भावना बिलकुल लुप्त न थी। यूनान और ईरान की लड़ाइयाँ, स्पेन और अरब की लड़ाइयाँ, हिन्द और अफगानिस्तान के झगड़े किसी न किसी हद तक राष्ट्रीयता के उदय और राष्ट्र-गौरव पर आधारित थे लेकिन आधुनिक सभ्यता में इस भावना को एक संगठित, अनुशासित, एकताबद्ध और व्यवस्थित रूप दे दिया है। पुराने ज़माने में इसका बोध विशेष अवसरों पर होता था। किसी अपमान का बदला, किसी ताने की चुभन या केवल वीरता का प्रदर्शन और विजयी बनने का उत्साह कुछ व्यक्तियों को एकता की डोर में बाँध देता था। एक उबाल था जो थोड़ी देर के लिए दिल को हिला देता था, एक तूफ़ान था कि जो कुछ देर तक

पानी की ठहरी हुई सतह में हलचल डाल देता था लेकिन उबाल के उतरते ही, तूफ़ान का ज़ोर खत्म होते ही अलग-अलग तत्व अपनी-अपनी स्वाभाविक स्थिति पर आ जाते थे और कुछ दिनों के बाद इन लड़ाइयों की याद खत्म हो जाती थी या ज़िन्दा रहती थी तो कवीश्वरों के कवित्तों में। बहुत बार धर्म के प्रचार के लिए ज़बान से खंजर की मदद ली जाती थी। पुरानी रवायतें आज तक नारए तकबीर व तकफ़ीर से गूँज रही हैं, मगर वे अस्थायी, क्षणिक उद्‌गार होते थे। उन्होंने सल्तनतें तबाह कर दीं, राष्ट्रों को ग़ारत कर दिया, प्रलय के दृश्य खड़े कर दिये, संस्कृति के चिह्न मिटा दिये मगर इससे इन्कार नहीं किया जा सकता कि वे वैयक्तिक और अस्थायी चीज़ें थीं। इसके विपरीत आधुनिक राष्ट्र एक स्थायी, टिकाऊ, सामूहिक और अनिवार्य भावना है। उसकी बुनियाद न व्यक्तिगत सत्ता पर है, न धार्मिक प्रचार पर बल्कि निश्चित समुदायों की भलाई और सेवा, शान्ति और दृढ़ता पर। वह पारिवारिक, सांस्कृतिक या धार्मिक सम्बन्धों से पृथक् है। वह वाह्यतः भौगोलिक सीमा पर आधारित है और आन्तरिक रूप से उद्देश्यों की एकता पर। वह शहद और दूध की नदी अपने क़ब्जे में रखना चाहती है और किसी दूसरे को उसका एक घूँट भी देना नहीं चाहती। वह खुद आराम से अपना पेट भरेगी चाहे दुनिया भूखों मरे, खुद हँसेगी चाहे दुनिया खून के आँसू रोये। अगर उसे लाल कपड़े पहनने की धुन हो जाये और लाल रंग खून से निकलता हो तो उसे दूसरों का खून करने में भी झिझक न होगी। अगर इन्सान के दिल का टुकड़ा उसके शरीर को ताक़त पहुँचाने वाला हो तो निश्चय ही हज़ारों आदमी उसके खंजर के नीचे तड़पते नज़र आएँगे। उसे अपना अस्तित्व संसार में आवश्यक मालूम होता है। बाक़ी दुनिया मिट जाए, उसे इसकी परवाह नहीं। स्वार्थपरता उसका धर्म, उसकी पुस्तक, उसका रास्ता सब कुछ है। सारी मानवीय भावनाएँ, सारे नैतिक प्रश्न इस हवस के पुतले के आगे सिर झुका देते हैं। यह कल और मशीन का युग है और राष्ट्र इस युग की सबसे स्पष्ट अभिव्यक्ति है। यह देव-जैसी मशीन दिन रात पागलों जैसी मगर सिपाहियों जैसी पाबन्दी के साथ चलती रहती है। कोई इसके घेरे में आ जाय यह उसे देखते-देखते निगल जाएगी, उसे पीस डालेगी। वह किसी पर दया नहीं करती, किसी के साथ रिआयत नहीं करती। वह एक भीमकाय रोलर है जिसमें व्यापार और प्रभुत्व की दो लाल-लाल आँखें घूर-घूरकर बेखबर लोगों को चेतावनी देती हैं कि खबरदार सामने न आना वर्ना पलक झपकते भर में मारे जाओगे। इस आधुनिक राष्ट्र ने संसार में एक रक्ताक्त जीवन-संघर्ष छेड़ दिया है। जिन मानव समुदायों ने अभी तक राष्ट्र का रूप नहीं ग्रहण किया वे उसके अत्याचारों का क्षेत्र हैं। वह अफ्रीका में जाती है और वहाँ के जंगलों और घाटियों को काले रंग के काफ़िरों से पाक कर देती है। वह एशिया में आती है और सभ्यता व शिक्षा का नारा बुलन्द करती है। उसके नेक इरादों में शक नहीं। वह किसी को गुलामी का

तौक़ नहीं पहनाती, मर्दों और औरतों को गुलाम नहीं बनाती, शहरों को जलाकर खाक नहीं करती मगर एक विचित्र-सा संयोग है कि जो ''अ-राष्ट्र'' प्रदेश इस राष्ट्र के हाथों बन्दी हुआ, उसका जीवन निराशा और अपमान की भेंट चढ़ जाता है।

प्राचीन युग को अन्धकार युग कहा जाता है मगर उस अन्धकार युग में सैनिक सेवा हर एक व्यक्ति की स्वेच्छा पर निर्भर थी। बादशाह किसी को ज़बर्दस्ती लड़ने पर मजबूर न कर सकता था। बहादुरी के मतवाले कर्त्तव्य या मित्रता या विशुद्ध लालच की पुकार सुनकर खड्ग-हस्त हो जाते थे लेकिन इस प्रकाशवान युग ने हर व्यक्ति को हत्या के लिए तत्पर बना दिया है। नारा व्यक्ति-स्वाधीनता का बुलन्द किया जाता है लेकिन सच तो यह है कि राष्ट्र ने व्यक्ति को मिटा दिया, व्यक्ति का अस्तित्व राष्ट्र या स्टेट में समाहित हो गया है। हम अब रियासत के गुलाम हैं। उसका अधिकार है चाहे हमको क़त्ल व खून पर मजबूर करे चाहे झगड़े-फ़साद पर। लंका में विभीषण ने अपने भाई रावण के खिलाफ़ रामचन्द्र की मदद की थी मगर विभीषण पूरी आज़ादी के साथ लंका में रहता था। रावण को कभी इतना साहस न हुआ कि वह विभीषण का एक बाल भी बाँका कर सके। आज लड़ाई के ज़माने में इस तरह का राजद्रोह कोर्टमार्शल का कारण बन जाता। विदुर कौरवों से वज़ीफ़ा पाता था लेकिन एलानिया पांडवों का साथ देता था। तो भी कौरवों ने, यद्यपि वे कर्त्तव्य भावना से रहित कहे जाते हैं, इस निर्भीक स्पष्टता के लिए विदुर को मार डालने के योग्य नहीं समझा। मगर आप कुछ भी कहें वह अँधेरा युग था, गुलामी और बदहाली से घायल और दुखी। और यह ज़माना जब दुश्मन की खूबियों को स्वीकार करना भी कुफ्र है, जब राष्ट्रीय धर्म से जौ भर की इधर-उधर होना अक्षम्य पाप है, प्रकाशवान, रौशन! अगर रोशनी का मतलब बिजली या गैस की रोशनी है। लेकिन अगर रोशनी का मतलब आत्मिक स्वतन्त्रता, बौद्धिक और सामाजिक शान्ति है तो अँधेरा युग इस रौशन ज़माने से कहीं अधिक प्रकाशवान था। ''राष्ट्र'' की शक्ति और प्रभुत्व पर ये सब पतिंगे न्यौछावर हैं! और क्या वह व्यापार और कल-कारखानों की उन्नति, तरह-तरह के यन्त्रों का आविष्कार, जिस पर नये युग को इतना गर्व है, विशुद्ध सौभाग्य है जब कि सिगरेट कौड़ियों के मोल बिकता है, बटन और टीन के खिलौने मारे-मारे फिरते हैं मगर दूध और घी, मकई और ज्वार का स्थायी अकाल पड़ा हुआ है, जब कि देहात उजड़ते जाते हैं और शहरों की आबादियाँ बढ़ती जाती हैं, जब कि प्रकृति की दी हुई सम्पदा को लात मार कर लोग बनावटी नुमायशी ढकोसलों पर जान दे रहे हैं, जब कि आदम के बेशुमार बेटे बदबूदार और अँधेरी कोठरियों में जिन्दगी बसर करने के लिए मजबूर हैं, जब कि लोग अपनी बिरादरी और पड़ोसियों की सीख न मानकर वासना के शिकार होते जाते हैं, जब कि बड़े-बड़े

व्यावसायिक नगरों में सतीत्व आवारा और परीशान रोता फिरता है (लन्दन में चालीस हज़ार से ज़्यादा वेश्याएँ हैं और कलकत्ते में सोलह हज़ार से ज़्यादा) जब कि आजाद मेहनत की रोटी खानेवाले इन्सान पूँजीपतियों के गुलाम होते जाते हैं, जब कि महज पैसेवाले व्यापारियों के नफ़े के लिए खूनी लड़ाइयों में कूदने से भी लोग बाज़ नहीं आते, जब कि विद्या और कला और आध्यात्मिकता भी नफ़े-नुकसान के भँवर में फँसी हुई है, जब कि कुशल राजनीतिज्ञों का पाखंड और छल-कपट हंगामा वर्पा किये हुए है और न्याय और सच्चाई का शोर सिर्फ़ जुल्म के मारे हुओं की कमज़ोर पुकार को दबाने के लिए मचाया जाता है, नयी सभ्यता का कोई दीवाना भी इन मुसीबतों और गुलामी के दौर को खालिस बरकत कहने की हिम्मत नहीं कर सकता। इसमें शक नहीं कि देश के नेता इसके दोषों से परिचित हो गये हैं और इसके सुधार की कोशिशें की जा रही हैं लेकिन उस ज़हर को जो समाज-व्यवस्था में घुल गया है, निकालने की कोशिश नहीं की जाती, सिर्फ उसके ऊपरी प्रभावों, ऊपरी विकृतियों को छिपाने और मिटाने में लोग लगे हुए हैं। कोढ़ी जिस्म को रंगीन कपड़ों से ढँका जा रहा है।

नये ज़माने ने मानवीय सद्गुणों का भी मनमाना विभाजन कर दिया है। पुराने ज़माने में भी श्रेणियों और हैसियतों का विभाजन था मगर नैतिक सिद्धान्तों में विशेष और साधारण, विजेता और विजित का कोई भेद न था। नम्रता और सहिष्णुता, शर्म और हया, सदाचार और मुरव्वत—इन गुणों का सब आदर करते थे चाहे वह मुगल हों या तुर्क, ब्राह्मण हों या शुद्र। लेकिन आज हालत कुछ और है। वे निर्बलों के गुण हैं। नम्रता को आज निर्बलता की स्वीकृति समझा जाता है। लाज-शर्म नामर्दों के गुण हैं। मीठा बोलना, सुन्दर आचरण और आँख का लिहाज इस नयी टकसाल से फेंके हुए सिक्के हैं। दया और प्रार्थना, संयम और नर्मी को कायरता और पस्तहिम्मती समझा जाता है। अब डींगें मारने और शेखी बघारने का ज़माना है। गुस्सा, नफ़रत, घमंड, ज़बान का कड़वापन— ये मर्दाना खूबियाँ हैं। अगर किसी से इन्कार करना है तो मुलायमियत से कहने की ज़रूरत नहीं, साफ़ और बेलाग कहिए। इसमें अक्खड़पन जितना ही ज्यादा हो उतना ही अच्छा। नाक पर मक्खी न बैठने पाये, तलवार हमेशा म्यान के बाहर रहे, ज़रा कोई बात तबीयत के खिलाफ़ हो, बस जामे से बाहर हो जाइए। गुस्सा एक मर्दाना जौहर है। उसे रोकना बुज़दिली की दलील है। आप को चाहे किसी खास बात में ज़रा भी दखल न हो मगर ज़बान से कहिए कि मैं इस फ़न का अरस्तू हूँ। मुरव्वत और इंसानियत और लिहाज को पास न फटकने दीजिए। ये ग़रीब और मजबूर लोगों के गुण हैं। आप अपने बर्ताव में दिलेराना साफ़गोई से काम लीजिए। आपको किसी की भावनाओं से कोई प्रयोजन नहीं, और शर्म का तो नाम लेना भी गुनाह है। यह है इस नये ज़माने की खूबियाँ।

हम यह नहीं कहते कि वह पुरानी बातें सब की सब तारीफ़ करने के क़ाबिल हैं मगर वह कितना ही बुरा क्यों न हो और कितने ही ताने उसे क्यों न दिये जायें, वह इस नयी स्वार्थपरता, घमंड और आडम्बर से कई गुना अच्छा है। मज़ा यह है कि बचपन ही से इन नैसर्गिक गुणों को मिटाने की कोशिश की जाती है। यह मर्दाना गुण लड़कों को उनके दूध के साथ पिलाये जाते हैं। नये ज़माने का राग अलापने वाला कहेगा यह इकतरफ़ा तस्वीर है। देखिए आज राष्ट्रीय मेल-जोल ने मानव सम्बन्धों को कितना दृढ़ बना दिया है। एक अँग्रेज व्यापारी के साथ चीन में कोई बेइंसाफ़ी होती है और सारे इंगलिस्तान में शोर मच जाता है। खून की क़ीमत और क़ानूनी जंग की दुहाई मचने लगती है। एक फ्रांसीसी अखबार का प्रवेश किसी राज्य में बन्द कर दिया जाता है और फ्रांसीसी दुनिया में उथल-पुथल मच जाती है। यह हमदर्दी, यह एकता कभी पहले भी थी? राजपूत मुसलमानों की मातहती में राजपूतों का खून करते थे। मुसलमान सिक्खों के कन्धें से कन्धा मिलाकर मुसलमानों का क़त्ल करते थे, निस्सन्देह यह नये युग का एक अच्छा पहलू है। इसके ज़ोर पर हम दुनिया के हर कोने में चैन से रह सकते हैं, हर प्रदेश में व्यापार कर सकते हैं। मगर सच्चाई यह है कि यह एकता और सहमति इंसानियत की बनिस्बत राष्ट्रीय प्रभुत्व पर अधिक निर्भर है वर्ना क्या वजह है कि किसी दूर-दराज मुल्क में एक आदमी की तकलीफ़ या बेइज़्ज़ती क़ौम के दिल को हिला देती है मगर अपने ही पड़ोसी और अपने दोस्तों की भूख और ग़रीबी पर ज़रा भी दिल नहीं पसीजता? क्या वज़ह है कि यूरोपियन पूँजीपति धन और एश्वर्य की शानदार नैया पर बैठा हुआ उन अनाथों की परवाह नहीं करता जो गरीबी और बदहाली के भँवर में पड़े हुए हैं? यही कि स्वार्थपरता, इन्द्रिय-परायणता राष्ट्र की आत्मा है।

वह विशुद्ध सांसारिकता है, सुन्दर भावनाओं से रहित, जिसने दिलों को कठोर और संकीर्ण और भावना-शून्य बना दिया है। वह पैसोंवालों का एक जत्था है जो नैतिक, भावनात्मक, आत्मिक वस्तुओं को व्यावसायिक लाभ और हानि की दृष्टि से देखता है, जिसके निकट वही नेकी आचरण करने योग्य है जो दौलत के ढेर में कुछ वृद्धि करे, वही भाव अच्छे हैं जो अपना प्रभुत्व बढ़ायें। वह आत्मा को भी तराजू के पलड़ों पर तौलता है। उसे जनतंत्र कहना ग़लती है। बराबरी और भाईचारे को उसने पैरों तले इस तरह रौंदा है कि अब उसकी शक्ल भी पहचानी नहीं जाती। इन्सान की क़ीमत उसके नज़दीक इतनी ही है कि वह एक रुपया कमाने का साधन है। वह क़साई की तरह इन्सान के गोश्त और खाल का अन्दाज़ा करके उसकी क़ीमत लगाता है। कहने का मतलब यह है कि पुराना ज़माना अमीरों और सुल्तानों को ज़माना था और नया ज़माना बनियों और व्यापारियों का ज़माना है। इसने दौलत के पहाड़ खड़े कर दिये, दौलत की तलाश

में जल-थल को छानता हुआ आसमानों के छोर तक जा पहुँचा और अब सारी दुनिया उसका कार्यक्षेत्र है।

इस नये ज़माने में एक ऐसा रौशन पहलू भी है जो उन काले दाग़ों को किसी हद तक ढँक देता है और वह है 'बेज़बानों की ताक़त का ज़ाहिर होना।' हाल के योरोपीय महायुद्ध ने इस पहलू को और भी उजागर कर दिया है। स्वार्थपरता के तूफ़ान ने बड़े-बड़े गरांडील पेड़ों को ही नहीं सोये हुए और लुटे हुए हरे भरे मैदानों को भी जगा दिया है। अब एक फ़ाकाकश मज़दूर भी अपनी अहमियत समझने लगा है और धन-दौलत की ड्योढ़ी पर सिर झुकाना पसन्द नहीं करता। उसे अपने कर्त्तव्य चाहे न मालूम हों लेकिन अपने अधिकारों का पूरा ज्ञान है। वह जानता है इस सारे राष्ट्रीय वैभव और प्रभुत्व का कारण में हूँ। यह सारा राष्ट्रीय विकास और उन्नति मेरे ही हाथों का करिश्मा है। अब वह मूक संतोष और सिर झुकाकर सब कुछ स्वीकार कर लेने में विश्वास नहीं रखता।

यह उन चीज़ों की मन्दी का युग है और वह भी उन्हें हाथ नहीं लगाता। वह भी आराम, निश्चिन्तता और खुशहाली की माँग करता है। वह भी अच्छे मकानों में रहना चाहता है, अच्छे खाने खाना चाहता है। और मनोरंजन के लिए अवकाश की माँग करता है। और वह अपने दावों को ऐसे प्रभावशाली ढंग से प्रकट करने लगा है कि अधिकारी वर्ग उससे नखरे नहीं कर सकता। वह पूँजी का दुश्मन है, व्यक्तिगत सम्पत्ति की जड़ खोदने वाला और व्यापारियों की जत्थेबन्दी का हत्यारा। यह सच है कि वह भी अपने प्रभाव का क्षेत्र भौगोलिक सीमाओं के अन्दर रखना चाहता है मगर अपनी अमलदारी में बराबरी और सच्चाई का समर्थक है। वह अपने राष्ट्र को एक अकेली सत्ता बनाना चाहता है। हर व्यक्ति के लिए एक जैसा अवसर, एक जैसी सुविधाओं, एक जैसे उन्नति के साधनों की माँग करता है। सब की एकता उसका जेहाद का नारा है। वह ऊँच-नीच को मिटाकर सारी ज़मीन को समतल बनाने की कोशिश करता है। वह ऐसी राज्यव्यवस्था स्थापित करना चाहता है, जो धनोपार्जन के समस्त साधन अपने हाथ में रक्खे और हर व्यक्ति को उसकी मेहनत और योग्यता के अनुसार बराबर बाँटे। वह जमींदारों को एक गन्दी और बेकार चीज़ समझता है और उनकी सम्पत्ति को उनके क़ब्जे से निकाल कर जनता के क़ब्जें में रखना चाहता है। संक्षेप में, वह सारी सम्पत्तियों, कारखानों, रेलों, जहाजों पर एक विशेष व्यवस्था के द्वारा जनता के अधिकार की माँग करता है और कौन कह सकता है कि यह काम बेहद मुश्किल नहीं है। व्यक्तिगत अधिकार का विचार मनुष्य के स्वभाव का अंग हो गया है। यह उसकी सबसे सशक्त प्रेरक शक्ति हैं। इसी पर उसके ज़िन्दगी के सारे मनसूबे, सारे इरादे, सारी इच्छाएँ क़ायम है। ''व्यक्ति'' की सत्ता मिटाना दुष्कर है। पूँजी और सम्पत्ति से खूनी लड़ाइयाँ लड़नी पड़ेंगी (कुछ देशों में जारी है) और यद्यपि रंग-ढंग से मालूम

होता है कि उसकी इस लड़ाई में हार हो गयी लेकिन उसका असर ज़िन्दा है और बढ़ता जाएगा। पूँजी उसे अपने क़ाबू में रखने के लिए कुछ और रिआयतें करेगी, कुछ बल खाएगी, कुछ नाज़ उठाएगी, उससे लड़ाई करके अपनी हस्ती खतरे में न डालेगी।

जनता की यह हलचल और माँगें चाहे नाजुक कानों की कितनी ही नागवार मालूम हों लेकिन वह इस निस्तब्ध मौन की तुलना में कहीं अधिक जीवनदायक है जो पुराने युग की अपनी विशेषता थी और जो अभी तक कुछ एशियाई देशों में चल रही है, जो आग में जल कर, तलवार की चोट खा कर भी उफ़ नहीं करती, सहना और तड़पना जिसकी विशेषता है। नये ज़माने के इस सबसे ताज़ा पहलू ने यूरोप और अमेरिका वगैरह देशों में शूद्रों का खात्मा कर दिया है। अब वहाँ कोई ऐसा नहीं जिसके छूने से ब्राह्मणों का पवित्र कलंकित हो जाए, कोई ऐसा नहीं जो क्षत्रियों के अत्याचार की फरियाद करे, जो वैश्यों के स्वर्ण-सिंहासन को ढोने वाला बने।

मगर यह खयाल करना कि जनतन्त्र का यह नया पहलू अपनी भौगोलिक परिधि से बाहर निकल कर निर्बलों और अनाथों की हिमायत करेगा या पूँजीपति 'राष्ट्र' की बनिस्बत 'अ-राष्ट्रों' के साथ ज़्यादा इंसानियत और हमदर्दी का बर्ताव करेगा, शायद ग़लत साबित हो। उसे राज-सिंहासन और स्वर्ण मुकुट से प्रेम नहीं लेकिन राजकीय अधिकार-भावना और राज्य-संचालन की। वासना से वह भी मुक्त नहीं। बहुत सम्भव है 'अ-राष्ट्रों' पर इस जनतन्त्र का अत्याचार पूँजीपतियों से कहीं अधिक घातक सिद्ध हो। जब कुछ थोड़े से पूँजीपतियों की स्वार्थपरता दुनिया को उलट-पलट कर रख दे सकती है तो एक पूरे राष्ट्र की सम्मिलित स्वार्थपरता क्या कुछ न कर दिखाएगी। वह भी जत्थेबन्दी की एक सूरत है, ज़्यादा ठोस। वह अपने देश के व्यक्तिगत प्रभुत्व को मिटाकर उसके बदले जनता के प्रभुत्व का झंडा लहराएगी मगर यह स्पष्ट है कि उसका आधार भी स्वार्थपरता है और जब तक उसके पैरों से यह ज़ंजीर दूर न होगी। वह इस इंसानी भाईचारे की मंजिल से एक जौ भी और क़रीब न होगी, जो संस्कृति का लक्ष्य है।

लेकिन नये ज़माने की इस खींचतान और आपसी होड़, अहंकार और भौतिकता के संसारव्यापी अन्धकार में आशा की एक किरण दिखाई दे रही है। वह प्रेसीडेंट विलसन की प्रस्तावित लीग़ ऑफ़ नेशन्स या राष्ट्र संघ है। हम अपनी अनाथ और बेबस आँखों से उस किरण की ओर खड़े ताक रहे हैं। हमारे पैरों की कमज़ोरी हमें उस तरफ बढ़ने नहीं देती। हमारा दिल उम्मीद से भरा हुआ है। यह किरण हमारी कठिन मंजिल के किसी आश्रयस्थल का पता दे रही है या केवल मरीचिका है, आनेवाली घड़ियाँ जल्दी ही इसका फ़ैसला कर देंगी। लेकिन अगर वह मरीचिका ही हो तो क्या हमें शिकायत का कोई मौका है? यह उन राष्ट्रों का संघ होगा

जिन्होंने जनतन्त्र का स्थान प्राप्त किया है, जहाँ बहुत से लोग मुट्ठी भर लोगों के हाथों लुटते नहीं, जहाँ ब्राह्मण और शुद्र का विचार या भेद नहीं है। हम अभी राष्ट्रीयता तक भी नहीं पहुँचे, जनतन्त्र की तो बात ही करना व्यर्थ है। ऐसी हालत में अगर हम इस संघ में दाखिल किये जाने के क़ाबिल न समझे जायँ तो हमें ताज्जुब या शिकायत न करनी चाहिए। जब इंगलिस्तान को इस संघ में आने के लिए अपना घेरा बहुत फैलाना पड़ा यहाँ तक कि अब उसकी स्त्री जाति को भी राजनीतिक अधिकार मिल गये, जब आस्ट्रिया और जर्मनी जैसे देश जिनकी राजनीतिक स्थिति हमसे कहीं अच्छी है इस संघ में केवल इसलिए प्रवेश पाने के योग्य नहीं समझे जाते कि वहाँ अभी तक व्यक्तिगत प्रभाव सिद्धान्तों पर भारी पड़ता है और विशाल जनता थोड़े से लोगों के अधीन है तो हिन्दुस्तान किस मुँह से इस संघ में शरीक होने की माँग कर सकता है जहाँ जनता एक बेजान और बेहिस ढेर से ज़्यादा कुछ नहीं। इस बर्बादी का इल्जाम हम गवर्नमेंट के सिर नहीं रख सकते। गवर्नमेंट की कार्य-प्रणाली अब तक हमेशा जबर्दस्तों की हिमायत करती आयी है। जनता को इस जड़ता की स्थिति में रखने का सारा दोष शिक्षित और सम्पन्न लोगों पर है। हमारे स्वराज्य के नेताओं में वकील और जमींदार ही सबसे ज्यादा हैं। हमारी कौंसिलों ने भी यही दो समुदाय आगे-आगे दिखाई पड़ते हैं। मगर कितने शर्म और अफ़सोस की बात है कि उन दोनों में से एक भी जनता का हमदर्द नहीं। वे अपने ही स्वार्थ और प्रभुत्व की धुन में मस्त हैं। वह अधिकार और शासन की माँग करते हैं और धन और वैभव के इच्छुक हैं, जनता की भलाई के नहीं। कितने बड़े-बड़े ताल्लुक़ेदार, बड़े-बड़े ज़मींदार, पैसेवाले रईस लोग उन बेज़बान करोड़ों काश्तकारों के साथ हमदर्दी, इन्सानियत और देशभाईपने का बर्ताव करते हैं जिन्हें संयोग या गवर्नमेंट की ग़लती या खुद जनता की बेज़बानी ने उनकी तक़दीर का मालिक बना दिया है। आप स्वराज्य की हाँक लगाइए, सेल्फ गवर्नमेंट की माँग कीजिए, कौंसिलों को विस्तार देने की माँग कीजिए, उपाधियों के लिए हाथ फैलाइए, जनता को इन चीज़ों से कोई मतलब नहीं है। वह आपकी माँगों में शरीक नहीं है बल्कि अगर कोई अलौकिक शक्ति उसे मुखर बना सके तो वह आज ज़ोरदार आवाज़ में, शंख बजाकर आपकी इन माँगों का विरोध करेगी। कोई कारण नहीं है कि वह दूसरे देश के हाकिमों के मुक़ाबले में आपकी हुकूमत को ज्यादा पसन्द करे। जो रैयत अपने अत्याचारी और लालची जमींदार के मुँह में दबी हुई है, जिन अधिकार-सम्पन्न लोगों के अत्याचार और बेगार से उसका हृदय छलनी हो रहा है उनको हाकिम के रूप में देखने की कोई इच्छा उसे नहीं हो सकती।

इसकी क्या ज़मानत है कि आपके पंजे में आकर उनकी हालत और भी बुरी न हो जाएगी? आपने अब तक इसका कोई सबूत नहीं दिया कि आप उनकी

भलाई चाहनेवाले हैं। अगर कोई सबूत दिया है तो उनकी बुराई चाहने का, स्वार्थ का, लोभ का, कमीनेपन का। आप स्वराज्य की कल्पना का मज़ा ले ले कर खूब फूलें और बग़लें बजाएँ मगर अधिकारों के साथ-साथ कर्त्तव्यों का ध्यान रखना भी ज़रूरी है। जाहिल रईसों या ज़मींदारों से हमें शिकायत नहीं। उनकी आँखें उस वक्त खुलेंगी जब उनकी गर्दनें जनता के हाथों में होंगी और वह बेबस निगाहों से इधर-उधर ताक रहे होंगे। शिकायत हमें उन लोगों से है जो पढ़े-लिखे हैं और ज़मींदार हैं, वकील हैं और ज़मींदार है। वह अपने दिल से पूछें कि वह प्रजा के साथ अपना कर्त्तव्य पूरा कर रहे हैं? कभी-कभी अपने कृत्यों और कमियों के बारे में अपने दिल से पूछना जरूरी होता है। उसका दिल साफ कहेगा कि तुम इस तराजू पर तौले गये और ओछे निकले। ज़रा शहर के शान्तिपूर्ण कोने से निकलकर वहाँ जाइए जहाँ जनता की आबादी है, जहाँ आपके नब्बे फ़ीसदी देशवासी बसते हैं। उस तड़प का आपके दिल पर एक निहायत रौशन असर पड़ेगा। आपकी आँखे खुल जाएँगी। अन्याय और अत्याचार के दृश्य आपका दिल हिला देंगे।

क्या यह शर्म की बात नहीं है कि जिस देश में नब्बे फ़ीसदी आबादी किसानों की हो उस देश में कोई किसान सभा, कोई किसानों की भलाई का आन्दोलन, कोई खेती का विद्यालय, किसानों की भलाई का कोई व्यवस्थित प्रयत्न न हो। आपने सैकड़ों मदरसे और कॉलेज बनवाये, यूनिवर्सिटियाँ खोलीं और अनेक आन्दोलन चलाये मगर किसके लिए? सिर्फ़ अपने लिए, सिर्फ़ अपना प्रभुत्व बढ़ाने के लिए। और शायद अपने राष्ट्र की जो कसौटी आपके दिमाग़ में थी उसको देखते हुए आपका आचरण ज़रा भी आपत्तिजनक न था। मगर नये ज़माने ने एक नया पन्ना पलटा है। आनेवाला ज़माना अब किसानों और मजदूरों का है। दुनिया की रफ्तार इसका साफ़ सबूत दे रही है। हिन्दुस्तान इस हवा से बेअसर नहीं रह सकता। हिमालय की चोटियाँ उसे इस हमले से नहीं बचा सकतीं। जल्द या देर से, शायद जल्द ही, हम जनता को केवल मुखर ही नहीं अपने अधिकारों की माँग करनेवाले के रूप में देखेंगे और तब वह आपकी क़िस्मतों की मालिक होगी। तब आपकी अपनी बेइंसाफ़ियाँ याद आएँगी और आप हाथ मल कर रह जाएँगे। जनता की इस ठहरी हुई हालत से धोखे में न आइए। इन्क़लाब के पहले कौन जानता था कि रूस की पीड़ित जनता में इतनी ताक़त छिपी हुई है? हार के पहले कौन जानता था कि जर्मनी का एकछत्र स्वैराचारी शासन जनता के ज्वालामुखी पर बैठा हुआ है। निकट भविष्य में हिन्दुस्तान के लाखों मजदूर और कारीगर फ्रांस से वापस आएँगे, लाखों सिपाही लड़ाई के बाद अपने-अपने घर लौटेंगे। क्या आप समझते हैं कि उन पर उन आजाद देशों की आबोहवा का कुछ भी असर न होगा? अगर क़ौम में इन्सानियत और लाज-शरम नहीं है तो खुद अपनी भलाई का तकाज़ा है कि हम अभी से जनता के दिल को अपने बस में करने की कोशिश

करें। इस बात में हमारे ताल्लुकेदार और ज़मींदार, चाहे वे अँधेरे अवध के हों या उजाले बंगाल के, सबसे ज़्यादा दोषी हैं। उचित है कि वे तात्कालिक हानि की चिन्ता न करके किसानों की भलाई और सुधार की कोशिश करें, स्वेच्छा से उन अधिकारों से हाथ खींच लें जो उन्हें किसानों पर प्राप्त हैं। उनसे बेगार लेना छोड़ दें, उनके साथ आदमियत का बर्ताव करें, इजाफ़ा और बेदखली से परहेज करें, ताकि जनता के दिलों में उनकी इज्जत और उनके प्रति श्रद्धा हो। हमारे कौंसिलरों और राजनीतिक नेताओं का कर्त्तव्य है कि वे अपने प्रस्तावों की परिधि को फैलायें और जनता (यानी काश्तकारों) की हिमायत का एक प्रोग्राम तैयार करें और उसे अपनी कार्य-प्रणाली बना लें। स्वराज्य की बेकार और बेमतलब सदाओं पर तकिया करके बैठने का वक़्त अब नहीं क्योंकि आनेवाला ज़माना अब जनता का है और वह लोग पछताएँगे जो ज़माने के क़दम से क़दम मिलाकर न चलेंगे।

[ज   माना, फरवरी 1919]

महाजनी सभ्यता

मुज दः एदिल कि मसीहा नफ से मी आयद;
कि स अनप ाज खुशश बूए-कसे मी आयद।[1]

जागीरदारी सभ्यता में बलवान् भुजाएँ और मज़बूत कलेजा जीवन की आवश्यकताओं में परिगणित थे, और साम्राज्यवाद में बुद्धि और वाणी के गुण तथा मूक आज्ञा-पालन उसके आवश्यक साधन थे; पर उन दोनों स्थितियों में दोषों के साथ कुछ गुण भी थे। मनुष्य के अच्छे भाव लुप्त नहीं हो गये थे। जागीरदार अगर दुश्मन के खून से अपनी प्यास बुझाता था, तो अकसर अपने किसी मित्र या उपकारक के लिए जान की बाजी भी लगा देता था। बादशाह अगर अपने हुक्म को क़ानून समझता था और उसकी अवज्ञा को कदापि सहन न कर सकता था, तो प्रजा-पालन भी करता था, न्यायशील भी होता था। दूसरे के देश पर चढ़ाई वह या तो किसी अपमान-अपकार का बदला फेरने के लिए या अपनी आनबान, रौब-दाब क़ायम रखने के लिए या फिर देश-विजय और राज्य-विस्तार की वीरोचित महत्त्वाकांक्षा से प्रेरित होता था। उसकी विजय का उद्देश्य प्रजा का खून चूसना कदापि न होता था। कारण यह कि राजा और सम्राट् जनसाधारण को अपने स्वार्थसाधन और धनशोषण की भट्टी का ईंधन न समझते थे; किन्तु उनके दुःख-सुख में शरीक होते थे और उनके गुणों की क़द्र करते थे।

मगर इस महाजनी सभ्यता में तो सारे कामों की गरज़ महज़ पैसा होती है। किसी देश पर राज्य किया जाता है, तो इसलिए कि महाजनों, पूँजीपतियों को ज़्यादा-से-ज़्यादा नफ़ा हो। इस दृष्टि से मानो आज दुनिया में महाजनों का ही राज्य है। मनुष्य-समाज दो भागों में बँट गया है। बड़ा स्सिा तो मरने और खपने वालों का है, और बहुत ही छोटा हिस्सा उन लोगों का, जो अपनी शक्ति और प्रभाव से बड़े समुदाय को अपने बस में किये हुए हैं। इन्हें इस बड़े भाग के साथ

[1] हृदय, तू प्रसन्न हो कि पीयूषपाणि मसीहा सशरीर तेरी ओर आ रहा है। देखता नहीं कि लोगों की साँसों से किसी की सुगन्धि आ रही है!

किसी तरह की हमदर्दी नहीं, जरा भी रू-रियाअत नहीं। उसका अस्तित्व केवल इसलिए है कि अपने मालिकों के लिए पसीना बहाये, खुन गिराये और एक दिन चुपचाप इस दुनिया से विदा हो जाय। अधिक दुःख की बात तो यह है कि शासक-वर्ग के विचार और सिद्धान्त शासित वर्ग के भीतर भी समा गये हैं, जिसका फल यह हुआ है कि हर आदमी अपने को शिकारी समझता है और उसका शिकार है समाज। वह खुद समाज से बिलकुल अलग है; अगर कोई सम्बन्ध है, तो यह कि किसी चाल या युक्ति से वह समाज को उल्लू बनाये और उससे जितना लाभ उठाया जा सकता हो, उठा ले।

धन-लोभ ने मानव-भावों को पूर्ण रूप से अपने अधीन कर लिया है। कुलीनता और शराफ़त, गुण और कमाल की कसौटी पैसा, और केवल पैसा है। जिसके पास पैसा है वह देवता-स्वरूप है, उसका अन्तःकरण कितना ही काला क्यों न हो। साहित्य, संगीत और कला—सभी धन की देहली पर माथा टेकनेवालों में हैं। यह हवा इतनी जहरीली हो गयी है कि इसमें जीवित रहना कठिन होता जा रहा है। डॉक्टर और हकीम हैं कि वह बिना लम्बी फ़ीस लिये बात नहीं करते। वकील और बैरिस्टर हैं कि वे मिनटों को अशर्फ़ियों से तौलते हैं। गुण और योग्यता की सफलता उसके आर्थिक मूल्य के हिसाब से मानी जा रही है। मौलवी साहब और पंडितजी भी पैसे वालों के बिना पैसे के गुलाम हैं। अखबार उन्हीं का राग अलापते हैं। इस पैसे ने आदमी के दिलोदिमाग पर इतना क़ब्ज़ा जमा लिया है कि उसके राज्य पर किसी ओर से भी आक्रमण करना कठिन दिखाई देता है। वह दया और स्नेह, सचाई और सौजन्य का पुतला मनुष्य दया-ममता से शून्य जड़यन्त्र बनकर रह गया है। इस महाजनी सभ्यता ने नये-नये नीति-नियम गढ़ लिये हैं जिन पर आज समाज की व्यवस्था चल रही है। उनमें से एक यह है कि समय ही धन है। पहले समय जीवन था, और उसका सर्वोत्तम उपयोग विद्या-कला का अर्जन अथवा दीन-दुखी जनों की सहायता था। अब उसका सबसे बड़ा सदुपयोग पैसा कमाना है। डॉक्टर साहब हाथ मरीज की नब्ज पर रखते हैं और निगाह घड़ी की सुई पर। उनका एक-एक मिनट एक-एक अशर्फ़ी है। रोगी ने अगर केवल एक अशर्फ़ी नज़र की है, तो वह उसे एक मिनट से ज़्यादा वक्त नहीं दे सकते। रोगी अपनी दुःखगाथा सुनाने के लिए बेचैन है; पर डॉक्टर साहब का उधर बिलकुल ध्यान नहीं, उन्हें उससे ज़रा भी दिलचस्पी नहीं। उनकी निगाह में उस व्यक्ति का अर्थ केवल इतना ही है कि वह उन्हें फ़ीस देता है। वह जल्द-से-जल्द नुस्खा लिखेंगे और दूसरे रोगी को देखने चले जाएँगे। मास्टर साहब पढ़ाने आते हैं, उनका एक घंटा वक्त बँधा है। घड़ी सामने रख लेते हैं, जैसे ही घंटा पूरा हुआ, वह उठ खड़े हुए। लड़के का सबक अधूरा रह गया है तो रह जाय, उनकी बला से! अधिक समय कैसे दे सकते हैं क्योंकि समय रुपया है! इस

धन-लोभ ने मनुष्यता और मित्रता का नाम-शेष कर डाला है। पति को पत्नी या लड़कों से बात करने की फुर्सत नहीं, मित्र और सम्बन्धी किस गिनती में हैं। जितनी देर वह बातें करेगा, उतनी देर में तो कुछ कमा लेगा। कुछ कमा लेना ही जीवन की सार्थकता है, शेष सब कुछ समय-नाश है। बिना खाये-सोये काम नहीं चलता, बेचारा इससे लाचार है और इतना समय नष्ट करना ही पड़ता है।

आपका कोई मित्र या सम्बन्धी अपने नगर में प्रसिद्धि प्राप्त कर चुका है, तो समझ लीजिए, उसके यहाँ अब आपकी रसाई मुमकिन नहीं। आपको उसके दरे-दौलत पर जाकर कार्ड भेजना होगा। उन महाशय को बहुत से काम होंगे। मुश्किल से आपसे एक-दो बात करेंगे या साफ़ जवाब दे देंगे कि आज फ़ुर्सत नहीं है। अब वह पैसे के पुजारी हैं, मित्रता और शील-संकोच के नाम पर कब की तिलांजलि दे चुके हैं।

आपको कोई दोस्त वकील है और आप किसी मुक़दमे में फँस गये हैं, तो उससे किसी प्रकार की सहायता की आशा न रखिए। अगर वह मुरव्वत को गंगा में डुबो नहीं चुका है, तो आपसे देन-लेन की बात शायद न करेगा; पर आपके मुक़दमे की ओर तनिक भी ध्यान न देगा। इससे तो कहीं अच्छा है कि आप किसी अपरिचित के पास जाएँ और उसकी पूरी फ़ीस अदा करें। ईश्वर न करे कि आज किसी को किसी चीज़ में कमाल हासिल हो जाय, फिर उसमें मनुष्यता नाम को न रह जायगी, उसका एक-एक मिनट क़ीमती हो जायगा।

इसका अर्थ यह नहीं कि व्यर्थ की गपशप में समय नष्ट किया जाय; पर यह अर्थ अवश्य है कि धन-लिप्सा को इतना न बढ़ने दिया जाय कि वह मनुष्यता, मित्रता, स्नेह-सहानुभूति सबको निकाल बाहर करे।

पर आप उस पैसे के गुलाम को बुरा नहीं कह सकते। सारी दुनिया जिस प्रवाह में बह रही है, वह भी उसी में बह रहा है। मान-प्रतिष्ठा सदा से मानवीय आकांक्षाओं का लक्ष्य रहा है। जब विद्या-कला मान-प्रतिष्ठा का साधन थीं, उस समय लोग इन्हीं का अर्जन-अभ्यास करते थे। अब धन उसका एकमात्र उपाय है, तब मनुष्य मजबूर है कि एकनिष्ठ भाव से उसी की उपासना-आराधना करे। वह कोई साधु-महात्मा, संन्यासी-उदासी नहीं; वह देख रहा है कि उसके पेशे में जो सौभाग्यशाली सफलता की कठिन यात्रा पूरी कर सके हैं, वह उसी राज-मार्ग के पथिक थे, जिस पर वह खुद चल रहा है। समय धन है एक सफल व्यक्ति का। वह सब को इसी सिद्धान्त का अनुसरण करते देखता है, तो उन्हीं के पद-चिह्नों का अनुसरण करता है। इसमें उसका क्या दोष? मान-प्रतिष्ठा की लालसा तो दिल से मिटाई नहीं जा सकती। वह देख रहा है कि जिनके पास दौलत नहीं, और इसलिए नहीं कि उन्होंने वक़्त को दौलत नहीं समझा, उनको कोई पूछने वाला नहीं। वह अपने पेशे में उस्ताद है, फिर भी उसकी कहीं पूछ नहीं। जिस आदमी में

तनिक भी जीवन की आकांक्षा है वह तो इस उपेक्षा की स्थिति को सहन नहीं कर सकता। उसे तो मुरव्वत, दोस्ती और सौजन्य को धता बताकर लक्ष्मी की आराधना में अपने को लीन कर देना होगा, तभी इस देवी का वरदान उसे मिलेगा। और यह कोई इच्छाकृत कार्य नहीं; किन्तु सर्वथा बाध्यकारी है। उसके मन की आस्था अपने-आप कुछ इस तरह की हो गयी है कि उसे धनार्जन के सिवा और किसी काम से लगाव नहीं रहा। अगर उसे किसी सभा या व्याख्यान में आधे घंटा बैठना पड़े, तो समझ लो कि वह क़ैद की घड़ियाँ काट रहा है, उसकी सारी मानसिक, भावगत और सांस्कृतिक दिलचस्पियाँ किसी केन्द्र-बिन्दु पर आकर एकत्र हो गयी हैं। और क्यों न हों? वह देख रहा है कि पैसे के सिवा उसका और कोई अपना नहीं। स्नेही मित्र भी अपनी ग़रज़ लेकर ही उसके पास आते हैं, स्वजन-सम्बन्धी भी उसके पैसे के ही पुजारी हैं। वह जानता है कि अगर वह निर्धन होता, तो यह जो दोस्तों का जमघटा लग रहा है। उनमें से एक के भी दर्शन न होते; इस स्वजन-सम्बन्धियों में से एक भी पास न फटकता। उसे समाज में अपनी एक हैसियत बनानी है, बुढ़ापे के लिए कुछ बचाना है, लड़कों के लिए कुछ कर जाना है जिसमें उन्हें दर-दर ठोकरें न खानी पड़ें। इस निष्ठुर सहानुभूतिशून्य दुनिया का उसे पूरा अनुभव है। अपने लड़कों को वह उन कठिन अवस्थाओं में नहीं पड़ने देना चाहता, जो सारी आशाओं एवं उमंगों पर पाला गिरा देती हैं, हिम्मत-हौसले को तोड़कर रख देती हैं। उसे वे सारी मंज़िलें, जो एक साथ जीवन के आवश्यक अंग हैं, खुद तय करनी होंगी और जीवन को व्यापार के सिद्धान्त पर चलाये बिना वह इनमें से एक भी मंजिल पार नहीं कर सकता।

इस सभ्यता का दूसरा सिद्धान्त है 'बिज़नैस इज़ बिज़नैस', अर्थात् व्यवसाय व्यवसाय है, उसमें भावुकता के लिए गुंजाइश नहीं। पुराने जीवन-सिद्धान्त में वह लट्ठमार साफ़गोई नहीं है, जो निर्लज्जता कही जा सकती है और जो इस नवीन सिद्धान्त की आत्मा है, जहाँ लेन-देन का सवाल है, रुपये-पैसे का मामला है, वहाँ न दोस्ती का गुज़र है, न मुरव्वत का, न इन्सानियत का। 'बिज़नैस' में दोस्ती कैसी! जहाँ किसी ने इस सिद्धान्त की आड़ ली और आप लाज़वाब हुए। फिर आपकी ज़बान नहीं खुल सकती। एक सज्जन ज़रूरत से लाचार होकर अपने किसी महाजन मित्र के पास जाते हैं और चाहते हैं कि वह उनकी कुछ मदद करे। यह भी आशा रखते हैं कि शायद सूद की दर में वह कुछ रिआयत कर दे; पर जब हम देखते हैं कि वह महानुभाव मेरे साथ भी वही कारबारी बर्ताव कर रहे हैं, तो कुछ रिआयत की प्रार्थना करते हैं, मित्रता और घनिष्ठता के आधार पर आँखों में आँसू भरकर बड़े करुण स्वर में कहते हैं–"महाशय, मैं इस समय बड़ा परेशान हूँ, नहीं तो आपको कष्ट न देता, ईश्वर के लिए मेरे हाल पर रहम कीजिए। समझ लीजिए कि एक पुराने दोस्त....।" वहीं बात काटकर आज्ञा के स्वर में फरमाया

जाता है —"लेकिन जनाब, आप 'बिज़नैस इज़ बिज़नैस' इसे भूल जाते हैं!" उसी क्षण कातर प्रार्थी पर मानो बम का गोला गिरता है। अब उसके पास कोई तर्क नहीं, कोई दलील नहीं। चुपके से उठकर अपनी राह लेता है या फिर अपने व्यवसाय-सिद्धान्त के भक्त मित्र की सारी शर्तें क़बूल कर लेता है।

इस महाजनी सभ्यता ने दुनिया में जो नयी रीति-नीतियाँ चलायी हैं उनमें सबसे अधिक घातक और रक्त-पिपासु यही व्यवसायवाला सिद्धान्त है। मियाँ-बीवी में बिज़नैस, बाप-बेटे में बिज़नैस, गुरु-शिष्य में बिज़नैस! सब मानवीय आध्यात्मिक और सामाजिक नेह-नाते समाप्त। आदमी-आदमी के बीच बस कोई लगाव है तो बिज़नैस का। लानत है इस 'बिज़नैस' पर! लड़की अगर दुर्भाग्यवश क्वाँरी रह गयी और अपनी कोई जीविका न निकाल सकी, तो उसे अपने बाप के घर में ही लौंडी बन जाना पड़ता है। यों लड़के-लड़कियाँ सभी घरों में काम-काज करते ही हैं, पर उन्हें कोई टहलुआ नहीं समझता; पर इस महाजनी सभ्यता में लड़की एक खास उम्र के बाद लौंडी और अपने भाइयों की मज़दूरनी हो जाती है। पूज्य पिताजी भी अपने पितृ-भक्त बेटे के टहलुए बन जाते हैं और माँ अपने सपूत की टहलुई। स्वजन-सम्बन्धी तो किसी गिनती में नहीं। भाई भी भाई के घर आये तो मेहमान है। अक्सर तो उसे मेहमानी का बिल भी चुकाना पड़ता है। इस सभ्यता की आत्मा है व्यक्तिवाद, आप स्वार्थी बना सब-कुछ अपने लिए।

पर यहाँ भी हम किसी को दोषी नहीं ठहरा सकते। वही मान-प्रतिष्ठा, वही भविष्य की चिन्ता, वही अपने बाद बीबी-बच्चों की गुज़र का सवाल, वही नुमाइश और दिखावे की आवश्यकता हर एक की गर्दन पर सवार है, और वह हिल नहीं सकता। वह इस सभ्यता के नीति-नियमों का पालन न करे तो उसका भविष्य अन्धकारमय है।

अब तक दुनिया के लिए इस सभ्यता की रीति-नीति का अनुसरण करने के सिवा और कोई उपाय न था। उसे झख मारकर उसके आदेशों के सामने सिर झुकाना पड़ता था। महाजन अपने ज़ोम में फूला फिरता था। सारी दुनिया चरणों पर नाक रगड़ रही थी। बादशाह उसका बन्दा, वज़ीर उसका गुलाम, सन्धि-विग्रह की कुंजी उसके हाथ में, दुनिया उसकी महत्त्वाकांक्षाओं के सामने सिर झुकाये हुए, हर मुल्क में उसका बोलबाला!

परन्तु अब एक नयी सभ्यता का सूर्य सुदूर पश्चिम से उदय हो रहा है, जिसने इस नाटकीय महाजनवाद या पूँजीवाद की जड़ खोदकर फेंक दी है। जिसका मूल सिद्धान्त यह है कि प्रत्येक व्यक्ति, जो अपने शरीर या दिमाग़ से मेहनत करके कुछ पैदा कर सकता है, राज्य और समाज का परम सम्मानित सदस्य हो सकता है, और जो केवल दूसरों की मेहनत या बाप-दादों के जोड़े हुए धन पर रईस बना फिरता है, वह पतिततम प्राणी है। उसे राज्य-प्रबन्ध में राय देने

का हक़ नहीं और वह नागरिकता के अधिकारों का भी पात्र नहीं। महाजन इस नयी लहर से अति उद्विग्न होकर बौखलाया हुआ फिर रहा है और सारी दुनिया के महाजनों की शामिल आवाज़ इस नयी सभ्यता को कोस रही है, उसे शाप दे रही है। व्यक्ति-स्वातन्त्र्य, धर्म-विश्वास की स्वाधीनता और अपनी अन्तरात्मा के आदेश पर चलने की आजादी वह इन सबकी घातक, गला घोंट देने वाली बतायी जा रही है। उस पर नये-नये लांछन लगाये जा रहे हैं, नयी-नयी हुरमतें तराशी जा रही हैं। वह काले-से-काले रंग में रँगी ज़ा रही है, कुत्सित-से-कुत्सित रूप में चित्रित की जा रही है। उन सभी साधनों से, जो पैसेवालों के लिए सुलभ है, काम लेकर उसके विरुद्ध प्रचार किया जा रहा है; पर सचाई है जो इस सारे अन्धकार को चीरकर दुनिया में अपनी ज्योति का उजाला फैला रही है।

निस्सन्देह इस नयी सभ्यता ने व्यक्ति-स्वातन्त्र्य के पंजे, नाखून और दाँत तोड़ दिये हैं। उसके राज्य में अब एक पूँजीपति लाखों मज़दूरों का खून पीता रहकर मोटा नहीं हो सकता। उसे अब यह आज़ादी नहीं कि अपने नफ़े के लिए साधारण आवश्यकता की वस्तुओं के दाम चढ़ा सके, अपने सड़े-गले माल की खपत कराने के लिए युद्ध करा दे, गोल-बारूद और युद्ध-सामग्री बनाकर दुर्बल राष्ट्रों का दलन कराये। अगर इसकी स्वाधीनता है तो निस्सन्देह नयी सभ्यता में स्वाधीनता नहीं। पर यदि स्वाधीनता का अर्थ यह है कि जनसाधारण को हवादार मकान, पुष्टिकर भोजन, साफ़-सुथरे गाँव, मनोरंजन और व्यायाम की सुविधाएँ, बिज़ली के पंखे और रोशनी और सस्ते सद्यःसुलभ न्याय की प्राप्ति हो, तो इस समाज-व्यवस्था में जो स्वाधीनता और आज़ादी है, वह दुनिया की किसी सभ्यतम कहाने वाली जाति को भी सुलभ नहीं। धर्म की स्वतन्त्रता का अर्थ अगर पुरोहितों, पादरियों, मुल्लाओं, की मुफ़्त-ख़ोर ज़मात के दम्भमय उपदेशों और अन्धविश्वास-जनित रूढ़ियों का अनुसरण है, तो निस्सन्देह वहाँ इस स्वतन्त्रता का अभाव है; पर धर्म-स्वातन्त्र्य का अर्थ यदि लोक-सेवा, सहिष्णुता, समाज के लिए व्यक्ति का बलिदान, नेकनीयती, शरीर और मन की पवित्रता है, तो इस सभ्यता में धर्माचरण की जो स्वाधीनता है, और किसी देश को उसके दर्शन भी नहीं हो सकते।

जहाँ धन की कमी-बेशी के आधार पर असमानता है, वहाँ ईर्ष्या-द्वेष, और ज़बर्दस्ती, बेईमानी, झूठे, मिथ्या अभियोग-आरोप, वेश्या-वृत्ति, व्यभिचार और सारी दुनिया की बुराइयाँ अनिवार्य रूप से मौजूद हैं। जहाँ धन का आधिक्य नहीं अधिकांश मनुष्य एक ही स्थिति में है, वहाँ जलन क्यों हो और ज़ब्र क्यों हो? सतीत्व-विक्रय क्यों हो और व्यभिचार क्यों हो? झूठे मुक़दमे क्यों चलें और चोरी-डाके की वारदातें क्यों हों? वे सारी बुराइयाँ तो दौलत की देन हैं; पैसे के प्रसाद हैं, महाजनी सभ्यता ने ही इनकी सृष्टि की है। वही इनको पालती है। और वही यह भी चाहती है कि जो दलित, पीड़ित और विजित हैं, वे इसे ईश्वरीय

विधान समझकर अपनी स्थिति पर सन्तुष्ट रहें। उनकी ओर से तनिक भी विरोध-विद्रोह का भाव दिखाया गया, तो उनका सिर कुचलने के लिए पुलिस-अदालत है, काला पानी है। आप शराब पीकर उसके नशे से बच नहीं सकते। आग लगाकर चाहें कि लपटें न उठें, असम्भव है। पैसा अपने साथ ये सारी बुराइयाँ लाता है, जिन्होंने दुनिया को नरक बना दिया है। इस पैसा-पूजा को मिटा दीजिए, सारी बुराइयाँ अपने-आप मिट जायेंगी, जड़ न खोदकर केवल फुनगी की पत्तियाँ तोड़ना तो बेकार है। यह नयी सभ्यता धनाढ्यता को हेय और लज्जाजनक तथा घातक विष समझती है। वहाँ कोई आदमी अमीरी ढंग से रहें तो लोगों की ईर्ष्या का पात्र नहीं होता; बल्कि तुच्छ और हेय समझा जाता है। गहनों से लदकर कोई स्त्री सुन्दरी नहीं बनती, घृणा की पात्र बनती है। साधारण जन-समाज से ऊँचा रहन-सहन रखना वहाँ बेहूदगी समझी जाती है। शराब पीकर वहाँ बहका नहीं जा सकता, अधिक मद्यपान वहाँ दोष समझा जाता है– धार्मिक दृष्टि से नहीं, किन्तु शुद्ध सामाजिक दृष्टि से; क्योंकि शराबखोरी से आदमी में धैर्य और कष्ट-सहन, अव्यवस्था और श्रमशीलता का अन्त हो जाता है।

हाँ, इस समाज-व्यवस्था ने व्यक्ति को यह स्वाधीनता नहीं दी है कि वह जन-साधारण को अपनी महत्त्वाकांक्षाओं की तृप्ति का साधन बनाये और तरह-तरह के बहानों से उनकी मेहनत का फ़ायदा उठाये, या सरकारी पद प्राप्त करके मोटी-मोटी रक़में उड़ाये और मूँछों पर ताव देता फिरे। वहाँ ऊँचे-से-ऊँचे अधिकारी की तनख्वाह भी उतनी ही है, जितनी एक कुशल कारीगर की। वह गगनचुम्बी प्रासादों में नहीं रहता, तीन-चार कमरों में ही उसे गुज़र करनी पड़ती है। उसकी श्रीमतीजी रानी साहिबा या बेगम बनी हुई स्कूलों में इनाम बाँटती नहीं फिरती; बल्कि अक्सर मेहनत-मजदूरी या किसी अखबार के दफ़्तर में काम करती है। सरकारी पद पाकर व्यक्ति अपने को लाट साहब नहीं, बल्कि जनता का सेवक समझता है। महाजनी सभ्यता का प्रेमी इस समाज-व्यवस्था को क्यों पसन्द करने लगा जिसमें उसे दूसरों पर हुकूमत ज़ताने के लिए सोने-चाँदी के ढेर लगाने की सुविधाएँ नहीं। पूँजीपति और ज़मींदार तो इस सभ्यता की कल्पना से ही काँप उठते हैं। उनकी जूड़ी का कारण हम समझ सकते हैं। पर जब वे लोग भी जो अनजान में महाजनी सभ्यता का समर्थन कर रहे हैं, उसकी खिल्ली उड़ाने और उस पर फब्तियाँ कसने लगते हैं तो हमें उनकी इस दास-मनोवृत्ति पर हँसी आती है। जिसमें मनुष्यता, आध्यात्मिकता, उच्चता और सौन्दर्य-बोध है, वह कभी ऐसी समाज-व्यवस्था की सराहना नहीं कर सकता, जिसकी नींव लोभ, स्वार्थपरता और दुर्बल मनोवृत्ति पर खड़ी हो। ईश्वर ने तुम्हें विद्या और कला की सम्पत्ति दी है, तो उसका सर्वश्रेष्ठ उपयोग यही है कि उसे जन-समाज की सेवा में लगाओ, यह नहीं कि उससे जन-समाज पर हुकूमत चलाओ, उसका खून चूसो और उसे उल्लू बनाओ।

धन्य है वह सभ्यता, जो मालदारी और व्यक्तिगत सम्पत्ति का अन्त कर रही है, और जल्दी या देर से दुनिया उसका पदानुसरण अवश्य करेगी। यह सभ्यता अमुक देश की समाज-रचना अथवा धर्म-मज़हब से मेल नहीं खाती या उस वातावरण के अनुकूल नहीं है—यह तर्क नितान्त असंगत है। ईसाई मज़हब का पौधा यरूशलम में उगा, और सारी दुनिया उसके सौरभ से बस गयी। बौद्ध धर्म ने उत्तर भारत में जन्म ग्रहण किया और आधी दुनिया ने उसे गुरु-दक्षिणा दी। मानव-स्वभाव अखिल विश्व में एक जैसा ही है। छोटी-मोटी बातों में अन्तर हो सकता है; पर मूल-स्वरूप की दृष्टि से सम्पूर्ण मानव जाति में कोई भेद नहीं। जो शासन-विधान और समाज-व्यवस्था एक देश के लिए भी कल्याणकारी है, वह दूसरे देशों के लिए भी हितकर होगी। हाँ, महाजनी सभ्यता और उसके गुरगे अपनी शक्ति भर उसका विरोध करेंगे, उसके बारे में भ्रमजनक बातों को प्रचार करेंगे, जन-साधारण को बहकावेंगे, उनकी आँखों में धूल झोकेंगे; पर जो सत्य है एक-न-एक दिन उसकी विजय होगी और अवश्य होगी।

['हंस', सितम्बर, 1936]

अन्धा पूँजीवाद

जिधर देखिए उधर पूँजीपतियों की घुड़दौड़ मची हुई है। किसानों की खेती उजड़ जाय, उनकी बला से। कहावत के उस मूर्ख की भाँति जो उसी डाल की जड़ काट रहा था, जिस पर वह बैठा था, यह समुदाय भी उसी किसान की गर्दन काट रहा है, जिसका पसीना उसी की सेवा में पानी की तरह बह रहा है।

पहले जब किसान निपट मूर्ख था, उसके लिए गोरे और काले पूँजीपति में कोई अन्तर न था। साँप और नाग दोनों ही उसके लिए समान थे। मि. बुल और सेठ पुनपुनवाला दोनों ही को देखकर वह काँप उठता था।

तब धीरे-धीरे उसने कुछ राजनैतिक ज्ञान सीखा, राष्ट्र और जाति जैसे शब्दों से उसका परिचय हुआ और भोले बालकों की भाँति जो हरेक वस्तु को मुँह में डाल लेते हैं, इस सरल व्यक्ति ने भी सेठ पुनपुनवाला के वैष्णव तिलक और हिन्दू-धर्म के प्रति असीम श्रद्धा और उसके नाम को उजागर करनेवाले धर्मशालों, मन्दिरों और पाठशालों को देखकर, उनको अपना उद्धारक समझा। यही सेठ पुनपुनवाला तो हैं, जिनके नाम और यश की कथाएँ मोटे-मोटे अक्षरों में समाचार पत्रों में छपती हैं। ऐसे राष्ट्र-प्रेमी सेठ जी से उसने मन में बड़ी-बड़ी आशाएँ बाँध लीं। ये अपने हैं, अपने देश के हैं; कितने ही स्वार्थी क्यों न हों विदेशियों से तो अच्छे ही होंगे। इतना पुण्य कमाया है, तभी तो लक्ष्मी ने उनके ऊपर कृपा की है। अपने दुखी देशवासियों के लिए उनके मन में कहाँ तक दया न होगी।

लेकिन जब पुनपुनवाला के मिलों में उसकी ऊख की खरीद होने लगी, जब उनकी आढ़तों में उसका अनाज या सन तौला जाने लगा, तब उसे अनुभव हुआ कि सेठ जी बाहर से जितने बड़े धर्मात्मा और देशभक्त हैं, भीतर से उतने ही लुटेरे और बन्धुद्रोही भी हैं, और धन और देश प्रेम का यह सारा आडम्बर उन्होंने केवल अपना स्वार्थ सिद्ध करने के लिए रच रक्खा है। पहले उसे सहसा अपनी आँखों पर विश्वास न आया। सेठ पुनपुनवाला जिनके नाम से ऐसी-ऐसी धर्म संस्थाएँ चलती हैं कभी इतने पाषाण-हृदय नहीं हो सकते। यह उनके मुखतारों और मुनीमों का चक्र है। उसने सेठ जी से अपना दर्द दिल कहने की अनुमति चाही, लेकिन

बेकार, सेठ जी के उसे दर्शन न हुए, उनके दरबानों ने उसे धक्के देकर निकाल दिया, यहाँ तक कि अब उसने रोना शुरू किया तो धर्मात्मा सेठ पुनपुनवाला खुद हंटर लेकर दौड़े। तब अभागा कृषक समझ गया कि इन सेठ जी से उसने व्यर्थ ही ऐसी आशाएँ बाँधी थीं। वहीं उसे दूसरा अनुभव यह हुआ, और जिससे उसे और मर्मवेदना हुई, कि मि. बुल इन सेठ पुनपुनवाला से कहीं खरे, सच्चे और सज्जन हैं। उनके मिल में उसकी ऊख चट पट तुल जाती है, और तुरन्त दाम मिल जाते हैं। रोकड़ियों और प्यादों को कुछ न कुछ चटाना ज़रूर पड़ता है—और इसमें उसे लेशमात्र भी आपत्ति नहीं है—पर यदि इसकी शिकायत की जाय तो मि. बुल उसे सुनने और दूर करने के लिए तैयार रहते हैं। उनकी आढ़ती में भी ज्यादा धाँधली नहीं होती।

बिलकुल यही दृश्य आजकल बिहार में देखने में आ रहा है। बिहार में शक्कर के इतने मिल खुल गये है कि भारतवर्ष का खंडसाल हो गया है। वहीं की भूमि में उपजी हुई ऊख सफेद शक्कर बनाने के लिए बहुत ही उपयुक्त है। बिहार ही क्यों, संयुक्त प्रान्त के उत्तर पूर्व भाग में भी उसी तरह की ज़मीन है। इन मिलों के मालिक योरोपियन भी हैं, मारवाड़ी भी, पंजाबी भी, पर जहाँ अंग्रेजों के मिलों में किसानों के साथ सफ़ाई का व्यवहार किया जाता है, वहाँ भारतीय मिलों में इन गरीबों को तरह-तरह से सताया जाता है, कई-कई दिन उनकी ऊख नहीं खरीदी जाती, यहाँ तक कि जब ऊख सूखने लगती है, तो उसे नाममात्र का दाम देकर गिरवा लिया जाता है। मिल के सामने गरीब किसानों को कई-कई दिन वर्षा और ठंड में पड़ा रहना पड़ता है, क्लर्कों और मुंशियों की खुशामदें करनी पड़ती हैं, तब भी कोई उसकी नहीं सुनता। इसके प्रतिकूल अंग्रेजी मिलों में उनके ठहरने और जानवरों को बाँधने के लिए टीन के छप्पर डाल दिये गये हैं। मैंनेजर और अधिकारी भी ज्यादा इंसानियत से पेश आते हैं। हम से यह वृतान्त बिहार के एक सज्जन ने जिन्हें इस व्यवहार का प्रत्यक्ष अनुभव है बयान किया है, इसलिए सत्य होने में कोई सन्देह नहीं हो सकता। भारतीय पूँजीपतियों की नृशंसता इतनी बढ़ गयी है कि बिहार सरकार को हस्तक्षेप करना पड़ा है ओर उसने एक सरकुलर निकाल कर मिल के प्रबन्धकों को चेतावनी दे दी है कि वे ऊख की खरीद के दर लिखकर नगर के मुख्य-मुख्य स्थानों पर लगा दें, जिसमें किसानों को कोई धोखा न दे सके। बिहार सरकार ने शक्कर के बाज़ार दर और शक्कर की तैयारी की लागत आदि का परता मिला कर यह हिसाब लगाया है कि तैंतीस-चौंतीस में ऊख की खरीद सात आने मन के हिसाब से होनी चाहिए। अगर कोई मिल इस तरह की विज्ञप्ति न निकालेगी या इस दर से ऊख न खरीदेगी तो उस पर पाँच सौ रुपये जुर्माना होगा। हम, निजी मुआमलों में सरकार का पड़ना बहुत अच्छा नहीं समझते, लेकिन इस अवसर पर बिहार-सरकार की कार्रवाई पर उसे धन्यवाद देना

अपना कर्त्तव्य समझते हैं। हमें आशा है कि हमारे प्रान्त में भी किसानों को पूँजीपतियों के पंजे से बचाने की कोशिश की जायगी। अब किसान-सभाओं के कार्यकर्त्ताओं का यह काम है कि वह मिलवालों पर कड़ी निगाह रखें और किसी को बेराह चलते देखें तो सरकार को सूचना दें। यह आशा करना कि पूँजीपति किसानों की हीन दशा से लाभ उठाना छोड़ देंगे, कुत्ते से चमड़े की रखवाली करने की आशा करना है। इस खूँखार जानवर से अपनी रक्षा करने के लिए हमें स्वयं सशस्त्र होना पड़ेगा।

[6 नवम्बर 1933]

अमेरिका में कृषक विद्रोह

इस मन्दी में सबसे ज़्यादा चोट किसानों को लगी है, और कृषि प्रधान देशों में किसानों में एक प्रकार का विद्रोह फैला हुआ है। अमेरिका का सबसे बड़ा व्यवसाय खेती है और कृषक विद्रोह ने वहाँ भयंकर रूप धारण कर लिया है। पैदावार का मूल्य कम हो जाने के कारण वहाँ के आधे से ज्यादा किसान कर्जदार हो गये हैं और उनकी जायदादें नीलाम होती चली जा रही हैं। 1929 में पैंतालीस हजार आराज़ियाँ नीलाम हुईं। 30 में चौवन हजार, 31 में एक लाख और 32 में डेढ़ लाख आराज़ियाँ रेहनदारों के पेट में समा गयीं। अमेरिका में साठ लाख काश्तें हैं, इनमें आधी रेहनदारों के अधिकार में हैं। आराज़ियों पर कुल ऋण नौ अरब डॉलर है। 1920 में साढ़े तेरह अरब की उपज हुई थी। 1932 में वह केवल सवा पाँच अरब की रह गयी अर्थात् रुपये में छह आने। कर्ज़ पर किसानों को पचास करोड़ डॉलर सूद देना पड़ता है।

बरसों तक बेचारे अमेरिकन किसान गवर्नमेंट से सहायता की आशा करते रहे। गवर्नमेंट ने कई बार उनके उद्धार का प्रयत्न किया, पर वह सभी प्रयत्न असफल हो गये। अब मजबूर होकर उन्होंने अपने उपायों से काम लेना शुरू किया, और यह उपाय ज्यादा सफल हो रहे हैं। उन्होंने गुट बाँध कर कई शहरों के सड़कों की नाकाबन्दी कर दी और देहातों से जो सामान नगर में आता था, उसे रोक दिया। जहाँ जरूरत पड़ी, वहाँ पशुबल से भी काम लिया। इसमें उन्हें पूरी सफलता तो नहीं मिली, पर बिलकुल असफल भी न रहे।

पर दूसरा उपाय इससे कहीं ज्यादा सफल हुआ। कृषि-प्रधान प्रान्तों में किसानों ने नीलामों को रोकने के एक संगठित आन्दोलन जारी किया। एक बीमा कम्पनी ने एक जायदाद नीलाम करनी चाही, पर किसानों को एक दल स्थान पर जा पहुँचा और कर्मचारियों को भगा दिया। नीलाम स्थगित कर देना पड़ा। इस आन्दोलन का फल यह हुआ कि 1935 के लिए आइओवा प्रान्त की व्यवस्थापक सभा ने आराज़ियों का नीलाम होना बन्द कर दिया है।

काँसास प्रान्त में जब अदालत ने आराज़ी नीलाम करने की तैयारी की, तो कई सौ कृषक जमा हो गये और उसे फाँसी दे देने की धमकी दी, बेचारा कुर्क अमीन अपनी जान बचाकर भागा। नेब्रासका और ओहियों प्रान्तों में हरेक गाँव में वृक्षों से फन्दे लगे रहते थे कि ज्यों ही राहिन कुर्क अमीन को लेकर आये, उसे फाँसी पर लटका दो कि वह बोली न बोल सके।

बहुत-सी रियासतों ने एक ऐसा विधान सोच निकाला है कि नीलाम हो भी जाय, तो जायदाद उन्हीं के हाथ में रहे। राहिन के मुख़्तार को वह बोली ही नहीं बोलने देते। वह अगर उस स्थल पर आ जाय, तो अपनी जान से हाथ धोये। कोई बाहरी आदमी बोली बोलनेवाला नहीं रह जाता, तो किसान आपस में बोली बोलकर नाममात्र मूल्य पर खरीद लेते हैं। कई प्रान्तों में कृषक-रक्षिणी सभाओं द्वारा यह काम किया जाता है। सभा जायदाद खरीदकर उसके मालिक को लौटा देती है। रेहनदार के रुपये गायब हो जाते हैं। केवल एक उज्रदारी रेहनदार की तरफ से हुई है कि नीलाम बेकायदा था क्योंकि कुछ लोगों ने गुट बनाकर बाहर के आदमियों को बोली बोलने से रोक दिया। इस तरह की संस्थाएँ बढ़ रही हैं। आन्दोलन अग्निज्वाला की तरह फैलता जा रहा है। किसान इस नबे अरब डॉलर के ऋण को मिटाकर रहेंगे।

[अगस्त 1933]

हतभागे किसान

भारत के अस्सी फ़ीसदी आदमी खेती करते हैं। कई फ़ीसदी वह हैं जो अपनी जीविका के लिए किसानों के मुहताज हैं, जैसे गाँव के बढ़ई लुहार आदि। राष्ट्र के हाथ में जो कुछ विभूति है, वह इन्हीं किसानों और मजदूरों की मेहनत का सदका है। हमारे स्कूल और विद्यालय, हमारी पुलिस और फ़ौज, हमारी अदालतें ओर कचहरियाँ, सब उन्हीं की कमायी के बल पर चलती हैं, लेकिन वही जो राष्ट्र के अन्न और वस्त्रदाता हैं, भर पेट अन्न को तरसते हैं, जाड़े-पाले में ठिठुरते हैं और मक्खियों की तरह मरते हैं। कोई जमाना था जब गाँव के लोग अपने डील-डौल, बल-पौरुष के लिए मशहूर थे। जब गाँवों में दूध-घी की इफरात थी। जब गाँव के लोग दीर्घजीवी होते थे। जब देहात की जलवायु स्वास्थ्यकर और पोषक थी, लेकिन आज आप किसी गाँव में निकल जाइए, आपको खोजने से भी हृष्ट-पुष्ट आदमी न मिलेगा, न किसी की देह पर मांस है न कपड़ा। मानो चलते-फिरते कंकाल हों। और तो और, उन्हें रहने को स्थान नहीं है। उनके द्वारों पर खड़े होने तक की जगह नहीं, नीची दीवारों पर रक्खी हुई फूस की झोपड़ियों के अन्दर वह, उसका परिवार, भूसा, लकड़ी, गाय बैल सब के सब पड़े हुए जीवन के दिन काट रहे हैं। कोई समय था जब भारत के धन का संसार में शोहरा था। यहाँ के सोने और जवाहरात की चमक से दूर-दूर के कवियों की आँखों में चकाचौंध हो जाती थी, विजेताओं के मुँह में पानी भर आता था, मगर, आज वह कपोलकथा मात्र है। आज भारत दरिद्रता और अज्ञान के ऐसे गहरे गढ़े में गिरा पड़ा है कि उसकी थाह भी नहीं मिलती। लार्ड कर्जन ने 1901 में यहाँ की व्यक्तिगत आय का अनुमान तीस रु. साल किया था। 1915 में एक दूसरे हिसाबदाँ ने इस अनुमान को पचास रु. तक पहुँचाया, और 1915 में वह समय था जब योरोपीय महाभारत ने चीज़ों का मूल्य बहुत बढ़ा दिया था। 1930 में वही हालत फिर हो गयी जो 1901 में थी और हिसाब लगाया जाय तो आज हमारी व्यक्तिगत आय शायद पच्चीस रु. से अधिक न हो, पर आज तक किसी ने किसानों की दशा की ओर ध्यान नहीं दिया और उनकी दशा आज भी वैसी है जो पहले थी। उनके खेती के औजार, साधन, कृषि-विधि, क़र्ज, दरिद्रता सब कुछ पूर्ववत् है।

नहीं यह कहना गलती होगी कि उनकी दशा की तरफ़ किसी ने ध्यान नहीं दिया। सरकार ने समय-समय पर उनकी रक्षा करने के लिए कानून बनाये हैं, और शायद इस तरह के कानून अब तक और ज्यादा बन गये होते यदि जमींदारों की ओर से उनका विरोध न हुआ होता। अब की बार ही छूट के विषय में ज़मींदारों ने कम रुकावटें नहीं डालीं, लेकिन अनुभव से मालूम हो रहा है कि इस नीति से किसानों का विशेष उपकार नहीं हुआ। इन कानूनों के बगैर सम्भव था, उनकी हालत इससे भी खराब होती। इनसे इतना फ़ायदा तो ज़रूर हुआ कि उनकी पतनोन्मुखी प्रगति रुक गयी लेकिन उन्नति के लिए दशाएँ अनुकूल न हो सकीं। हमें तो उन्नति के लिए ऐसे विधानों की ज़रूरत है जो समाज में विप्लव किये बिना ही काम में लाये जा सकें। हम श्रेणियों में संग्राम नहीं चाहते। हाँ इतना अवश्य चाहते हैं कि सरकार और जमींदार दोनों ही इस बात को न भूल जायं कि किसान भी मनुष्य हैं, उसे भी रोटी और कपड़ा चाहिए, रहने को घर चाहिए, उसके घर में शादी-गमी के अवसर आते हैं, उसे भी अपनी बिरादरी में अपने कुल मर्यादा की रक्षा करनी पड़ती है। बीमारी-आरामी औरों की तरह उस पर भी व्याप्त होती है। इसलिए लगान बाँधते समय इस बात का खयाल रखें कि किसान को कम से कम खेती में इतनी मजूरी तो मिल जाय कि वह अपने बाल-बच्चों का पालन कर सकें। हमारे प्रान्त में अधिकतर किसान ऐसे हैं जिनके पास तीन, चार एकड़ से ज्यादा भूमि नहीं है। बहुत बड़ा हिस्सा तो ऐसों का है जिनके पास इसकी आधी जमीन भी नहीं है। और जमाबन्दियाँ जितनी ही छोटी होती हैं, उन पर खेती का खर्च उतना ज्यादा बैठता है। इसलिए ज़मीन के लगान के दर में नये सिरे से तरमीम होनी आवश्यक है। बेशक उससे ज़मींदारों की आमदनी कम हो जायगी, और सरकार को अपने बजट बनाने में बड़ी कठिनाई पड़ेगी, लेकिन किसान के जीवन का अन्य सभी हितों से कहीं ज्यादा मूल्य है।

किन्तु परिस्थितियों को देखते लगान में निकट भविष्य में विशेष कमी नहीं की जा सकती। वास्तव में हालत तो यह है कि छोटे-छोटे किसानों का खेती पर जो खर्च पड़ रहा है वह भी वसूल नहीं होता, लगान तो दूर की बात है। और मान लिया किसी तरह एक या दो साल डंडे के ज़ोर से लगान वसूल कर लिया गया भी तो क्या। जब किसान भूखों मर रहा है तो वह दुर्बल ओर रुग्ण होगा, खेती में ज्यादा मेहनत न कर सकेगा और इसलिए उसकी पैदावार भी अच्छी न होगी। हमें तो परिस्थिति में कुछ ऐसा परिवर्तन करने की जरूरत है कि किसान सुखी और स्वस्थ रहे। जमींदार, महाजन और सरकार सबकी आर्थिक समृद्धि किसान की आर्थिक दशा के अधीन है। अगर उसकी आर्थिक दशा हीन हुई तो दूसरों की भी अच्छी नहीं हो सकती। किसी देश के सुशासन की पहचान साधारण जनता की दशा है। थोड़े से जमींदार और महाजन या राजपदाधिकारियों की सुदशा से राष्ट्र की सुदशा नहीं समझी जा सकती।

किसानों के लिए दूसरी ज़रूरत ऐसे घरेलू धन्धों की है जिससे वह अपनी

फ़ुरसत के वक्त कुछ कमा सकें। यह काम असंगठित रूप से सफल नहीं हो सकता। इसे या तो सहकारी सोसाइटियों के हाथ में दिया जाना चाहिए या सरकार को खुद अपने हाथ में रखकर व्यापार और उद्योग विभाग के द्वारा इसका संचालन कराना चाहिए। एक प्रान्त में बाज ऐसी चीजें हैं जिनकी खपत नहीं हैं, मगर दूसरे प्रान्तों में उनकी अच्छी खपत है। ऐसे उद्योगों का प्रचार किया जाना चाहिए।

खेती की पैदावार बढ़ाने की ओर भी अभी तक काफ़ी ध्यान नहीं दिया गया। सरकार ने अभी तक केवल प्रदर्शन और प्रचार के सीमा के अन्दर रहना ही उपयुक्त समझा है। अच्छे औज़ारों, अच्छे बीजों, अच्छी खादों का केवल दिखा देना ही काफ़ी नहीं है। सौ में दो किसान इस प्रदर्शन से फ़ायदा उठा सकते हैं। जिनको भोजन का ठिकाना नहीं है, जो नाक तक ऋण के नीचे दबा हुआ है उससे यह आशा नहीं की जा सकती कि वह नयी तरह के बीज या औज़ार या खाद खरीदेगा। उसे तो पुरानी लीक से जौ भर हटना भी दुस्साहस मालूम होता है। उसमें कोई परीक्षा करने की, किसी नयी परीक्षा का जोखिम उठाने की सामर्थ्य नहीं है। उसे तो लागत के दामों पर यह चीज़ें किस्तवार अदायगी की शर्त पर दी जानी चाहिए। सरकार के पास इन कामों के लिए हमेशा धन का अभाव रहता है। हमारे विचार में इससे ज़्यादा ज़रूरी सरकार के लिए कोई काम ही नहीं है।

दूसरी ज़रूरत ज़मीन की चकबन्दी है। ज़मीन का बँटवारा इतनी कसरत से हुआ है और हो रहा है कि जिसकी कोई हद नहीं। दक्षिण में सन् 1771 ई. में औसत जमाबन्दी चालीस एकड़ की थी। 1915 ई. में वह केवल सात एकड़ रह गयी। बंगाल में तीन एकड़ है और संयुक्त प्रान्त में केवल डेढ़ एकड़। यह डेढ़ एकड़ भी गाँव के चारों दिशाओं में स्थित होता है, इसलिए उसमें बहुत परिश्रम व्यर्थ हो जाता है। चकबन्दी हो जाने से इतना फ़ायदा होगा कि किसान अपने चक को बाड़ों से घेर सकेगा, उसमें कुएँ बनवा सकेगा, खेती की निगरानी कर सकेगा। इससे उसकी उपज में कुछ बढ़ती होने की आशा हो सकती है।

कीड़ों से भी फ़सल का अक्सर बहुत नुक़सान होता है। पिछले साल चूहों ने कितने खेतों का सफ़ाया कर दिया। कभी लाही आती है, कभी माही, कभी गेरुई, कभी पतिंगे। कभी दीमकों का ज़ोर होता है, कभी कीड़ों का। किसानों के पास इन भौतिक बाधाओं की कोई दवा नहीं है। कृषि विभाग ने इस विषय में बहुत कुछ खोज किया है और ज़रूरत है कि उसकी परीक्षित अनुभूतियों किसानों के कानों तक पहुँचायी जायँ। केवल इतना ही नहीं, उनके द्वारों तक पहुँचाई जायँ, पर यहाँ तो जो कुछ होता है दफ़्तरी ढंग से, जो इतना पेचीदा और विलम्बकारी है कि उससे किसानों को फ़ायदा नहीं होता। यहाँ दफ़्तरी ढंग की नहीं, मिशनरी उद्योग की ज़रूरत है। अब तक सरकार ने किसानों के साथ सौतेले लड़के का-सा व्यवहार किया है। अब उसे किसानों को अपना जेठा पुत्र समझकर उसके अनुसार अपनी नीति का निर्माण करना पड़ेगा।

[19 दिसम्बर 1932]

विविध

भारत 1983 में

''जहाँ तक भारत की वर्तमान मनोवृत्ति का हमें परिचय है, यह कहना युक्तिसंगत है कि वह अपने लिए कोई ऐसी व्यवस्था बनाएगा, जो स्पष्ट रूप से बहुमत की जवाबदेही न होगी। यहाँ तक कि गरमदल के काँग्रेसवाले भी जिम्मेदार शासन की कल्पना नहीं करते, बल्कि उसी प्रणाली का उपयोग करना चाहते हैं, जो पहले से दफ्तरी शासन ने तैयार कर दी है, उसी तरह जैसे लेनिन और उनके अनुयायी अधिकार के उस क्षेत्र में कूद पड़े, जिसे दो सदियों में ज़ारशाही ने समतल कर दिया था।''

यह है वह विचार, जो संयुक्त प्रान्त के गवर्नर सर मालकम हेली ने हाल के एक जलसे में प्रकट किया। यह जलसा ऑक्सफोर्ड में रॉयल एम्पायर सोसाइटी की ओर से हुआ था, और कथन का विषय था ''भारत 1983 में।''

सर मालकम हेली प्रगतिशील शासकों में नहीं हैं। उनका सारा राजनैतिक जीवन भारत की राष्ट्रीय आकांक्षाओं का दमन करते गुजरा है। पिछले राष्ट्रीय आन्दोलन में हम बार-बार उनका लोहे का पंजा देख चुके हैं, पर ''भारत 1983 में'' एक ऐसा विषय था, जिस पर अपनी जिम्मेदारियों से ऊँचे उठकर, बिना किसी तरह के संकोच या रुकावट के भारत के विषय में भविष्यवाणी कर सकते थे। इसलिए उनके उस कथन में जहाँ अधिकतर ऐसी बातें हैं, जो उनके विचारों में बद्धमूल हो गयी हैं और जिन्हें वह अनुदार आँखों से देखने के सिवा कुछ कर ही नहीं सकते, कुछ ऐसी बातें भी हैं, जिनमें राजनीतिज्ञ की सूझ और भावना है और ऊपर हमने जो वाक्य नकल किये हैं, वह इसी तरह के वाक्यों में है। सर मालकम हेली के विचार में भारत की परम्परा और उसकी संस्कृति प्रतिनिधि शासन के अनुकूल नहीं है। यह कथन हमें चिन्ता में डाल देता है।

इतिहास में कहीं ऐसा प्रमाण नहीं मिलता कि भारत ने उस रूप में राजनैतिक अधिकार के लिए उद्योग किया हो, जैसा आजकल हम समझते हैं। प्राचीन काल में कभी यह आदर्श यहाँ था, इसमें हमें सन्देह है। बौद्ध काल में दक्खिन में कुछ ऐसे राज्य थे, जहाँ प्रतिनिधि शासन के कुछ चिह्न मिलते हैं, पर वे चिह्न मात्र हैं,

जीते-जागते प्रमाण नहीं हैं। यूनान में जिस प्रकार प्रजा ने अधिकार के लिए संग्राम किये, जिस तरह धीरे-धीरे अमीरों के हाथ से शक्ति निकलकर प्रजा पक्ष के हाथ में आयी। रोम में भी इतिहस ने जिस तरह अपने को दुहराया, वैसा कोई प्रमाण भारत में नहीं मिलता। योरोप की वर्तमान राजनैतिक परिस्थिति उन्हीं पुरानी परम्पराओं पर टिकी हुई है। हाँ, वहाँ जनतन्त्र आर्थिक सामाजिक कारणों से जनतन्त्र न रहकर पूँजीतन्त्र हो गया है। कम्युनिज़्म और फैसिज़्म उसके विद्रोह मात्र हैं। वह जनतन्त्र को वास्तविक रूप में जनतन्त्र बनाये रखने के आयोजन हैं। जनतन्त्र का अर्थ इसके सिवा और क्या है कि राज्य में किसी एक गुट या दल का विशेषाधिकार न हो, और राज्य का आधार-स्तम्भ समता और न्याय का व्यावहारिक रूप हो। अगर जनता को इस ओर से निश्चिन्तता हो जाय, तो उसे अधिकार की विशेष परवाह नहीं होती। वह अधिकार केवल इसीलिए चाहती है कि समता और न्याय का रूप विकृत न होने पावे। यह समता मनुष्य में आदि से चली आ रही है, जब कोई राजा न था, कोई प्रजा न थी, सभी अपने शक्ति और पुरुषार्थ के बल पर अपने जीवन का निर्वाह करते थे। हजारों बरस के एकाधिपत्य ने भी उस भावना को निर्जीव नहीं होने दिया है। हमारी सभी धार्मिक व्यवस्थाएँ इसी समता के आदर्श को पालन करने की चेष्टाएँ हैं। योरोप इस विषय में भारत से भिन्न नहीं है, क्योंकि मनुष्य स्वभाव में देश भेद से कोई मौलिक अन्तर नहीं आ जाता। योरोप में ही थोड़े दिन पहले जर्मनी, आस्ट्रिया, रूस, फ्रांस सभी देशों में बादशाही थी, और बादशाही भी इंग्लैण्ड की-सी अपंग बादशाही नहीं, बल्कि ज़ोरदार बादशाही थी।

जहाँ कहीं बादशाहों ने जन पक्ष को विकास पाने का अवसर दिया, वहाँ बादशाही बनी हुई है, जहाँ समता और न्याय के आदर्श को ठुकराया गया और दलबन्दी हुई, वहीं प्रजा ने विद्रोह किया। कम्युनिज्म और फ़ासिज्म का आधिपत्य इसलिए नहीं है कि उनके पीछे सैनिक शक्ति है, बल्कि इसलिए कि वे प्रज़ा-हित को ही अपना आधार बनाये हुए हैं। ज्योंही वे इस आदर्श से गिर जाएँगे, जनता फिर चंचल हो जायगी और फिर किसी दूसरी तरह इस सभ्यता को हल करने की चेष्टा करेगी। लेकिन यह कहना कि भारत की परम्परा और जलवायु ही प्रतिनिधि शासन के अनुकूल नहीं, मानव प्रकृति की समानता को अस्वीकार करना है। कोई भी मनुष्य छोटा या नीच बनकर नहीं रहना चाहता। जिसमें राजनैतिक चेतना ही नहीं, उनकी बात न्यारी है। जहाँ सामाजिक चेतना नहीं, वहाँ राजनैतिक न हो तो कोई आश्चर्य नहीं। लेकिन जिनमें कुछ भी राजनैतिक चेतना है, वे अपने देश को सुखी और सन्तुष्ट और गौरवयुक्त देखना चाहते हैं। जो कोई भी बाधा उनके इस आदर्श के सामने खड़ी होती है, उसका विरोध करने की उन्हें इच्छा होती है। क्या भारत में आज बादशाही होती और वह बादशाही प्रजा को लूटकर थोड़े से

सम्बन्धियों का घर भरना ही अपना दस्तूर बना लेती, तो भारतवासी उसके विरुद्ध कोई आन्दोलन न करते? रियासतों में क्या इस तरह का आन्दोलन नहीं है? जनमत के विरुद्ध जब शासन व्यवस्था चलती है, चाहे वह बादशाही हो, या कुबेरशाही, या प्रजाशाही, उसके विरुद्ध आन्दोलन होने लगता है। जो शिक्षित हैं, वही विद्रोह का झंडा उठाते हैं। वही भारत में भी हुआ। यह कहना कि भारत का राष्ट्रीय आन्दोलन पश्चिम का ऋणी है, और उसकी क़लम वहीं से लाकर आरोपित की गयी, मानव प्रकृति से अपने अज्ञान का परिचय देना है। "जातीयता" योरोप के कारखाने में अवश्य बनी है, पर योरोप में भी तीन सौ साल पहले जातीयता का रूप इतना प्रचंड न था। उसे हम मानवजाति की कोई बड़ी विभूति नहीं समझते, उसने मनुष्य को भिन्न-भिन्न भागों में बाँटकर एक दूसरे का शत्रु बना दिया है। भारत को इंगलैंड से कोई दुश्मनी नहीं है। वह तो केवल इतना ही चाहता है कि भारत की ऐसी अवस्था न रहे कि दूसरे तो मूँछों पर ताव देकर गुलछर्रे उड़ायें और जो भारत सन्तान हैं, जो पसीना बहाकर और अपना रक्त जलाकर धन कमाते हैं, वे दाने और वस्त्र को मुहताज हों और पशुओं की भाँति जियें। इतिहास का महत्त्व इसके सिवा और क्या है कि अपनी पिछली गलतियों को सुधारा जाय। यह खयाल करना कि किसी कारण से हममें पूर्व में जो गलतियाँ थीं, वही हमारी परम्परा है और उनके सुधार की चेष्टा करने में हम अपनी संस्कृति के प्रतिकूल जा रहे हैं, न्यायानुकूल नहीं है। भारत ने जो सबसे बड़ी गलती की थी, वह जनता को राजनैतिक वातावरण से बिलकुल अलग रखना था। इसका फल यह हुआ कि बड़े-बड़े राजनैतिक परिर्वतन हो गये और जनता ने किसी प्रकार का भाग न लिया। भारत फिर वही गलती न करेगा। वह इतने दिनों के अनुभव से समझ गया है कि अच्छे से अच्छा शासन विधान यदि प्रजा की सामूहिक इच्छा पर आधारित नहीं है, यदि प्रजा का उसके बनाने में भाग नहीं है, तो वह प्रजा से कोई सहायता पाने की आशा नहीं रख सकता। वह बेबुनियाद की दीवार है, जो आँधी के पहले ही झोंके से जमींदोज़ हो जायगी। प्रजा में राजनैतिक चेतना लाना भारत का पहला कर्त्तव्य है। उसने बड़े कड़वे अनुभव से अपनी यह गलती मालूम की है और इसका सुधार करने की चेष्टा कर रहा है। प्रजा में चेतना आ जाने के बाद वह स्वयं अपने अधिकारों की रक्षा करना सीख जायगी। इसलिए काँग्रेस के सामने प्रतिनिधि शासन का ही आदर्श है। वह निर्वाचनाधिकार को अधिक से अधिक विस्तृत रूप देना चाहती है। वह जायदाद की या शिक्षा की कोई कैद नहीं रखना चाहती। अगर काँग्रेस ने या जनपक्ष ने विजय पायी तो प्रतिनिधि शासन के सिवा वह किसी दूसरी व्यवस्था की कल्पना ही नहीं कर सकती, क्योंकि वह बाधाएँ जो रूस या फ्रांस में थीं, यहाँ पहले से उसका अन्त हो चुका है। पूँजीपतियों का यहाँ अभी न इतना जोर है और न आगे होने की सम्भावना है कि यह इंगलैंड या

अमेरिका की भाँति जनमत पर अधिकार करके उसे साम्राज्यवाद का रूप दे दें।

इंगलैंड का प्रभुत्व तो स्वयं भारतीय परम्परा के प्रतिकूल है। भारत में ऐसी कोई व्यवस्था कभी नहीं आयी कि किसी जाति ने दूसरे देश से उस पर शासन किया हो, और सदैव स्वदेशवासियों के हक़ छीनकर अपने देशवालों को ही पुरस्कृत किया हो। यह प्रणाली भारतीय परम्परा के सर्वथा विरुद्ध है। प्रतिनिधि शासन स्वाभाविक वस्तु है। कौन नहीं चाहता कि वह अपने घर का स्वामी रहे। अगर वह भारत में बाहर की चीज़ समझी जाती है, तो यह साम्राज्यवादी शासन सरासर अस्वाभाविक होने पर भी कैसे भारत के अनुकूल हो जाता है, यह हमारी समझ में नहीं आता। फिर भी हमारे शासक इसी अस्वाभाविक वस्तु को नये-नये बहाने से निकाल कर चिरस्थायी बनाने की चेष्टा कर रहे हैं और संसार को इस भ्रम में डालकर कि प्रतिनिधि शासन भारत की आत्मा के विरुद्ध है, एक ऐसी व्यवस्था की रचना कर रहे हैं, जिसमें भारत इंगलैंड का मजदूर मात्र रह जाता है।

[21 अगस्त 1933]

सिनेमा और जीवन

सिनेमा का प्रचार दिन-दिन बढ़ रहा है। केवल इंगलैंड में दो करोड़ दर्शक प्रति-सप्ताह सिनेमा देखने जाते हैं। इसलिए प्रत्येक राष्ट्र का फ़र्ज हो गया है कि वह सिनेमा की प्रगति पर कड़ी निगाह रखे और इसे केवल धन-लुटेरों के ही हाथ में न छोड़ दे। व्यवसाय का नियम है कि जनता में जो माल ज़्यादा खपे, उसकी तैयारी में लगे। अगर जनता को ताड़ी शराब से रुचि है, तो वह ताड़ी-शराब की दुकानें खोलेगा और खूब धन कमाएगा। उसे इससे प्रयोजन नहीं कि ताड़ी-शराब से जनता को कितनी दैहिक, आत्मिक, चारित्रिक, आर्थिक और पारिवारिक हानि पहुँचती है। उसके जीवन का उद्देश्य तो धन है और धन कमाने का कोई भी साधन वह नहीं छोड़ सकता। यह काम उपदेशकों और सन्तों का है कि वे जनता में संयम और निषेध का प्रचार करें। व्यवसाय तो व्यवसाय है। 'बिज़नैस इज ब्रिजनैस' यह वाक्य सभी की ज़बान पर रहता है। इसका अर्थ यही है कि कारोबार में धर्म और अधर्म, उचित और अनुचित का विचार नहीं किया जा सकता। बल्कि उसका विचार करना बेवकूफ़ी है।

इसमें विद्वानों को मतभेद हो सकता है कि आदमी का पूर्व पुरुष बन्दर है या भालू; लेकिन इसमें तो सभी सहमत होंगे कि आदमी में दैविकता भी है और पाशविकता भी। अगर आदमी एक वक़्त में किसी की हत्या कर सकता है, तो दूसरे अवसर पर किसी की रक्षा में अपने प्राणों का होम भी कर सकता है। आदि-काल से साहित्य काव्य और कलाओं का यही ध्येय रहा है कि आदमी में जो पशुत्व है उसका दमन करके, उसमें जो देवत्व है, उसको जगाया जाय। उसमें जो निम्न भावनाएँ हैं उनको दबाकर या मिटाकर कोमल और सुन्दर वृत्तियों को सचेत किया जाय। साहित्य और काव्य में भी ऐसे समय आये हैं, और आते रहते हैं, जब सुन्दर का पक्ष निर्बल हो जाता है और वह असुन्दर, वीभत्स और दुर्वासना का राग अलापने लगता है। लेकिन जब ऐसा समय आता है तो हम उसे पतन का युग कहते हैं। इसी उद्‌देश्य से साहित्य और कला में केवल मानव-जीवन की नकल करने को बहुत ऊँचा स्थान नहीं दिया जाता और आदर्शों की रचना करनी पड़ती

है। आदर्शवाद का ध्येय यही है कि वह सुन्दर और पवित्र की रचना करके मनुष्य में जो कोमल और ऊँची भावनाएँ है, उन्हें पुष्ट करे और जीवन के संस्कारों से मन और हृदय में जो गर्द और मैल जम रहा हो, उसे साफ़ कर दे। किसी साहित्य की महत्ता की जाँच यही है कि उसमें आदर्श चरित्रों की सृष्टि हो। हम सब निर्बल जीव हैं, छोटे-छोटे प्रलोभनों में पड़कर हम विचलित हो जाते हैं, छोटे-छोटे संकटों के सामने हम सिर झुका देते हैं। और जब हमें अपने साहित्य में ऐसे चरित्र मिल जाते हैं, जो प्रलोभनों को पैरों-तले रौंदते और कठिनाइयों को धकियाते हुए निकल जाते हैं, तो हमें उनसे प्रेम हो जाता है, हममें साहस का जागरण होता है और हमें अपने जीवन का मार्ग मिल जाता है।

अगर सिनेमा इसी आदर्श को सामने रखकर अपने चित्रों की सृष्टि करता, तो वह आज संसार की सबसे बलवान् संचालक शक्ति होता, मगर खेद है कि इसे कोरा व्यवसाय बनाकर हमने उसे कला के ऊँचे आसन से खींचकर ताड़ी या शराब की दूकान की सतह तक पहुँचा दिया है, और यही कारण है कि अब सर्वत्र यह आन्दोलन होने लगा है कि सिनेमा पर नियन्त्रण रखा जाय और उसे मनुष्य की पशुताओं को उत्तेजन देने की कुप्रवृत्ति से रोका जाय।

जिस जमाने में बम्बई में काँग्रेस का जलसा था, सिनेमा-हाल अधिकांश में खाली रहते थे, और उन दिनों जो चित्र दिखाये गये, उनमें घाटा ही रहा। इसका कारण इसके सिवा और क्या हो सकता है कि जनता के विषय में जो ख़याल है कि वह मारकाट और सनसनी पैदा करने वाली और शोर-गुल से भरी हुई तस्वीरों को ही पसन्द करती है, वह भ्रम है। जनता प्रेम और त्याग अथवा मित्रता और करुणा से भरी हुई तस्वीरों को और भी रुचि से देखना चाहती है; मगर हमारे सिनेमावालों ने पुलिसवालों की मनोवृत्ति से काम लेकर यह समझ लिया है कि केवल भद्‌दे मसखरेपन और भँड़ैती और बलात्कार और सौ फ़ीट की ऊँचाई से कूदने-झूठमूठ टीन की तलवार चलाने में ही जनता को आनन्द आता है और कुछ थोड़ा-सा आलिंगन और चुम्बन तो मानो सिनेमा के लिए उतना ही ज़रूरी है जितना देह के लिए आँखें। बेशक जनता वीरता देखना चाहती है। प्रेम के दृश्यों में भी जनता को रुचि है, लेकिन यह ख़याल करना कि आलिंगन और चुम्बन के बिना प्रेम का प्रदर्शन हो ही नहीं सकता, और केवल नक़ली तलवार चलाना ही जवाँमर्दी है, और बिना ज़रूरत गीतों को लाना सुरुचि है, और मन और कर्म की हिंसा में ही जनता को आनन्द आता है, मनोविज्ञान का बिलकुल ग़लत अनुमान है। कहा जाता है कि, शेक्सपियर के शब्दों में, जनता अबोध बालक है। और वह जिन बातों पर एकान्त में बैठकर घृणा करती है, या जिन घटनाओं को अनहोनी समझती है, उन्हीं पर सिनेमा-हाल में बैठकर उल्लास से तालियाँ बजाती है। इस कथन में सत्य है। सामूहिक मनोविज्ञान की यह विशेषता अवश्य है। लेकिन

अबोध बालक को क्या माँ की गोद पसन्द नहीं? जनता नग्नता और फक्कड़ता और भँड़ैती ही पसन्द करती है, उसे चूमा-चाटी और बलात्कार में ही मज़ा आता है, तो क्या उसकी इन्हीं आवश्यकताओं को मज़बूत बनाना हमारा काम है? व्यवसाय को भी देश और समाज के कल्याण के सामने झुकना पड़ता है। स्वदेशी आन्दोलन के समय में किसकी हिम्मत थी जो 'बिज़नैस इज़ बिज़नैस' की दुहाई देता? बिज़नैस से अगर समाज का हित होता है, तो ठीक है; वर्ना ऐसे बिज़नैस में आग लगा देनी चाहिए। सिनेमा अगर हमारे जीवन को स्वस्थ आनन्द दे सके, तो उसे ज़िन्दा रहने का हक़ है। अगर वह हमारे क्षुद्र मनोवेगों को उकसाता है, हममें निर्लज्जता और धूर्तता और कुरुचि को बढ़ाता है, और हमें पशुता की ओर ले जाता है, तो जितनी जल्द उसका निशान मिट जाय, उतना ही अच्छा।

और अब यह बात धीरे-धीरे समझ में आने लगी है कि अर्धनग्न तस्वीरें दिखाकर और नंगे-नाचों को प्रदर्शन करके जनता को लूटना इतना आसान नहीं रहा। ऐसी तस्वीरें अब आम तौर पर नापसन्द की जाती हैं, और यद्यपि अभी कुछ दिनों जनता की बिगड़ी हुई रुचि आदर्श चित्रों को सफल न होने देगी लेकिन प्रतिक्रिया बहुत जल्द होने वाली है और जनमत अब सिनेमा में सच्चे और संस्कृत जीवन का प्रतिबिम्ब देखना चाहता है, राजाओं के विलासमय जीवन और उनकी ऐयाशियों और लड़ाइयों से किसी को प्रेम नहीं रहा।

['हंस', मार्च 1935]

एकता

एकता बड़ा मधुर शब्द है। इसके प्रत्येक अक्षर में वह जादू है, जो कवि की कल्पना अथवा अन्वेषक की बुद्धि से परे है। एकता अथवा एकरूपता में कोई अन्तर नहीं है। यह समूची सृष्टि उस परमात्मा की इच्छा के परिणामस्वरूप उत्पन्न हुई है। उसने कल्पना की कि वह अनेक हो जावे और उसी कल्पना के विकार से यह माया-जाल बना, पर सृष्टि की प्रत्येक रचना में, परमात्मा के साथ साम्य तथा सद्रूपता का अन्तर्निहीत आभास रहता है। प्राणी विवेक की शरण लेकर अविवेक से निरन्तर युद्ध करता रहता है। सबके साथ अपनी सत्ता को मिलाने की चेष्टा उसी एक विश्वात्मा में सम्मिलित कर लिये जाने का प्रयास है, जिससे विलग हो जाने से यह भेद-भाव प्राप्त हुआ था।

पृथ्वी की धूल से उत्पन्न गर्द हवा से ऊपर उड़ जाती है, पर वह चेष्टा नीचे ही गिरने की करती है। बीज से उत्पन्न फल पुनः पृथ्वी पर गिरकर बीज रूप हो जाना चाहता है। समुद्र से प्राप्त वर्षा जल से प्रवाहित सरिता पुनः समुद्र के साथ साकार होना चाहती है। सिंह तथा सिंहनी की सन्तान भी, कुछ समय तक अपने भोज्य जीवों के साथ खेलकर उनके साथ अपने साम्य का सुख लूटकर उन्हें खा जाते हैं। पेट तो भरना ही होगा, चाहे वह अपने सम्बन्धी को ही खाकर क्यों न भरें।

तब मनुष्य की एकता के प्रति अनुरक्ति के लिए क्या कहा जावे। आज जो लड़ रहा है, जो झगड़ रहा है, जो आपस में एक टुकड़े के लिए कपट-जाल कर दूसरे के सत्यानाश पर तुला हुआ है, वह भी अपनी इस तृप्ति से सुखी नहीं है। लड़ना किससे और क्यों, झगड़ा किससे और क्यों? जब सब एक हैं, जब सब एक दूसरे के सुख-दुख के ज़िम्मेदार हैं, जब एक के पैर में काँटा चुभने से दूसरे के जी में कसक पैदा हो जाती है, जब एक की वेदना दूसरे के सुख के स्वर को भंग कर सकती है, तब विरोध किसका? जो बाल-बच्चेवाला है, वह दूसरे के बच्चे के दुःख को कैसे नहीं समझेगा? जिसके घर-द्वार है वह दूसरे के घर को फूँक कर कब तक सुखी हो सकेगा? असल में जो दुःख है वह हमारी नियत में नहीं, हमारे अविवेक

में है। हमको किसी ने बहका रखा है, कि दूसरे का अपहरण तुम्हारा सुख है, दूसरे का अभाव तुम्हारी विजय! पर इस प्रकार उमंग के दास हो जाने से, कितने दिन, किस प्रकार हम अपना कल्याण कर सकते हैं? असल में हम शान्ति चाहते हैं, सुख चाहते हैं, प्रेम चाहते हैं, पर जब हमारे स्वार्थ को जरा भी ठेस लगती है, जब हमारे हित को ज़रा भी आँच लगती है, हम ब्याकुल हो उठते हैं और लड़ने लगते हैं, पर यह युग इस प्रकार लड़ने से हमें सर्व सुखी नहीं कर सकता। योरोप तथा अमेरिकावालों के पास अपना झगड़ा इतना नहीं है। एक प्रकार से वह परम सुखी हैं, पर भरे पेट में शरारत सूझती है और अब वे पराये के झगड़े को अपना बनाकर रात-दिन का कलह पैदा कर लेते हैं, इसलिए एकता का प्रश्न एक दैवी प्रश्न है और जिसे सुख की चाह हो, यदि वह सर्वस्व प्राप्त करके एकता प्राप्त करने की लालसा करेगा, तो वह उसे कभी प्राप्त न होगी। दैवी वस्तुओं में दैवी वृत्ति चाहिए। यदि हिन्दू मुसलमान से एकता प्राप्त करना चाहता है, तो उसे यह स्मरण रखना चाहिए कि न तो वह मुसलमान से जो चाहता है वह पूरा पा सकता है और न मुसलमान जितने की आशा करता था, वह कभी पूरी होगी।

यदि हम भारतीय वास्तव में एकता के प्रेमी हैं, तो हमको इस महान् सत्य को ध्यान में रखना होगा। प्रयाग में एकता-सम्मेलन हो गया। मालवीय जी ने अपने जीवन की बाजी लगाकर इसे सफल बना दिया। जिस प्रकार नेहरू-रिपोर्ट पंडित मोतीलाल नेहरू के जीवन का सबसे बड़ा कार्य था, उसी प्रकार प्रयाग का एकता सम्मेलन मालवीय जी के जीवन की सबसे बड़ी विजय है। इस सम्मेलन में क्या बातें तय हो गयीं, उन्हें दुहराने की जरूरत नहीं है। जो हुआ, सो हुआ, जहाँ तक हो गया, इस समय की अवस्था को देखते हुए काफ़ी और अच्छा है। शिकायत की गुंजाइशें हैं, और दोनों तरफ से हैं, पर यदि एकता करनी है, तो वह "दे-ले" कर ही हो सकती है। वह बड़ी महँगी चीज है, तपस्या से प्राप्त होती है। तपस्या के लिए त्याग चाहिए। इसलिए प्रयाग की इस सफलता को त्याग की ही सफलता समझनी चाहिए। ऐसे अवसर पर हिन्दू तथा मुसलमानों की ओर से, स्वयं डॉ. मुंजे ऐसे बड़े नेताओं द्वारा भी, प्रयाग के निर्णय के विरुद्ध प्रचार देखकर हमें बड़ा खेद और आश्चर्य होता है। यदि उन्हें एकता करनी नहीं है, तो और ही बात है। यदि करनी है, तो इसका क्या तात्पर्य कि एक महान् कार्य के महान् प्रसाद को चूर्ण-विचूर्ण किया जावे।

अभी, गोलमेज़ का ताज़ा समाचार है कि मुसलिम प्रतिनिधियों ने यह निश्चय किया है कि वे हिज हाइनेस सर आगाखाँ की अधीनता में मिलकर, एक साथ और एक सम्मति से कार्य करेंगे। तीसरी गोलमेज में सरकार ने चुन-चुनकर एकता-विरोधी मुसलिम प्रतिनिधि बुलाये हैं। भारत से रवाना होने के पहले ये प्रतिनिधि खुले शब्दों में प्रयाग-सम्मेलन की दिल्लगी उड़ाकर गये हैं। अब जब वे यह देखेंगे कि

यहाँ एकता सचमुच हो गयी, तो उनकी आत्मा को कितनी ठेस लगेगी, पर जब वे यह देखेंगे कि उस एकता के समर्थक केवल वही हैं, जो प्रयाग में उस समय मौजूद थे, तो उनको कितना आनन्द प्राप्त होगा? हिन्दू महासभा की बैठक के समय हमने देखा था कि उसके सभापति श्री केलकर केवल डॉ. मुंजे के राग में राग मिला कर अपने व्यक्तित्व को कुछ भी कष्ट न देते थे। वही मि. केलकर इस समय लन्दन में गोलमेज़ियों में हैं। यदि डॉ. मुंजे की आवाज़ उनके कानों तक पहुँच गयी और उन्होंने अपना मत प्रयाग के निर्णय के विरुद्ध दे दिया, तब एक ओर होंगे उनके ख़िलाफ़ श्री क़ेलकर, दूसरी ओर होंगे सर मुहम्मद इकबाल। तब तो खूब प्रयाग का निर्णय कार्यान्वित होगा।

यदि सरकार वास्तव में भारत का हित चाहती है, तो उसे तुरन्त प्रयाग के निर्णय को स्वीकार कर लेना चाहिए, जिस प्रकार उसने पूना-पैक्ट को मान लिया था। उस समय पूनापैक्ट के विरोधी भी थे, पर उसने उनकी परवाह न की थी। इसी प्रकार इस समय भी उसकी नेकनीयती की परीक्षा है, यदि वह परीक्षा में पास हो गयी तो उसने आगामी पचास वर्षों के लिए भारतीय वैभव पर पुनः अधिकार दृढ़ करने का रास्ता पार कर लिया।

हमें तो सबसे पहले अपने भाइयों से विनय करना है। इस समय प्रयाग में जो हो गया, वही गनीमत है। एकता के मनोरम-स्वरूप को देखने के लिए आइए, हम लोग प्रयाग से प्राप्त देवी ''एकता'' के चरणों में सिर झुकायें।

[28 नवम्बर 1932]

जाग्रति

जीवन के लिए जागना जितना ज़रूरी है, उतना ही ज़रूरी सोना है। दोनों क्रियाएँ एक दूसरे के सहारे पर हैं। नींद का न आना भी एक बीमारी है, जिससे अनेक प्रकार की बाधाएँ आ सकती हैं। और जो प्राणी रात-दिन सोता ही रहे, वह तो मरा-सा है ही। यदि दोनों क्रियाएँ एक-दूसरे की सहायता करती रहें—आदमी जागे कर्म करने के लिए, सोये विश्राम करने के लिए—तो जीवन सुखी होता है; लेकिन जागना जीवन का मुख्य लक्षण है, सोना अर्थात्—विश्राम, तो केवल उसका सहायक है। इसलिए, जाग्रति जीवन और अभ्युदय का चिह्न है और निद्रा पतन तथा ह्रास का। जाग्रति रज-प्रधान क्रिया है, निद्रा में तम की प्रधानता होती है। कम से कम सोने के लिए अनेक उपाय और साधन बताये गये हैं। अधिक से अधिक सोने के लिए आजतक किसी ने कोई उपाय नहीं बताया—उसी तरह, जैसे स्वस्थ रहने के लिए तरह-तरह के प्रयत्न किये जाते हैं, पर बीमारी के लिए भी किसी ने कोई प्रयत्न किया है, ऐसा कभी सुनने में नहीं आया। वास्तव में स्वास्थ्य का न होना ही बीमारी है—उसी तरह, जैसे प्रकाश का न होना ही अन्धकार है। आदमी जितना ही कम सोये उतना ही जागरूक है, यहाँ तक कि कई विद्वानों का मत है, सोना कोई आवश्यक क्रिया नहीं। सम्भव है तपस्वियों के लिए सोना आवश्यक न हो, उनकी प्रकृति में रज और सत ही रह जाता हो, तम की सर्वथा हानि हो जाती हो, पर साधारण प्राणियों के लिए भी यही नियम लागू है कि मात्रा से अधिक सोने में हानि है, अतएव जब हम किसी राष्ट्र के विषय में जाग्रति की कामना करते हैं, तो इसका बोध यह होता है कि वह राष्ट्र मात्रा से अधिक तमोगुणी हो गया और उसमें जीवन की मात्रा ज़रूरत से कम है। हम इसी अवस्था में हैं और उससे निकलने का प्रयत्न कर रहे हैं। हम इस तत्त्व को मानते हैं कि हमारे लिए जाग्रति की बहुत बड़ी ज़रूरत है, लेकिन उस जाग्रति का, उस अभ्युदय का रूप क्या हो, इस विषय में अभी हममें थोड़ा मतभेद है, अनेक विचारक, अनेक सिद्धान्त बताते हैं। हम जागरण के दो-चार अंकों में इसी विषय की विवेचना करना चाहते हैं।

सबसे पहले यह ज़रूरी है कि हम यह समझ लें—हमारे जीवन का उद्देश्य क्या है। जब तक हम इसका निश्चय न कर लें, हम जाग्रति का रूप स्थिर नहीं कर सकते। जैसे प्राणियों में प्रकृति भेद होता है और कभी-कभी ऐसा होता है कि जो वस्तु एक आदमी के लिए अमृत है, वह दूसरे आदमी के लिए घातक विष है, वैसे ही जातियों में भी प्रकृति भेद होता है। इसके अनेक कारण हो सकते हैं—देश की प्राकृतिक अवस्था, जलवायु की विभिन्नता, परम्परा की विशेषता आदि। यदि हम इन परिस्थितियों को अपना दीपक न बनाएँगे, अपना मार्ग ऐसा न बनाएँगे, जो इन हालतों के अनुकूल हो, तो बहुत सम्भव है कि हम अपने लक्ष्य की प्राप्ति के बदले, दिन-दिन उससे दूर होते जावें। हमारी संस्कृति, जो सनातन से चली आती है, उसी के आधार पर हमें चलना होगा, क्योंकि संस्कृति केवल इन्हीं परिस्थितियों का समन्वय-मात्र है। यों कहना चाहिए कि संस्कृति का जो कुछ रूप है, वह इन्हीं परिस्थितियों का बनाया हुआ है। जब हम उस संस्कृति पर विचार करते हैं, तो हमें मालूम होता है वह कर्तव्य-प्रधान, धर्म-प्रधान, परमार्थ-प्रधान, अहिंसा-प्रधान, व्रत और नियम प्रधान संस्कृति है। उसमें व्यक्ति और समष्टि के सामंजस्य का ऐसा विधान है कि एक दूसरे का शत्रु न होकर सहायक बनी रहे। व्यक्ति के लिए धन और शौर्य प्राप्त करने की पूरी स्वाधीनता है, पर उसका उपयोग समाज और राष्ट्र के हित के लिए होना चाहिए, भोग-विलास अथवा निर्बलों पर प्रभुत्व जमाने के लिए नहीं। "अहिंसा परमोधर्मः" और "वसुधैव कुटुम्बकम्," यह दो सूत्र हमारी संस्कृति के मूल तत्व हैं और इस अधोवस्था में हम उन्हें अपनाये हुए हैं। यद्यपि अनेक कारणों से उस संस्कृति का रूप विकृत हो गया है, उसमें असंख्य बुराइयाँ घुस गयी हैं, यहाँ तक कि अब उसका रूप पहचाना नहीं जा सकता, फिर भी यह तत्त्व प्रकाश-स्तम्भों की भाँति अब भी प्रतिकूल दशाओं का सामना करते हुए खड़े हैं। बहुत कुछ खो चुकने पर भी, अब तक हममें जो कुछ रह गया है, वह उन्हीं प्रकाश-स्तम्भों का प्रसाद है। अन्यथा अब तक हमारी नौका न जाने कब की भँवर में पड़कर डूब चुकी होती। इस कथन से हम इस निष्कर्ष पर पहुँचे कि हमारे जीवन का उद्देश्य प्रभुत्व की प्राप्ति नहीं, बल्कि परमार्थ संचय है। हमारे जीवन का आदर्श स्वार्थ की अन्धी उपासना नहीं, संसार की निधि को समेटकर अपनी थैली में भर लेना नहीं वरन् संसार में इस तरह रहना है कि हमसे किसी को हानि न हो, किसी को कष्ट न हो, किसी का गला न दबे। हमारे आदर्श चरित्र नेपोलियन जैसे नहीं, जो संसार पर अधिकार प्राप्त करना चाहता था, न क्लाइव या क्रामबेल जैसे, लेनिन या मुसोलिनी जैसे। हमारे आदर्श चरित्र कृष्ण और राम और अशोक जैसे राजा, अर्जुन और भीष्म-जैसे योद्धा और गाँधी जैसे गृहस्थ हैं। हमारा विश्वास संघर्ष में नहीं, सहयोग में है।

कहा जाता है कि सिद्धान्त रूप से सभी संस्कृतियाँ एक-सी हैं। पूर्व और

पच्छिम में कोई अन्तर नहीं। वही अहिंसा और प्रेम और सेवा, जो हमारी संस्कृति का मूल तत्व है, पच्छिमी संस्कृति का भी मूलाधार है। जो कुछ अन्तर है, वह नयी और पुरानी संस्कृति में है। पच्छिम को पुरानी संस्कृति में है। पच्छिम की पुरानी संस्कृति हमारी संस्कृति से अभिन्न थी। जब से पच्छिम में कलों का युग आरम्भ हुआ, तभी से वहाँ की संस्कृति में स्वार्थ और संघर्ष की प्रधानता हुई। यद्यपि यह कथन बिलकुल सार-हीन नहीं है, फिर भी पच्छिमी संस्कृति का जो उद्‌गम स्थान है, यानी यूनान और रोम, वह संघर्ष-प्रधान राष्ट्र था। ईसाई-धर्म, जो मूल में बौद्ध धर्म और बहुत अंशों में हिन्दू-धर्म का ही रूपान्तर है, पच्छिम में उस पौधे के समान था, जो कहीं विदेश से लाकर आरोपित किया गया हो। कुछ दिनों तक तो उसने अपने भीतर की शक्ति से बाहर की प्रतिकूल शक्तियों का सामना किया, फिर वह नष्ट हो गयी। विदेशी पौधा उस प्रतिकूल जलवायु में फल-फूल न सका। आज पच्छिमी ईसाई कहलाते हुए भी, ईसाइयत से कोसों दूर हैं। ईसाइयत की दया और अहिंसा का वहाँ कहीं नाम भी नहीं। रोम और यूनान के कवि, दार्शनिक योद्धा तो प्रसिद्ध हैं, पर कोई त्यागी महात्मा था, इसमें सन्देह है। वह भोग-प्रधान संस्कृति थी और राष्ट्र के सभी अंग अधिक से अधिक भोगने के लिए लालायित रहते थे, जिसका परिणाम आपस के संघर्ष के सिवा और हो ही क्या सकता था। भारत में हमें प्राचीनकाल में ऐसे संघर्ष का पता नहीं मिलता। इसका कारण या तो यह हो सकता है कि यहाँ शक्तिशालियों ने दुर्बलों को इतना कुचल डाला था कि उनमें फ़रियाद करने की सामर्थ्य न थी, या यह कि त्याग और सेवा-भाव का इतना प्रसार था कि संघर्ष को पनपने के लिए कोई अवसर ही न मिलता था। देवताओं और असुरों में लड़ाइयों की कथाएँ मिलती हैं, लेकिन वह स्वार्थ का संघर्ष न था, बल्कि सिद्धान्त था। असुर भोगवादी थे, देवता त्यागवादी। देवता जब लड़े आत्मरक्षा के लिए असुरों को परास्त करके उन पर रोब जमाने का भाव कभी उनके मन में न आया। योरोप में इसके प्रतिकूल स्वार्थ का संघर्ष था—गरीबों और अमीरों की, शासकों और शासितों की लड़ाई थी। उसी संघर्ष की छाप पच्छिमी संस्कृति के हरेक अंग पर लगी हुई है। ईसाई धर्म ने कई सदियों तक उस स्वाभाविक मनोवृत्ति को दबाये रखा। अन्त में वह परास्त हो गयी, अतएव योरोप के जीवन में आज जो स्वार्थ का उन्माद है, यह उसकी स्वाभाविक और सनातन मनोवृत्ति है। बार-बार क्रान्ति का होना, उसी स्वार्थमय संघर्ष का परिणाम था।

अगले सप्ताह में हम फिर इस प्रश्न पर विचार करेंगे।

[5 सितम्बर 1932]

जाग्रति-2

पिछले अंक में हमने योरोप के संघर्ष और भारत के अहिंसा और प्रेम की चर्चा की थी। हमारी संस्कृति का मूल तत्त्व अहिंसा है, पच्छिम की संस्कृति का मूल तत्त्व संघर्ष है। यह बात नहीं है कि पच्छिम में अहिंसा भाव का अस्तित्व नहीं, या भारत में संघर्ष कोई अनोखी बात है, लेकिन हमें यहाँ अपवादों से बहस नहीं। पच्छिमी जीवन की नस-नस में, अणु-अणु में संघर्ष भरा हुआ है। उसी तरह भारतीय जीवन के अंग-अंग में अहिंसा और धर्म बसा हुआ है। संसार की विभूतियों पर अधिकार पाने के लिए और उन्हें भोगने के लिए संघर्ष और संग्राम अनिवार्य है। अहिंसा से तो केवल संतोष और त्याग और निवृत्ति का ही विकास होता है। योरोप का विजेता किसी संग्राम में विजय प्राप्त करने के बाद उस विजय से अधिक से अधिक लाभ उठाने का प्रयत्न करता है। यहाँ अर्जुन विजय प्राप्त करके ग्लानि और विराग में डूब जाते हैं, अशोक प्रभुता के शिखर पर पहुँच कर भिक्षु बन जाता है और धर्म के प्रचार में अपना जीवन सार्थक करता है। संघर्ष में गोलबन्दी होती है; अन्यथा एक वर्ग दूसरे वर्ग को चट कर जाय, इसलिए प्रत्येक वर्ग अपना संगठन करता है और अपने स्वार्थों की रक्षा करने के लिए बराबर प्रयत्न करता रहता है। भारत में इस तरह की गुटबन्दी का प्रमाण नहीं मिलता। किसी वर्ग को दूसरे वर्ग से इतना भय न था कि वह अपना संगठन करता। प्रत्येक वर्ग का कार्यक्षेत्र नियत था। उस क्षेत्र के अन्दर वह अपना जीवन व्यतीत करता था। ब्राह्मण, समाज और राष्ट्र का नेता था, इसलिए नहीं कि उसमें धन बल था, या बाहुबल था, इसलिए कि उसमें ज्ञानबल था। वैश्य धन कमाता था; पर उस धन को जनहित में खर्च करता था। मनोवृत्तियाँ कुछ इस तरह की हो गयी थीं कि लोग अधिकारों की अपेक्षा अपने कर्तव्यों का ज्यादा विचार रखते थे। उस वक्त का राजा केवल सिंहासन की शोभा न बढ़ाता था; बल्कि उसे रात-दिन प्रजा के हित की चिन्ता रहती थी। वह नित्य अपने समय का कुछ न कुछ भाग प्रजा का दुख-दर्द सुनने में व्यतीत करता था, जिससे प्रजा में उसके प्रति भक्ति और श्रद्धा का भाव उत्पन्न होता था। जमींदार केवल किसान से लगान वसूल करके चैन न करता था, बल्कि प्रजा के हित की रक्षा करता था। कुएँ और तालाब खुदवाना, अकाल और दुर्भिक्ष के समय प्रजा के लिए अपना सर्वस्य अर्पण कर देना, उसका धर्म था। अवश्य ही लोभी ज़मींदार भी होंगे, लेकिन समाज में वे बदनाम रहते थे और इसलिए उन्हें प्रजा पर अत्याचार करने का साहस न होता था।

इसके विपरीत पच्छिम में स्वार्थ और लोभ का राज है। कलों के आविष्कार ने व्यावसायिकता की एक हवा-सी फैला दी है। यह व्यावसायिकता पच्छिमी सभ्यता का कलंक है। संसार का जितना अहित इस व्यवसायवाद से हुआ है और आगे

होगा, वह अभूतपूर्व है। इसी का यह कुपरिणाम है कि जो लोग अपने घरों में बैठ कर अपना काम करते थे, वे अब मिलों में आकर गुलामी करने पर मजबूर हैं। मिल का स्वामी उनसे अधिक से अधिक काम लेकर कम से कम मजूरी देना चाहता है, और यह संघर्ष यहाँ तक जोर पकड़ गया है कि योरोप के प्रत्येक देश में इसे उखाड़ फेंकने का प्रयत्न ज़ोरों से हो रहा है। रूस ने तो उसे उखाड़ ही दिया, पर अन्य देशों में भी कम या ज्यादा संघर्ष छिड़ा हुआ है। मिलों में थोड़े से मजूर बहुत से आदमियों का काम कर लेते हैं, इसलिए बहुत से लोग बेकार रहते हैं। इस बेकारी को दूर करने के लिए मिलों में ज्यादा माल बनाना पड़ता है और उस माल की खपत के लिए बाजार खोजे जाते हैं। व्यवसायवाद और साम्राज्यवाद इस तरह एक स्थान पर आकर मिल जाते हैं। व्यापारियों को माल की खपत के लिए ऐसा बाजार चाहिए, जहाँ उनका माल बे रोक-टोक बिक सके, इसलिए कुछ देशों को अपने अधीन रखना उनके लिए अनिवार्य हो जाता है। उनका स्वार्थ इसी में होता है कि उस देश में वाणिज्य व्यवसाय की उन्नति न हो, अन्यथा उनके माल की बिक्री में बाधा होगी। यों कहना चाहिए कि वर्तमान शासन व्यापारियों के ही हाथ में है। सरकार उन्हीं के बल पर चलती है। उन्हीं की स्वार्थरक्षा के लिए बड़ी-बड़ी सेनाएँ रखी जाती हैं, खून की नदियाँ बहायी जाती हैं। योरोप का महाभारत इसके सिवाय और क्या था। ओटावा-सम्मेलन इसके सिवा और क्या है। इस व्यावसायिक संस्कृति ने कल-प्रधान राष्ट्रों के लिए लाज़िम कर दिया है कि उनके अधिकार में पराधीन राष्ट्रों की अधिक से अधिक संख्या हो।

इस संघर्ष का सबसे अच्छा उदाहरण वर्तमान पार्टी गवर्नमेंट है। राष्ट्र कई राजनैतिक दलों में विभाजित हो जाता है और जिस दल के प्रतिनिधि अधिक संख्या में होते हैं, उसी के हाथ में शासन आ जाता है। कभी-कभी तो ऐसा हो जाता है कि राष्ट्र की सारी शक्ति उस पार्टी के हाथ में आ जाती है, जिसमें उस राष्ट्र के एक तिहाई चौथाई या इससे भी कम आदमी होते हैं। वहाँ की संघर्षमय मनोवृत्ति किसी ऐसी शासन विधि की कल्पना ही नहीं कर सकती, जिसमें सारा राष्ट्र सम्मिलित हो। कहने को तो बहुमत का शासन होता, पर वह बहुमत में अल्पमत होता है। अगर किसी राष्ट्र में आठ दल हैं और प्रत्येक दल के प्रतिनिधियों की संख्या पचीस ही तक रह जाय, तो जिस दल की संख्या छब्बीस होगी, वह अधिकारी होगा। शेष सातों दल उसका विरोध करके उसे उखाड़ फेंकने की चेष्टा करते रहेंगे। मजा यह है कि ये आठों दल अपने भिन्न भिन्न सिद्धान्तों के आधार पर खड़े होते हैं और अपने ही सिद्धान्तों को देश के कल्याण के लिए उपयोगी समझते हैं। सब के अपने-अपने देश सुधार के प्रोग्राम हैं। एक मरीज़ के आठ चिकित्सक हैं। चाहिए तो यह था कि आठों आपस में सलाह करके रोगी का इलाज करते, लेकिन वहाँ प्रत्येक वैद्य अपने इलाज से रोगी की चिकित्सा करता

है। एक वैद्य भी उसे स्वीकार नहीं करता कि उसके सिवा रोगी की चिकित्सा कोई दूसरा कर सकता है। मरीज़ इस परीक्षा में मरे, या जीये, यह उसकी तकदीर है। एक दल कहता है—अवैध व्यापार से देश का कल्याण होगा। दूसरा कहता है—बिलकुल गलत, इससे देश रसातल को चला जायगा। बाहर से आनेवाली वस्तुओं पर कर लगाना चाहिए। जाहिर है कि दो मतों में एक अवश्य भ्रम मूलक है। दो परस्पर विरोधी चीज़ें समान फल नहीं पैदा कर सकतीं, लेकिन पार्टी शासन में यह ताकत है कि वह विष को भी अमृत बना देता है। गौर करने की बात यह है कि जब राष्ट्र पर कोई संकट आ पड़ता है, तो सभी दलों की अक्ल गुम हो जाती है। और थोड़े दिनों के लिए दलबन्दी स्थगित कर दी जाती है। योरोपीय महाभारत के समय इंगलैंड में किसी एक दल का शासन न होकर संयुक्त राष्ट्र का शासन था। उसने लड़ाई जीत ली। आजकल भी किसी एक दल का शासन नहीं, राष्ट्र के सभी दलों का सम्मिलित शासन है। इस अवसर पर सम्मिलित शासन को वही सफलता होगी या नहीं, कोई नहीं कह सकता। पर, उन महानुभावों के ध्यान में यह बात कभी नहीं आती कि जब सम्मिलित शासन से हम संकटों पर विजय पाने में सफल हो जाते हैं, तो क्या साधारण अवस्थाओं में उससे विशेष उपकार न होगा, लेकिन जिन लोगों की प्रकृति ही झगड़ालू हो, संघर्ष जिनकी घुट्टी में पड़ गया हो, उन्हें सत्य को स्वीकार करने का साहस कहाँ से आये।

[सितम्बर 1932]

बच्चों को स्वाधीन बनाओ

बहुत से लोग यह शीर्षक देखकर ही चौंक पड़ेंगे। वाह! लड़के तो आप ही स्वाधीन होते हैं। वह तो बचपन ही में न पुट्ठे पर हाथ रखने देते हैं, न मुँह में लगाम डालने देते हैं और जहाँ ज़रा समझ आयी क सरपट दौड़ना शुरू कर देते हैं। ज़रूरत है कि उन्हें आज्ञा पालन सिखाओ, बड़ों का अदब करना सिखाओ, संयम सिखाओ। उन्हें स्वाधीन बनाना तो ऐसा ही है, जैसा आग पर तेल छिड़कना।

यह समय है कि लड़के आजकल उसके कहीं ज़्यादा स्वाधीन हैं, जितने कि उनके माता-पिता इस उम्र में खुद थे। इस स्वाधीन प्रवृत्ति को जो नतीजा हो रहा है, उसे देख कर यदि माता-पिता के मन में ऐसी शंका पैदा हो तो कोई आश्चर्य नहीं, लेकिन इसीलिए तो ज़रूरत है कि लड़कों को स्वाधीन बनने की शिक्षा दी जाय। बालक जितना ही बलशाली होगा, उतना ही स्वाधीन भी होगा, लेकिन अभी हम उसे इसकी शिक्षा नहीं देते। अगर युवकों को फ़ौज के लिए भरती किया जाय, तो उन्हें क़वायद सिखाने का ज़रूरत होती है। अगर वे गायक बनना चाहें, तो सम्भव नहीं है, कि बिना सिखाये आप ही आप गाने लग जाएँ, लेकिन यह देखकर भी कि हमारे बालक वृन्द जितने स्वाधीन आज हैं, उतने किसी अतीत काल में न थे। हम उन्हें बचपन से इस समस्या को हल करने की उचित शिक्षा नहीं दे रहे हैं।

थोड़े से शब्दों में, बालक को प्रधानतः ऐसी शिक्षा देनी चाहिए, कि वह जीवन में अपनी रक्षा आप कर सके।

यह तो मानी हुई बात है कि आज के बालक स्वाधीन हैं, और अब किसी के बस की बात नहीं है कि इस दशा को पलट दे। इसके बहुत से कारण हैं—परिवारों का देहातों से निकलकर शहरों में आबाद होना, जहाँ परिचित जनों के दबाव और स्वभाव से लोग मुक्त हो जाते हैं, पुरानी नीति-व्यवहारों का शिथिल हो जाना, जिनका पहले विद्रोही युवकों पर बहुत दबाव पड़ता था। मोटरकार, सिनेमा और समाचारपत्र सब स्वाधीनता की प्रवृत्ति को मजबूत करते हैं।

लेकिन इस पर आँसू बहाने से काम न चलेगा। पुराने ज़माने में जब बड़ों का

हुक्म और अदब मानना समाज का सब से मान्य नियम था और हर एक छोटी जाति अपने से ऊँची जाति के सामने अदब से सिर झुकाती थी, तब बालकों को बचपन ही से अदब करना सिखाया जाता था और उचित भी था, लेकिन आज किसी बाहरी सत्ता की आज्ञाओं को मानने की शिक्षा देना बालकों की सबसे बड़ी ज़रूरत की तरफ़ से आँखें बन्द कर लेना है। युवकों के सामने आज तो परिस्थिति है, उसमें अदब और नम्रता का इतना महत्त्व नहीं है, जितना व्यक्तिगत विचारों और कामों की स्वाधीनता का।

इस नयी शिक्षा का आशय क्या है? आज्ञा-पालन हमारे जीवन का एक अंग है और हमेशा रहेगा। अगर हर आदमी अपने मन की करने लगे, तो समाज का शीराज़ा बिखर जायगा। अवश्य हर एक घर में जीवन के इस मौलिक तत्त्व की रक्षा होनी चाहिए, लेकिन इसके साथ ही माता-पिता की यह कोशिश भी होनी चाहिए, कि उनके बालक उन्हें पत्थर की मूर्ति या पहेली न समझें। चतुर माता-पिता बालकों के प्रति अपने व्यवहार को जितना स्वाभाविक बना सकें। उतना बनाना चाहिए, क्योंकि बालक के जीवन का उद्देश्य कार्य-क्षेत्र में आना है, केवल आज्ञा मानना नहीं। वास्तव में जो बालक इस तरह की शिक्षा पाते हैं, उनमें से आत्म-विश्वास इसका लोप हो जाता है। वे हमेशा किसी की आज्ञा का इन्तज़ार करते हैं। हम समझते हैं कि आज कोई बाप अपने लड़के को ऐसी आदत डालनेवाली शिक्षा न देगा।

दूसरा सिद्धान्त यह है कि माता-पिता को कोई बात खुद न तय करनी चाहिए, बल्कि लड़कों पर ही छोड़ देनी चाहिए। एक बादशाह ने जब अपने बालक को एक अध्यापक को सौंपा, तो यह सलाह दी—जितनी जल्दी हो सके, अपने को बेक़ार बना लेना। हमारा यह कर्त्तव्य नहीं है कि हम सदा अपने लड़कों से अपनी आज्ञाएँ मनवाते रहें, बल्कि उनको इस योग्य बना दें, कि वह खुद अपने मार्ग का अपने आप निश्चय कर लें। युवकों में यह प्रवृत्ति जितनी अधिक होगी, उतनी ही सफल उनकी शिक्षा भी समझनी चाहिए।

तीसरा सिद्धान्त यह है कि गृहस्थी को जनतन्त्र के क़ायदों पर चलाना चाहिए। तजुर्बे से यह बात मालूम होती है कि हम जनतन्त्र पर चाहे कितना ही विश्वास क्यों न रक्खें, हमारे घरों में स्वेच्छाचार ही का राज्य है। घर का मालिक मुसोलिनी या कैसर की तरह डटा हुआ उसे जिस रास्ते चाहता है, ले जाता है और कभी इसका उलटा दिखायी देता है। घर में न कोई क़ायदा है न कोई क़ानून। जो जिसके जी में आता है, करता है, जैसे चाहता है, रहता है; कोई किसी की खबर नहीं लेता। लड़के अपनी राह जाते हैं, जबान अपनी राह और बूढ़े अपनी राह। दोनों ही तरीक़े जनतन्त्र से कोसों दूर हैं—पहले तरीक़े में स्वतन्त्रता का नाम नहीं, दूसरे तरीक़े में जिम्मेदारी का। यह दोनों तरीक़े लड़कों की शिक्षा की दृष्टि से

अनुचित हैं। करना यह चाहिए कि घर के मामलों में शुरू ही से बच्चों की राय ली जाय। छोटा बालक भी—अगर उसको सीधे रास्ते पर लगाया जाय—अपनी जिम्मेदारी को समझने लगता है। जिन लड़कों के साथ माँ-बाप बुरा व्यवहार करते हैं, वे भी उनके साथ सच्चा स्नेह रखते हैं, मगर माँ-बाप उनकी इस प्रकृति को अपने स्वेच्छाचार से कुचल डालते हैं और उसका बुरा नतीजा हम रोज अपनी आँखों से देखते हैं।

हर एक मामूली आदमी को यह जानकर गर्व और आनन्द होता है कि घर में उसका भी कोई स्थान है, वह भी कुछ समझा जाता है। बालक भी इस भाव से खाली नहीं होता। सफल परिवार का सबसे बड़ा रहस्य यह है कि वह इस प्रवृत्ति को व्यवहार में लावे। ऐसा बालक सदैव परिवार के सम्मान की रक्षा करेगा। वहाँ उसे स्वाधीन राय कायम करने का पाठ मिल रहा है। हो सकता है कि इस विषय में कुछ लोगों का कड़वा तर्जुबा हो—युवकों ने परिवार के हित की ओर ध्यान न देकर अपने ही अधिकारों पर जोर दिया हो। अभियान और विलास उनकी राय में आजकल के युवकों में ज़रूरत से ज्यादा मौजूद है, लेकिन यह बालक का दोष नहीं, माँ-बाप का दोष है। बालकों को यह शिक्षा देने के लिए समय, धैर्य, बुद्धि और सहानुभूति की ज़रूरत है। इसका आशय यह है कि बच्चा ज्यों ही आने और पैसे में फ़र्क समझने लगें, उनके हाथ में पैसे दे दिये जायँ, उनका वज़ीफा बाँध दिया जाय और कुमारावस्था में ही उन्हें इस योग्य बना दिया जाय कि वे पैसे का मूल्य समझने लगें और खर्च को आमदनी के अन्दर रखने की आदत सीखें।

हम इन बातों पर ध्यान नहीं देते। कितने ही माँ-बाप तो अपने लड़कों के विषय में उतने ही बेखबर होते हैं जितने अपने तोते या कुत्ते के विषय में। बदमाश और शरीफ बालकों की पारिवारिक स्थिति की परीक्षा ली जाय, तो सिद्ध हो जायगा कि बाल-चरित्र में जो दोष आ जाते हैं, उसका कारण घरवालों की लापरवाही है।

बच्चों में स्वाधीनता के भाव पैदा करने के लिए यह जरूरी है कि जितनी जल्दी हो सके, उन्हें कुछ काम करने का अवसर दिया जाय। आम तौर पर यह समझा जाता है, कि अच्छे माता-पिता का कर्त्तव्य अपनी सन्तानों को कठिनाइयों से दूर रखना है। इसका फल यह है कि ऊँचे खानदानों में लड़के क्रियाहीन हो जाते हैं। जब उन्हें बिना कोई उद्योग किये ही सारी चीज़ें मिल जाती हैं, तो फिर वे काम क्यों करें? हालाँकि विचार शास्त्र का यह एक मोटा सिद्धान्त है कि लड़कों को अपने हाथ से, अपने उद्योग से, कोई काम कर दिखाने में या कोई चीज़ बनाकर खड़ी कर देने में, जितना आनन्द मिलता है, उतना और किसी बात में नहीं। लड़का अपनी कागज़ की नाव पानी में डालकर जितना खुश होता है, उतना बड़े-बड़े विशाल जहाजों को चलते देखकर नहीं होता।

हमारे सुचालित मदरसों में अब इस बात को लोग समझने लगे हैं कि लड़कों को हाथ से कुछ काम कराना अव्वल दर्जे की मानसिक और नैतिक साधना है। हर एक घर में ऐसा होना चाहिए। लड़कों में आत्म-विश्वास उत्पन्न करने का इससे उत्तम कोई साधन नहीं है।

सम्पन्न घरों में अपने हाथ से कुछ करना अपमान समझा जाता है। लड़कों के हर एक काम के लिए नौकर लगे हुए हैं। आने-जाने के लिए मोटरें हैं, उन्हें सैर कराने के लिए खूब साफ़ कपड़े पहिना दिये जाते हैं, और ताक़ीद कर दी जाती है, कि कपड़े मैले न होने पावें। उनके मनोरंजन के लिए सिनेमा है, चित्रशालाएँ हैं, जहाँ उन्हें केवल आँख से देखने की ज़रूरत है, खुद कुछ करना नहीं पड़ता। इससे परतन्त्रता की जो बुरी आदत पड़ जाती है, वह ज़िन्दगी भर साथ नहीं छोड़ती। ऐसे ही विलास में पले हुए युवक हैं, जो अपने स्वार्थ के लिए अपने भाइयों का अहित करते हैं, सरकार की बेजा खुशामद करते हैं।

हम बहुधा लड़कों को कोई नया काम करते देखकर घबड़ा जाते हैं। घड़ी छू रहा है, कहीं तोड़ न डाले! लड़के ने क़लम हाथ में लिया और हाँ, हाँ, हाँ का शोर मचा! ऐसा नहीं होना चाहिए। लड़कों की स्वाभाविक रचनाशीलता को जगाना चाहिए। लड़का खिलौने बनाना चाहे, बेतार का यन्त्र बनाना चाहे, मछली का शिकार करना चाहे, तरकारियाँ पैदा करना चाहे, कपड़े सीना चाहे, बीन बजाना चाहे, नाटकों में अभिनय करना चाहे, या कविता लिखना चाहे, उसे बाधा मत दो। अगर कोई बालक साल के चन्द हफ्ते भी प्राकृतिक शक्तियों के बीच में रहे, दरिया में किश्ती चलाये, मैदान में गाड़ी चलाये या फावड़ा लेकर खेत में काम करे, तो उसे आत्म-विश्वास का जो अनुभव होगा, वह पुस्तकों और उपदेशों से नहीं हो सकता। आश्चर्य तो यह है कि वह लोग भी, जिनकी जवानी कठिनाइयों में गुज़री, अपने बालकों को जीवन-संग्राम को उत्साह बढ़ानेवाला कामों से बचाते हैं।

हम यहाँ यह बतला देना चाहते हैं कि स्वाधीनता से हमारा मतलब क्या है? इसका यह मतलब नहीं है कि हम बिना रोक-टोक जो कुछ चाहें करें और जो कुछ चाहें न करें। इसका मतलब यह है कि बाहरी दबाव की जगह हममें आत्म-संयम का उदय हो। सच्चा स्वाधीन आदमी वही है, जिसका जीवन आत्मा के शासन से संयमित हो जाता है, जिसे किसी बाहरी दबाव की ज़रूरत नहीं पड़ती। बालकों में इतना विवेक होना चाहिए कि वे हर एक काम के गुण-दोष को भीतर की आँखों से देखें।

[अप्रैल 1920]

जाति-भेद : अछूत-समस्या का सन्दर्भ

हरिजनों के मन्दिर-प्रवेश का प्रश्न

एक बार फिर सरकार ने अपने व्यवहार से भारत को एहसान के नीचे दबा दिया है। पूना के समझौते को तत्काल स्वीकार करके उसने सहृदयता का परिचय दिया था और ठीक उस वक्त, जब उसने मौलाना शौकत अली को महात्मा गाँधी से यरवदा में मिलने का अवसर न देकर समस्त भारत में असन्तोष और निराशा का वातावरण उत्पन्न कर दिया था, हरिजनों के उद्धार के विषय में महात्मा जी को लिखा पढ़ी करने और मिलने-मिलाने की अनुमति देकर फिर देश को अनुगृहीत किया है। इतने महान् और युगान्तरकारी आन्दोलन को जेल के अन्दर से संचालित करना कठिन है, यह सभी समझ सकते हैं। और यदि सरकार ने इस अवसर पर महात्मा जी को मुक्त कर दिया होता, तो कहना ही क्या था, लेकिन सरकार ने जो कुछ भी किया है, उसके लिए हम उसके कृतज्ञ हैं।

महात्मा जी ने सबसे पहले हरिजनों के मन्दिर-प्रवेश का प्रश्न लिया है। भारत धर्म-प्रधान राष्ट्र है और आज भी धर्म हमारे जीवन का सबसे महत्त्वपूर्ण भाग है। पढ़े लिखे समाज में चाहे धर्म केवल ढोंग रह गया हो और मन्दिर प्रवेश को चाहे वे एक व्यर्थ-सी बात समझते हों, और वास्तव में समझते भी हैं, लेकिन जनता अभी तक अपने धर्म को और अपने देवताओं को प्राणों से चिपटाये हुए है। उत्तर भारत में तो कुछ देवता ऐसे भी हैं, जिनके पुरोहित हमारे हरिजन भाई ही हैं। जिस गाँव में चले जाइए, चमारों या भरों के पुरवे में आपको किसी नीम के वृक्ष के नीचे दस-बीस मिट्टी के बड़े-बड़े हाथी, लाल रंगे हुए एक जगह रखे हुए मिलेंगे। वहीं एक त्रिशूल भी गड़ा होगा। एक लाल पताका भी पेड़ से बँधी होगी। यह देवी का स्थान है, इस चबूतरे का पुजारी कोई चमार, पासी या भर होगा। वर्णवाले हिन्दू स्त्री-पुरुष बड़ी श्रद्धा से देवी के चबूतरे पर जाते हैं, वहाँ बतासे, धूप-दीप, फूल-माला चढ़ाते हैं। जब वर्णवाले हिन्दुओं को हरिजनों के इन देवताओं की उपासना करने और हरिजनों को अपना पुरोहित बनाने में शर्म नहीं आती—घृणा का भाव तो वहाँ किसी तरह आ ही नहीं सकता—तो हम नहीं समझते कि हरिजनों के हिन्दू-मन्दिरों में आ जाने से कौन-सा अधर्म हो जायगा। डॉ. अम्बेडकर

ने महात्मा जी से इस विषय में मतभेद प्रकट करते हुए कहा है कि अछूतों को मन्दिर-प्रवेश की उतनी जरूरत नहीं हैं, जितनी इस बात की कि साधारण हिन्दू उनसे सज्जनता का व्यवहार करें, और उन्हें अपने बराबर समझें, लेकिन इसका प्रमाण क्या होगा कि हिन्दू किसी अछूत से सज्जनता का व्यवहार कर रहा है। खाने-पीने की सम्मलित प्रथा अभी तक हिन्दुओं में ही नहीं है, अछूतों के साथ कैसे हो सकती है। शहरों के दो-चार सौ आदमियों के अछूतों के साथ भोजन कर लेने से यह समस्या हल नहीं हो सकती। शादी-ब्याह इससे भी कठिन प्रश्न है। जब एक ही जाति की भिन्न-भिन्न शाखाओं में परस्पर शादी नहीं होती, तो अछूतों के साथ यह सम्बन्ध कैसे हो सकता है। ये दोनों ही प्रश्न अभी बहुत दिनों में हल होंगे अर्थात्—उस समय जब हिन्दू-जाति भेद-भाव को मिटा देगी। इस तरह की कैदें ईसाइयों और मुसलमानों में भी हैं। खानदानी मुसलमान कभी अपनी लड़की का विवाह किसी नीचे मुसलमान—धुने जुलाहे, मेहतर—से करना पसन्द न करेगा, चाहे वह कितना ही शिक्षित और धनी क्यों न हो। ईसाइयों में भी कुछ इसी तरह की पाबन्दियाँ हैं। हाँ, इन दोनों मतों के अनुयायी, चाहे किसी श्रेणी या पेशे के हों, बिना किसी रोक-टोक के मसजिदों और गिरजाघरों में जा सकते हैं। भाईचारे या बराबरी का यही एक व्यवहार है, जो अन्य धर्मों में प्रचलित है और इसी एक व्यवहार के हिन्दू-धर्म में न होने से इस धर्म के माथे पर इतना बड़ा कलंक लगा हुआ है।

हिन्दू-समाज में इस विषमता के सब से बड़े समर्थक हमारे शास्त्रोपजीवी लोग हैं। वे अभी तक यही पुरानी लकीर पीटते जाते हैं कि स्मृतियों में कहीं इस तरह की समानता का प्रमाण नहीं मिलता। लेकिन जब बेदान्त कहता है कि सम्पूर्ण बह्मांड में केवल एक आत्मा व्याप्त है, तो उसमें इस तरह का भेद कहाँ से आ सकता है। यह ठीक है कि हरिजनों में अभी बहुत-सी गन्दी आदतें हैं—वे शराब पीते हैं, गन्दा काम करते हैं और मुरदार खाते हैं, लेकिन हिन्दू-समाज ज्योंही उन्हें अपने अन्दर स्थान देगा, ये सारी बुराइयाँ आप ही आप मिट जाएँगी। अभी तो हरिजन समझता है कि वह हिन्दुओं से पृथक् है, वह जो चाहे करे, जो चाहे खाये। इसका उसके ऊपर कोई असर नहीं पड़ता। लेकिन जब वह हिन्दुओं में आदर का स्थान पा जायगा, तो स्वभावतः उसकी रक्षा करेगा।

अतएव मन्दिर प्रवेश का प्रश्न इस समय सबसे महत्त्वपूर्ण प्रश्न है और उसका हल जल्द न किया गया, तो भय है कि महात्मा जी फिर न अनशन शुरू कर दें, क्योंकि महात्मा जी के लिए इस विश्वास को दिल से निकाल डालना असम्भव है कि हिन्दू-शास्त्रों ने अस्पृश्यता का आरोपण किया है। अगर यही हिन्दू-धर्म है जिसका अब उन्हें परिचय मिल रहा है, तो जैसा उन्होंने स्वयं कहा है, उनके लिए जीवन में कोई आनन्द न रह जायगा। देखें, हिन्दू-समाज इसका क्या जवाब देता है।

[14 नवम्बर 1932]

अछूतों को मन्दिरों में जाने देना पाप है

'वाइसराय की सेवा में डेपुटेशन जा रहा है'
वर्णाश्रम स्वराज्य-संघ का आन्दोलन

मंगल के दिन संध्या समय काशी की गर्द-भरी सड़कों पर वह दृश्य देखने में आया, जो हिन्दू-जाति के लिए लज्जाजनक ही नहीं हास्यास्पद भी था। दो-ढाई सौ संस्कृत-पाठशालाओं के छात्र हाथों में लाल झंडे लिये, एक जुलूस के रूप में यह हाँक लगाते चले आ रहे थे—

अछूतों को मन्दिरों में जाने देना, पाप है।

हाँक का पहला अंश एक आदमी के मुख से निकलता था, और दूसरा अंश सैकड़ों कंठों से कोरस के रूप में निकल रहा था, लेकिन उन आवाजों में उत्साह न था, भक्ति न थी, अनुराग न था। ऐसा जान पड़ता था कि जैसे कोई जीर्ण रोगी मृत्युशय्या पर पड़ा हुआ कराह रहा है। जुलूस के पीछे एक जोड़ी थी, जिस पर कई वाचस्पति और मार्तंड फूलों के हारों से लदे, विद्या के निर्जीव भार से दबे, गर्वोन्नत भाव से बैठे हुए थे। विद्या का अभिमान उन्हें धरती पर पाँव न रखने देता था, जैसे कोई सेनापति अपने सैनिकों को पहली पंक्ति में खड़ा करके आप सबके पीछे निश्चिन्त बैठा हुआ हो। या, यों कहिए कि यह महानुभाव उस बरात के दूल्हे थे, जिसे अपने पद की गरिमा जमीन पर पाँव न रखने देती थी। इस नाजुक मौके पर भी जब उनके विचार में हिन्दू-धर्म पर चारों ओर से आक्रमण हो रहे हैं, वे अपनी महानता को नहीं भूल सकते। इधर महात्मा गाँधी को देखिए। साबरमती से डांडी की तरफ प्रस्थान कर रहे हैं। अपने आप हैं, पीछे उनके सिपाही हैं। अपने उत्सर्ग से अपने सैनिकों में उत्सर्ग की शक्ति का संचार करते हुए चले जा रहे हैं इन फीटन-आरोही मार्तंडों में पुरी के एक श्री 108 शंकराचार्य भी थे। इस निवृत्ति की उस प्रवृत्ति से तुलना कीजिए। वह संसार की सबसे महान् शक्ति के सामने, न्याय के बल और आत्मा के विश्वास के साथ, एक जाति के उद्धार के लिए अग्रसर हो रही

है, और यह न्याय को पैरों से कुचलती, आत्मा की आँखों पर परदा डाले हुए, जाति के दलित और पीड़ित अंग को ठोकरें मार रही हैं। फिर क्यों न धर्म का संसार में हरास हो, क्यों न रूसवाले धर्म को अफ़ीम का नशा समझें, क्यों न गिरजे ढाये जायँ, और धर्म को कलंकित करनेवाले इन स्तम्भों को समाज से बहिष्कार कर दिया जाय। विद्या अगर आदमी को उदार बनाती है, उसमें सत्य और न्याय के ज्ञान को जगाती है, उसमें इंसानियत पैदा करती है, तो वह विद्या है—अगर वह अभिमान बढ़ाती है, स्वार्थपरता की वृद्धि करती है तो वह अविद्या से भी बदतर है। ऐसी विद्या से मूर्खता हजार गुनी अच्छी। धर्म का मूल तत्व आत्मा की एकता है। जो आदमी इस तत्त्व को नहीं समझता, वह वेदों और शास्त्रों का पंडित होने पर भी मूर्ख है; जो दुःखियों के दुःख से दुःखी नहीं होता, जो अन्याय देखकर उत्तेजित नहीं होता, जो समाज में ऊँच-नीच, पवित्र-अपवित्र के भेद को बढ़ाता है, वह पंडित होकर भी मूर्ख है।

हमारे पास अंग्रेजी में छपा हुआ, वाइसराय के नाम एक मेमोरियल, वर्णाश्रम संघ का, आया है। उस पर बड़े-बड़े तर्क चूड़ामणियों और विद्यावाचस्पतियों के हस्ताक्षर हैं। वाइसराय से फरियाद की गयी है कि वह हिन्दू मन्दिरों की अछूतों से रक्षा करें। वाह रे मार्तंडो! क्यों न हो, कितनी दूर की सूझी है। अब भी अगर वाइसराय की खुशनूदी का परवाना न मिले, तो यह आप लोगों का दुर्भाग्य है। आपकी सेवा में दूसरे व्यवस्था लेने आया करते थे। आपका फ़तवा बड़े-बड़े मसलों को हल कर दिया करता था और आज आप एक धर्म के विषय को लिये वाइसराय के पास, कुत्तों की तरह दुम हिलाते दौड़े हुए, चले जा रहे हैं। वह आपकी विद्या कहाँ गयी? आप हिन्दू-समाज को अपने तर्कों से, प्रमाणों से, अपने धर्म-ज्ञान से क्यों नहीं उस रास्ते पर लाने में सफल हो रहे हैं। जिसे आप सीधा रास्ता समझते हैं। क्यों आपको इसका विश्वास नहीं है कि हिन्दू जनता आपका समर्थन करेगी? इसलिए कि आप में आत्म-विश्वास नहीं है, स्वार्थ-लिप्सा और अभिमान ने आपकी आत्मा को दुर्बल बना दिया है। यह वही हिन्दू-जाति है, जो आपके चरणों की रज माथे पर लगाकर—अपने को धन्य मानती है, जो आप की बातों को ब्रह्म-वाक्य समझती है, मगर आज आपकी, उसकी नज़रों में, अणुमात्र भी प्रतिष्ठा नहीं है। हो सकता है, थोड़े से अर्धशिक्षित धनवान मारवाड़ियों के दिल में आज भी आपके प्रति श्रद्धा हो, पर जिसे शिक्षित समाज कहते हैं, उसकी नज़रों में आपकी कोई प्रतिष्ठा नहीं है, और कोई सम्प्रदाय शिक्षितों की अवहेलना करके जीवित नहीं रह सकता। हिन्दू समाज की और राष्ट्र की जो वर्तमान अधोगति हो रही है, उसके जिम्मेदार आप ही जैसे लोग हैं, और हिन्दूजाति अब आपके पीछे आँखें बन्द करके चलने को तैयार नहीं। आपने आठ करोड़ हिन्दुओं को मुसलमान बना दिया। यह छह करोड़ अछूत भी आप ही के विद्यावाण के बेधे हुए हैं, क्या हिन्दू-धर्म को संसार से मिटा कर ही दम लेंगे—आपको अपना हित भी नहीं नज़र आता?

क्या मन्दिरों के पुजारियों और मठों के महन्तों से हिन्दू जाति बनी हुई है? पूजा करनेवाले भी रहेंगे, या पूजा करानेवाले ही मन्दिरों को स्थायी रखेंगे?

एक वह जातियाँ हैं, जो दूसरों को अपने में मिलाकर फूली नहीं समातीं। आज एक चमार मुसलमान हो जाय, सारा मुसलिम-समाज उसका स्वागत करेगा, लेकिन यह मेमोरियलबाज़ लोग, जो हिन्दू जाति के रक्षक होने का दावा करते हैं, यह भी नहीं सह सकते कि कोई बाहर का आदमी उनके देवताओं के दर्शन कर सके। अछूत के पैसे तो आप बेधड़क ले लेते हैं, अछूत कोई मन्दिर बनावे, आप दल-बल के साथ जाएँगे, मन्दिर में देवता की स्थापना करेंगे, तर माल खाएँगे—हाँ, अछूत ने उसे छुआ न हो—दक्षिणा लेंगे, इसमें कोई पाप नहीं, न होना चाहिए, लेकिन अछूत मन्दिर में नहीं जा सकता, इससे देवता अपवित्र हो जाएँगे। अगर आपके देवता ऐसे निर्बल हैं कि दूसरों के स्पर्श से ही अपवित्र हो जाते हैं, तो उन्हें देवता कहना ही मिथ्या है। देवता वह है, जिसके सम्मुख जाते ही चांडाल भी पवित्र हो जाय। हिन्दू उसी को अपना देवता समझ सकता है। पतितों का उद्धार करने वाले ठाकुर ही हमारे ठाकुर हैं, जो पतितों के दर्शन-मात्र से पतित हो जायं, ऐसे ठाकुर को हमारा दूर से ही नमस्कार है।

कहा जाता है कि अछूतों की आदतें गन्दी हैं, वे रोज़ स्नान नहीं करते, निषिद्ध कर्म करते हैं, आदि। क्या जितने सछूत हैं, वे रोज स्नान करते हैं, क्या काश्मीर और अल्मोड़ा के ब्राह्मण रोज़ नहाते हैं? हमने इसी काशी में ऐसे ब्राह्मणों को देखा है, जो जाड़ों में, महीने में एक बार स्नान करते हैं। फिर भी वे पवित्र हैं। यह इसी अन्याय का प्रायश्चित है कि संसार के अन्य देशों में हिन्दू-मात्र को अछूत समझा जाता है। फिर शराब क्या ब्राह्मण नहीं पीते। इसी काशी में हजारों मदसेवी ब्राह्मण—और वह भी तिलकधारी—निकल आयेंगे, फिर भी वे ब्राह्मण हैं। ब्राह्मणों के घरों में चमारियाँ है, फिर भी उनके ब्राह्मणत्व में बाधा नहीं आती, किन्तु अछूत नित्य स्नान करता हो, कितना ही आचारवान् हो, वह मन्दिर में नहीं जा सकता। क्या इसी नीति पर हिन्दू धर्म स्थिर रह सकता है? इस नीति के कुफल हम देख चुके, अब सावधान हो जाना चाहिए

हमारी समझ में नहीं आता हम किस मुँह से दावा कर सकते हैं कि हम पवित्र और अमुक अपवित्र है। किसी ब्राह्मण महाजन के पास उसी का भाई ब्राह्मण असामी क़र्ज माँगने जाता है, ब्राह्मण महाजन एक पाई भी नहीं देता, उस पर उसका विश्वास नहीं है। वह जानता है, इसे रुपये देकर इससे वसूल करना मुश्किल हो जायगा। उसी ब्राह्मण महाजन के पास एक अछूत असामी जाता है और बिना किसी लिखापढ़ी के रुपये ले आता है। ब्राह्मण को उस पर विश्वास है। वह जानता है, यह बेईमानी नहीं करेगा। ऐसे सत्यवादी, सरल हृदय, भक्ति-परायण लोगों को हम अछूत के नाम से पुकारते हैं, उनसे घृणा करते हैं, मगर हमारा विश्वास है, हिन्दू-समाज की धार्मिक चेतना जागृत हो गयी है, अब वह ऐसे अन्यायों को सहन न करेगा। राष्ट्रों के जीवन का रहस्य उसकी समझ में आ गया हैं, वह ऐसी नीति का साथ न देगा, जो उसके जीवन की जड़ काट रही है।

[21 नवम्बर 1932]

अस्पृश्यों की महत्त्वाकांक्षा

हमारे पास कलन्त-आश्रम, जफराबाद के हरिजन-सेवक श्री हरिजन दास कलन्त का एक पत्र आया है जिसमें वे यह लिखते हैं, कि, 'आज मैं वर्षों से हरिजनों की सेवा में ही अपना प्राण लगा रहा हूँ। मेरा यह अनुभव है कि हरिजन मन्दिर-प्रवेश के लिए इतने उत्सुक नहीं हैं जितना अपनी आर्थिक दशा को सुधारने के लिए। वे चाहते हैं कि अपने गृह-उद्योग द्वारा वे स्वतन्त्र हो जाएँ। उनकी माली हालत सुधरे। इसलिए हम चाहते हैं कि मशीनरी की उत्पत्ति पर कर लगा दिया जाए। गृह-उद्योग तभी पनपेगा और हम तभी सुखी हो सकेंगे।

'आज' में प्रकाशित श्री परिपूर्णानन्द के 'हरिजनों की सेवा' के कार्यक्रम का समर्थन करते हुए भी, वे लिखते हैं कि हरिजन यही सबसे बड़ी सेवा समझते हैं। कलन्त जी ने हमारे पास महात्मा जी के नाम एक अपील भी भेजी है। यह अपील हरिजनों की ओर से ही है। इसमें लिखा है कि जौनपुर (प्रयाग) में गत रविवार को हरिजनों ने अपनी महती सभा में श्री भगवान सूर्य के सभापतित्व में यह निश्चय किया कि वे उच्च वर्णों के मन्दिरों में नहीं जाना चाहते। इससे विरोध बढ़ता है और विरोध ही मानवी आज़ादी को नष्ट करता है। 'हम इस समय सबसे बड़ी बात जो चाहते हैं वह यह है कि आप (महात्मा जी) हमारी ज़रा भी चिन्ता न कर अपना स्वास्थय ठीक रखें (भगवान सूर्य हमारे दाता हैं)। इस अपील में भी गृह-उद्योग को महत्ता प्रदान की गयी है।

हरिजनों के इन उदार विचारों के लिए हम उन्हें बधाई देते हैं। फिर भी, वे चाहें या न चाहें, हम उन्हें मन्दिर प्रवेश का अधिकार देना ही चाहते हैं। रह गयी गृह-उद्योग की बात। इस विषय में उनके विचारों का हम समर्थन करते हैं। जब उनके पास पैसा होगा तो भोजन—यह ब्राह्मण और भिक्षु-विप्र भी उनको उन्नत मानने लगेंगे।

[23 जनवरी 1933]

मन्दिर प्रवेश और सरकार

हमें तो यह समाचार पढ़कर विश्वास ही नहीं हुआ कि वाइसराय महोदय ने मद्रास कौंसिल में श्रीयुत सुब्बरायन को 'मन्दिर-प्रवेशाधिकार' सम्बन्धी बिल पेश करने का अधिकार नहीं दिया। श्रीयुत सुब्बरायन ने कौंसिल में इस आशय का प्रस्ताव भेजा था कि जितने सार्वजनिक मन्दिर हैं, सबमें सभी जाति के हिन्दुओं के प्रवेश का अधिकार दिया जावे। भारत-सरकार के अस्सी (अ) धारा के अनुसार मद्रास सरकार ने वाइसराय के पास इस बात की स्वीकृति के लिए कि यह कानून पेश करने की इज़ाजत दी जावे या नहीं, इसे भेजा था और 23 जनवरी का संवाद है कि वाइसराय ने स्वीकृति नहीं दी। श्रीयुत रंगाअय्ययर ने एक प्रस्ताव एसेम्बली में पेश करने के लिए भेजा था, जिसके अनुसार "भारत से जाति-पाँति की बाधाएँ एकदम उठा दी जानी चाहिए।" इस प्रस्ताव को पेश करने की इजाज़त मिल गयी है तथा एक महीने की नोटिस की बाधा के अनुसार 23 फरवरी तक यह प्रस्ताव एसेम्बली में विचारार्थ पेश हो जावेगा। मि. एय्यर के प्रस्ताव के समान्तर कई प्रस्ताव मि. एस.सी. मिश्रा, श्रीगया प्रसाद सिंह, श्रीदास आदि के नाम से भी बड़ी कौंसिल में पेश होनेवाले हैं।

वाइसराय ने मद्रास कौंसिल में जिस प्रस्ताव को पेश न होने के आज्ञा दी है, उसका कारण यह है कि यह विषय प्रान्तीय दृष्टि से विचार करने योग्य नहीं है। मद्रास में बहुत से ऐसे मन्दिर हैं, जहाँ बाहर से यात्री दर्शन करने जाते हे। अतः उन मन्दिरों के साथ भारत भर का सम्बन्ध है। इसके अतिरिक्त अभी इस विषय में जनमत बिना जाने सरकार कुछ नहीं करना चाहती। बड़ी कौंसिल में जिस बिल को पेश होने की इजाजत दी गयी है वह अधिक व्यापक है तथा उसमें प्रान्तीय संकुचितता नहीं है। इसके अतिरिक्त बड़ी कौंसिल में भी, सरकार, इस बात की पूरी चेष्टा करेगी, कि काफी समय तक इस पर विचार करने के बाद हिन्दूमत संगठित हो सके। इसके अलावा, वाइसराय की यह भी घोषणा है कि एक प्रस्ताव पेश होने की इज़ाज़त देकर और एक को न देकर सरकार अपने को किसी पक्ष या विपक्ष का नहीं व्यक्त करना चाहती। वही किया जा रहा है, जो उचित था।

इस विषय में, प्रथम इसके कि हम अपनी राय ज़ाहिर करें, 'लीडर' पत्र के दिल्ली-स्थिति विशेष संवाददाता का इस 'वाइसरायी फ़रमान' पर विचार दे देना उचित होगा। उस निर्भीक संवाददाता के मतानुसार सरकार अस्पृश्यता निवारण आन्दोलन को काँग्रेस की एक राजनैतिक चालबाज़ी समझती है तथा उसके विचार में अस्पृश्यता निवारण का शोर मचाकर काँग्रेस अछूतों को अपने पंजे में कर, कौंसिलों में उनको अपने साथ रखने की चाल खेल रही है। वाइसराय के मन्दिर-प्रवेश बिल की नामंजूरी का यही रहस्य है। रंगा ऐय्यर के बिल को अधिक निर्दोष समझा गया है क्योंकि उसमें केवल 'जाति-प्रथा' के विरुद्ध ही नियम बनाया गया है। वाइसराय जानते हैं कि यदि वे मद्रास के बिल को नामंजूर करेंगे तो उनको दुनिया भर बुरा कहेगा, यदि स्वीकार कर लेंगे तो काँग्रेस की चाल सफल हो जावेगी, इसलिए रंगाऐय्यर के निर्दोष बिल को इजाजत दी गयी है कि बदनामी बची रहे, पर सरकार जानती है कि बड़ी कौंसिल में उनकी जितनी शक्ति है, उससे वे कमेटी आदि में बिल को भेजकर एक वर्ष या छह महीने तक डाले रहेंगे। इसका फल यह होगा कि इतना समय बीत जाने पर काँग्रेस की राजनैतिक चाल असफल हो जावेगी। आगे जो उचित समझा जावेगा, किया जावेगा।

इस भीतरी बात के उद्घाटन के बाद हम अपनी ओर से और क्या मिलावें। इस आर्डिनेन्स के युग में, स्पष्ट वक्ता होना भी पाप है। पर हम इतना तो कह ही सकते हैं कि यदि लीडर के संवाददाता का अनुमान सत्य है तो इसके साथ ही यह भी कल्पना की जा सकती है कि सरकार यह देख रही है कि मन्दिर-प्रवेश के सम्बन्ध में मूढ़ सनातनियों का एक भाग गाँधी जी के तथा काँग्रेस के विरुद्ध होकर सूर्य पर थूकने का प्रयास कर रहा है। काँग्रेस हिन्दुओं की ही संस्था-सी रह गयी है। अतएव सरकार सोचती है कि मन्दिर-प्रवेश की समस्या में जड़वादियों का साथ देने से वह मूढ़ सनातनियों का सहयोग प्राप्त कर लेगी तथा इस प्रकार काँग्रेस में भी गहरी फूट पैदा हो जावेगी। किन्तु, यह सरकार का भ्रम है। हम बार-बार लिख चुके हैं कि दो एक ऐसे नगरों को छोड़कर जहाँ मुफ्त में भोजन मिलता है और कहीं ऐसे सनातनी नहीं हैं जो हरिजनों को मन्दिर प्रवेश न करने देना चाहते हों या गाँधी जी के विरुद्ध हों। वाइसराय की अस्वीकृति से जनता को ही नहीं, संसार को यह प्रकट हो गया कि काँग्रेस हो या जनता हो, वह हरिजनों की अधिक हितचिन्तक है, सरकार ही प्रगति में बाधा डाल रही है। वाइसराय के पास जहाँ करोड़ों हिन्दुओं की यह प्रार्थना भेजी जा चुकी है कि मन्दिर प्रवेश सम्बन्धी कानून विचारार्थ पेश होने दें, वही कुछ मुट्ठी भर सनातनियों की विरोधी आवाज़ को यह महत्त्व देकर, यह कहना कि अभी लोकमत नहीं मालूम हुआ है, सरकार पहले पूरी जाँच करना चाहती है, अपने को तथा अपनी आत्मा को धोखा देना है तथा वाइसराय ऐसे उच्च पदाधिकारियों को शोभा नहीं देता।

वाइसराय जिस बात को ''नहीं'' कहते हैं, उसे वे ''हाँ'' नहीं कहते। अतः मद्रास का बिल पास तो हो गया। अब देखना है कि बड़ी कौंसिल में क्या बाधा पेश की जाती है। इस ग़लत नीति से सरकार के प्रति बहुमत का असन्तोष तो बढ़ेगा ही, इसके साथ ही, मूढ़ सनातनियों के हर्ष से जनता और भी क्षुब्ध हो उठेगी। परद्रव्यजीवी चाहे जितना भी धर्म-ध्वजी, सनातनधर्म की जान बनें, जनता इनके रहस्य को जानती है, और बिल हो या न हो, वह महात्मा जी के कथनानुसार हरिजनों की सेवा का पूरा कार्य करेगी, और सरकार भी सहयोग न दे तो क्या, सुधारक तो अपना काम पूरा करेंगे ही।

[30 जनवरी 1933]

महात्मा जी का व्रत

महात्मा गाँधी ने 8 मई से इक्कीस दिन का व्रत रखने का निश्चय किया है और उनके निश्चय कितने अटल होते हैं, यह हम सभी जानते हैं। हरिजनों के उद्धार के विषय में जब उन्होंने अनशन किया था, उस समय उन्होंने कहा था—यदि आवश्यकता हुई तो वह फिर व्रत रखेंगे। पर वह आवश्यकता इतनी जल्द आ जायगी, यह हमारा अनुमान न था। इसके पहले दोनों व्रतों का विशेष उद्देश्य था। उस उद्देश्य के पूरे होते ही उन व्रतों का अन्त हो गया। उन अवसरों पर जनता को अधिक कार्यशील होने की उत्तेजना मिली थी। वह जानती थी, उसे क्या करना है। अगर हिन्दू-मुसलिम एकता की समस्या थी, तो उस समस्या को हल करने में अपनी तत्परता दिखाकर; यदि हरिजनों के मताधिकार का प्रश्न था तो वह अधिकार स्वीकार करके, वह व्रत का अन्त कर सकती थी। उसे अपना लक्ष्य सामने नज़र आता था; पर यह व्रत उसके काबू से बाहर है। यह अपनी पूरी अवधि भर चलेगा, तत्परता या संगठन या सच्चाई का प्रमाण इसे नहीं तुड़वा सकता।

जहाँ तक हमें ज्ञान है, इस बीच में दृश्य रूप से ऐसी कोई बात नहीं, जो इस व्रत का कारण कही जा सके। हरिजनों के उद्धार का काम समस्त देश में हो रहा है। उन्हें गन्दे मकानों से निकालकर स्वच्छ मकानों में रखने की, उनसे मेल-जोल बढ़ाने की कोशिश बराबर हो रही है। शिक्षित समाज अपनी पुरानी गलतियों को सुधारने में लगा हुआ है। उच्च कुल के व्यक्ति पंजे और झाड़ू लिये गलियों और पाखानों की सफाई कर रहे हैं, काँग्रेस का प्रोग्राम एक प्रकार से स्थगित हो गया है और उसकी अधिकांश शक्ति अछूतोद्धार के काम में रत है। यद्यपि यह यथार्थ है कि अभी जो कुछ हो रहा है उसमें दिखाने का भाव ही प्रधान है, और दिलों की सफाई का महात्मा जी शब्दों में, आत्म-शुद्धि, अभी बहुत दूर की बात है; पर इसमें सन्देह नहीं है कि मकान की नींव पड़ गयी है और इस प्रश्न में जनमत को अपनी ओर खींच लिया है। सनातन-धर्म के अनुयायियों में भी ऐसे बहुत थोड़े सज्जन रह गये हैं, जो हरिजनों के उत्थान का महत्त्व न समझते हों; राजनैतिक महत्त्व नहीं, धार्मिक और आध्यात्मिक महत्त्व। नगरों में सनातनी भाइयों के जुलूस निकलते हैं;

पर जनता उनकी उपेक्षा करती है, उन पर तालियाँ बजाती है। हिन्दुत्व अब कहीं नज़र आता है, तो गुंडों में, जो कभी-कभी हरिजन-समाजों में विघ्न डालने की चेष्टा करते हैं; पर मुँह की खाते हैं। फिर हम जैसे सांसारिक बुद्धि के प्राणी इस व्रत का मर्म क्या समझ सकते हैं। हाँ, महात्मा जी के इन शब्दों से, जो उन्होंने एक प्रेस-प्रतिनिधि के एक प्रश्न के जवाब में कहे, हम उस विषय में कुछ क़यास अवश्य दौड़ा सकते हैं–

"मेरे इस निश्चय का दायित्व किसी एक व्यक्ति पर नहीं; पर निस्सन्देह यह बहुत दिनों से होनेवाली घटनाओं का परिणाम है। यह बात नहीं है कि मैं पहले अन्धा था। वे मूक और अज्ञात भाव से मेरे मन को प्रभावित करती चली जाती थीं।"

तो क्या व्रत का कारण बंगाल के हिन्दुओं को पूने के समझौते से विरोध है? या यह उन पत्रों का असर है, जो महात्मा जी के पास पहुँचते रहे हैं और जिनमें वह आक्षेप किया जाता रहा है कि यह महात्मा जी की राजनैतिक चाल है। महात्मा जी कहते हैं–

"जब राष्ट्र में सुधार का कोई बृहद् आन्दोलन होने लगता है, तो उसे अधिक गतिवान और पवित्र बनाने के विचार से लोग उपवास करते हैं।"

आगे आपने यह भी कहा है–

"किसी धार्मिक आन्दोलन की सफलता उसके अनुयायियों की बौद्धिक क्षमता पर नहीं, वरन् पूर्ण रूप से आध्यात्मिक साधना पर अवलम्बित होती है। व्रत उन साधनों का सबसे बड़ा सहायक है।"

इन वाक्यों की गम्भीरता सर्वमान्य है। महात्मा जी ने हमेशा अपनी भूलें स्वीकार की हैं। उनका बड़प्पन बहुत कुछ उनके इस सत्य-प्रेम ही के कारण है। वह अब भी अपनी भूल स्वीकार करने को तैयार हैं, यदि कोई उन्हें यह विश्वास दिला दे कि वे भूल कर रहे हैं। पर हमें तो ऐसा आदमी नज़र नहीं आता, जो महात्मा जी को उनकी भूल का विश्वास कराये। हमें तो अपने कर्त्तव्य पर दृढ़ रहना चाहिए। महात्मा जी को इस कठिन परीक्षा में हम जो सहायता दे सकते हैं, वह यही है कि स्वयं आत्म-शुद्धि का यत्न करें। महात्मा जी शब्दों में कहें या न कहें, पर यह स्पष्ट है कि वह उद्धार की वर्तमान प्रगति से असन्तुष्ट हैं, और उसे अधिक सजीव बनाने का साधन उनके पास केवल यही है कि राष्ट्र की आत्मा शुद्धि का संचार करें, और इसका साधन अपनी आत्म-शुद्धि के सिवा और क्या हो सकता है। महात्मा जी उन लोगों में नहीं हैं, जो दूसरों पर जिम्मेदारी रखकर आप सन्तुष्ट हो जाएँ। वह आत्मा की व्यापकता को अनुभव कर चुके हैं और उसी शक्ति से हम निर्जीव अकर्मण्यता पर विजय पा सकते हैं। हमारी ईश्वर से यही प्रार्थना है कि सद्‌बुद्धि और प्रकाश दें।

[8 मई 1933]

मन्दिर प्रवेश और हरिजन

महात्मा जी के व्रत तथा तप का एक बहुत बड़ा कारण यह भी है कि हरिजनों को मन्दिर-प्रवेश का अधिकार एक प्रकार से शून्य के बराबर मिला है। लाखों मन्दिरवाले इस महादेश में, कुछ मुट्ठी भर और केवल साधारण मन्दिर ही ऐसे हैं, जहाँ वे दर्शनार्थ जा सकते हैं। हम स्वयं किसी भी तर्क द्वारा यह बात समझ नहीं सकते कि हाड़-मांस की देहवाला, हिन्दू-धर्म पर अभिमान करनेवाला कोई हरिजन काशी विश्वनाथ या किसी वैसे ही पवित्र मन्दिर में क्यों नहीं प्रवेश पा सकता, जब कि स्थान-स्थान पर मल-मूत्र विसर्जन करनेवाला साँड़ मन्दिर में दर्शनार्थियों पर सींग चलाता हुआ स्वच्छन्दता-पूर्वक घूम सकता है! इस प्रकार की हठधर्मी का अब युग नहीं है और उच्च वर्णवालों को ईश्वर को भी अपनी 'स्त्री के समान अपनी ही वस्तु' समझने की मूर्खता का परित्याग करना चाहिए।

पर, इसके साथ ही, किसी भी तर्क द्वारा हम यह नहीं समझ सकते कि अस्पृश्यता निवारण-आन्दोलन में मन्दिर-प्रवेश को एक अनिवार्य स्थान क्यों दिया जा रहा है। समय की जैसी प्रगति है, पर मन्दिरों की इस समय जैसी दशा है, उसे देखकर तो यही कहना पड़ेगा कि हमारे हिन्दू-मन्दिर भोग और प्रसाद, पुरोहित और पंडे, ईश्वर के नाम पर व्यभिचार तथा दुराचार करनेवाले स्वार्थी और लोलुप—दर्शन करने जानेवालों से यह पहला प्रश्न करने वाले कि पैसा चढ़ाओ—पामरों के अड्डे मात्र हैं। मन भर दर्शन नहीं करने पाइएगा कि पुजारी भी पैसा चढ़ाओ कि रट लगा देंगे। जी-भर भगवान के रूप का ध्यान भी न कर पाइएगा कि चार-पाँच आदमी जबर्दस्ती आपके सर में चन्दन-सिन्दूर-रोली रगड़ने लगेंगे और पैसा माँगते-माँगते आपकी टेंट भी टटोलना शुरू कर देंगे। हमने भगवान को मनौती से, घूस से, पैसे से, दक्षिणा से प्रसन्न होनेवाला स्वार्थी बना रखा है। पग-पग पर हम पैसा देकर मुक्ति, नजात तथा स्वाधीनता खरीदना चाहते हैं। यह हमारा धर्म है, भक्ति है, अनुराग है। ऐसी दशा में मन्दिरों की इतनी महत्ता व्यर्थ की है। हम मूर्ति-पूजा के विरोधी नहीं, टका-पूजा के शत्रु हैं।

हरिजनों के मन्दिर-प्रवेश के शत्रु अधिकांशतः वे लोग हैं, जो उनकी दरिद्रता को उपहास की, मजाक की वस्तु समझते हैं, जो यह जानते है कि इन दरिद्रों के मन्दिर जाने न जाने से विशेष लाभ या हानि नहीं होती है। महात्मा जी के उपवास से देश में हरिजन आन्दोलन की बाढ़-सी आ गयी है, पर हरिजन सेवा का कार्य अवश्य बढ़ गया है। कार्यकर्त्ता वही पुराने हैं और, हमें खेद के साथ लिखना पड़ता है कि महात्मा जी के व्रत के दिनों में भी हरिजनों के लिए मन्दिरों का द्वार खुलने की संख्या नगण्य-सी है।

एक ओर विश्व की विभूति अपने प्राणों की बाजी लगाकर समाज के एक परित्यक्त अंग की रक्षा करने की तपस्या कर रही है—और दूसरी ओर हमारे धर्म तथा देवताओं के ठेकेदार अपनी जड़ता, अहम्मन्यता तथा अकड़ पर दृढ़ हैं। ऐसी दशा में जो होना था, उसी के लक्षण दीख पड़ रहे हैं। गाँधी जी ने स्वयं सलाह दी थी कि यदि हरिजनों के लिए मन्दिरों के द्वार अन्य किसी प्रकार से न खोले जा सकेंगे तो सत्याग्रह की शरण लेनी पड़ेगी। गाँधी जी के लिए सत्याग्रह ही पवित्र तथा अन्तिम अस्त्र है, जिससे अन्याय का प्रतिकार किया जा सकता है। पर, साधारण व्यवहार में इस अस्त्र से बड़ी कटुता उत्पन्न होने की सम्भावना है और 'साम्प्रदायिक-युद्ध' तथा 'वर्ग-युद्ध' की भयंकर आँधी में देश के जर्जर होने जाने की आशंका है। पर, इस समय कट्टर-पंथियों की जड़ता देखकर, ऐसा लक्षण प्रकट हो रहा है कि सुधारक मन्दिरों के बहिष्कार तक का आन्दोलन करने का विचार कर रहे हैं। बम्बई के 'फ्री प्रेस जर्नल' में इस विषय में एक छोटा-सा विचारणीय लेख प्रकाशित हुआ है। लेखक के शब्दों में...

"मन्दिरों के द्वार खोलने के विषय में जनता की ओर से तत्परता के अभाव का जो कुछ कारण हो, जो लोग हरेक प्रकार के छुआछूत को दूर करना चाहते हैं, उनको किसी प्रभावशाली रूप में यह दिखलाना पड़ेगा कि उनका उन मन्दिरों के साथ कोई सम्पर्क नहीं है, जो अपना द्वार हरिजनों के लिए बन्द रखते हैं। महात्मा जी ने स्वयं इस विचार पर जोर दिया है। महात्मा जी ने हरिजन-सेवक-समिति के इस विचार को स्वीकार किया है कि वे इस बात को भी अपने छुआछूत-निवारक कार्यक्रम का एक अंग बना लें। यह अवश्य है कि इस प्रकार का कोई कार्य करने के पहले पूरी तरह से सचेत कर देना चाहिए। ऐसे कार्य का अर्थ होगा मन्दिर का बहिष्कार; पर इस बहिष्कार से लोकेच्छा के प्रवाह का पता चलेगा। विशेषकर उस स्थान के लोगों की इच्छा का पता चलेगा, जहाँ अधिकांश मन्दिर जानेवाले यह अनुभव करते हैं कि ऐसे मन्दिर में दर्शनार्थ जाना अधार्मिक है जो उसी मूर्ति के पुजारी हरिजनों को दर्शनार्थ नहीं जाने देते।"

लेखक चाहता है कि उपवास के दिनों में ही ऐसा सत्याग्रह शुरू हो जाता; पर हर्ष का विषय है कि इस दिशा में इतनी जल्दी नहीं की गयी। यह एक गम्भीर

समस्या है और इसे अन्तिम अस्त्र बनाना चाहिए। किन्तु धर्म के ठीकेदार, भिक्षावृत्ति से जीनेवाले, क्षेत्र में भोजन कर, मुफ्त का माल मारकर, दुराचार तथा अनाचार से पेट की रोटी चलाकर, आडम्बर पाखंड स्वार्थ तथा पैसे की पूजा करनेवाले क्या अब भी सचेन न होंगे? बहिष्कार बड़ी भयंकर, बड़ी कठोर, बड़ी भयावह वस्तु है। इसका सामना करना साधारण बात नहीं है। खीझकर सुधारक-समुदाय अब बहिष्कार की बात सोच रहा है। अतः हम मन्दिरों के संचालकों से, यदि उनमें असली धार्मिकता अवशिष्ट है, उस धार्मिकता से नेकनीयती तथा सच्चाई के नाते यह अनुरोध करते हैं कि अब दम्भ छोड़ दें और समय के साथ चलना सीखें। देश को भावी धार्मिक उत्क्रान्ति से बचा लें, अन्यथा अनर्थ हो जाने की सम्भावना है।

हमारे इस अंक के प्रकाशित होने तक पर्णकुटी के तपस्वी का व्रत भी सकुशल समाप्त हो जावेगा। यह राष्ट्र के लिए एक आनन्द का, पर्व का, त्यौहार का दिन होगा और इसी दिन यह सिद्ध हो जायगा कि मुफ्त का मालपुआ खाकर पेट भरनेवाला पुरोहित हमारा असली धार्मिक नेता नहीं है; पर अपना हाड़-चाम निचोड़नेवाला गाँधी ही भारत का असली धार्मिक नेता है। वह हमारा धार्मिक नेता है—और उसके उपवास के पूरा होने के दिन हमारे जड़ सनातनी अपने दम्भ को फेंक देने का महान् कार्य खूबसूरती तथा सफ़ाई के साथ कर सकते हैं।

धार्मिक विचार जो कुछ भी हो, समय एक बलवान् वस्तु होती है। और हमारी तो यही सलाह है कि समय की महत्ता को स्वीकार करना ही सबसे बड़ी बात है।

[29 मई 1933]

स्त्री प्रश्न : कुछ टीपें

नारी जाति के अधिकार

यों तो भारतीय नारी सदैव कुलदेवी समझी गयी है और उसे समाज में पुरुषों से ऊँचा पद प्राप्त है किन्तु अन्यान्य कारणों से, जिनकी विवेचना करने का यह अवसर नहीं है, उसका स्थान गौण हो गया था। वह मन्दबुद्धिता जिसने एक ओर पराधीनता की बेड़ी पाँव में डाली, दूसरी ओर नारी जाति पर मनमाने अत्याचार करती गयी। ऊँच-नीच का ऐसा संक्रामक रोग फैला, कि उसने समाज को ही छिन्न-भिन्न कर दिया। बल्कि स्त्री-पुरुष में भी भेद डाल दिया। पुरुषों ने नारी जाति के स्वत्वों का अपहरण करना शुरू किया, लेकिन राष्ट्रीयता और सद्बुद्धि की जो लहर इस समय आयी हुई है, वह इन तमाम भेदों को मिटा देगी और एक बार फिर हमारी माताएँ उसी ऊँचे पद पर आरूढ़ होंगी जो उनका हक है। भारत अपनी माताओं का सदैव भक्त रहा है। मातृ-पूजा उसके धर्म का एक मुख्य अंग है। क्या आज अपनी माताओं द्वारा विजयी होकर वह नारी-जाति के स्वत्वों को स्वीकार न करेगा? भारत के पतन-काल में जब पुरुषों को अपने ही ऊपर विश्वास न था, वह स्त्रियों पर क्या विश्वास करते; पर इस एक वर्ष के सत्याग्रह-संग्राम ने सिद्ध कर दिया कि भारत की देवियाँ अब भी धर्म और कर्त्तव्य की वेदी पर अपने को होम कर सकती है। यदि पुरुषों को अब भी उन पर शासन करने का उन्माद हो तो उसे शीघ्र से शीघ्र दूर कर देना चाहिए, क्योंकि वह चाहे दें या न दें, देवियाँ अपने स्वतत्वों को लेकर ही रहेंगी। उन्हें हर एक विषय में पुरुषों के समान अधिकार होना चाहिए और इसका निर्णय देवियों ही पर छोड़ देना चाहिए कि वे अपने हितार्थ जो स्वत्व चाहे ले लें। हमारे विचार में निम्नलिखित विषयों पर नारियों को असन्तोष है और इस असन्तोष को देवियों के इच्छानुसार ही शमन करना पड़ेगा–

1. विवाह का नियम स्त्री-पुरुष दोनों ही के लिए समान रूप से लागू हो। कोई पुरुष पत्नी के जीवन-काल में दूसरा विवाह न कर सके।
2. पुरुष की सम्पत्ति पर पत्नी का पूरा अधिकार हो। वह उसे रेहन-बय जो कुछ चाहे कर सके।

3. पिता की सम्पत्ति पर पुत्रों और पुत्रियों का समान अधिकार हो।
4. तलाक का कानून जारी किया जाय और वह स्त्री-पुरुष दोनों ही के लिए समान हो।
5. तलाक के समय स्त्री पुरुष की आधी सम्पत्ति पाये और यदि मौरूसी जायदाद हो, तो उसका एक अंश।

[फरवरी 1931]

भारतीय महिलाओं में नवीन जाग्रति

भारतीय महिलाओं ने अपने कार्यक्रम से सिद्ध कर दिया है, कि वे समाज के क्षेत्र में पुरुषों से कितनी आगे निकल गयी हैं। विशेष कर जिन बन्धनों से पुरुषों ने उन्हें जकड़ रखा था और उन पर शासन करते थे, उन बेड़ियों को तोड़ फेंकने के लिए वह बहुत विकल हो रही हैं। शारदा-बिल से मुसलमानों की एक बड़ी संख्या को तो आपत्ति है ही, हिन्दुओं में भी कुछ ऐसे पुरुष हैं, जो उनका विरोध करते हैं, पर स्त्रियों ने जिनमें मुसलमान स्त्रियाँ भी शामिल हैं, एक स्वर से इस बिल का स्वागत किया है। तलाक का बिल अभी कानून का रूप नहीं धारण कर सकता और हिन्दू पुरुषों में अभी इस समस्या पर बहुत मतभेद है, पर हिन्दू महिलाएँ उस पर एक महिला-सम्मेलन में ज़ोर देती हैं। राजनैतिक क्षेत्र में भी महिलाओं ने अपने परिष्कृत सद्विचार का परिचय दिया है। वे सार्वजनिक निर्वाचनाधिकार चाहती हैं, जायदाद या शिक्षा की कोई कैद उन्हें पसन्द नहीं, और राष्ट्रीय एकता का तो जितने जोरों से स्त्रियों ने हरेक अवसर पर समर्थन किया है, उस पर बहुमत से हिन्दू और मुसलमान पुरुषों को लज्जित होना पड़ेगा। जिन महानुभावों को हमारी देवियों की विचारशीलता पर सन्देह था उन्हें सब अपने विचारों में तरमीम करनी पड़ेगी। भारतीय महिलाओं ने घर की चारदीवारी के अन्दर जिस तरह अपनी दक्षता प्रमाणित की है, उसी तरह राष्ट्र के विस्तृत क्षेत्र में वे पुरुषों से आगे रहेंगी।

[दिसम्बर 1932]

विधवाओं के गुज ारे का बिल

श्री हरिविलास शारदा ने अपनी सामाजिक सेवा से भारत के इतिहास में अमर पद प्राप्त कर लिया है। अब उन्होंने हिन्दू-विधवाओं के गुज़ारे का बिल असेम्बली में पेश करके समाज की जो सेवा की है, उसके लिए समाज को उनका कृतज्ञ होना चाहिए। हिन्दू समाज के पतन का मुख्य कारण अगर जाति भेद है तो विधवाओं की दुर्दशा भी उसका खास सबब है। वही स्त्री जो पति के जीवन-काल में घर की स्वामिनी थी और जिसने उस गृहस्थी के निर्माण में पति के साथ सारी कठिनाइयाँ झेलीं, पति के मरते ही अनाथ हो जाती है। उसी की गोद के लड़के उससे आँखें फेर लेते हैं और उसकी जो दुर्गति होती है, वह हम नित्य अपनी आँखों देखते हैं। उसे केवल अपने लड़कों या पति के बन्धुओं की दया का अवलम्बन रह जाता है। पति की छोड़ी हुई सम्पत्ति पर उसका कोई अधिकार नहीं रह जाता। अगर सम्मिलित परिवार है, तब तो उसकी दशा और भी शोचनीय हो जाती है। वह स्वामिनी से लौंड़ी हो जाती है और सारे घर की सेवा करके अपने जीवन के दिन काटती है। इस दशा में कितनी ही घर से निकल जाती हैं, कितनी अपमान और कठिनाइयों से तंग आकर पतिता हो जाती हैं। यह बिल विधवाओं को अपने पति की सम्पत्ति में कानूनी अधिकार देने के लिए बनाया गया है। आज हमारी समझ में ऐसा शायद ही कोई शिक्षित व्यक्ति हो जो इस बिल का विरोध करे, लेकिन कट्टर सम्प्रदाय के महानुभावों से हमें शंका है, जिनकी संख्या असेम्बली में कम नहीं है, वरना अछूतों को मन्दिर प्रवेश बिल अब तक कब का पास हो चुका होता। शायद उनकी ओर से इस आधार पर विरोध किया जाय कि विधवा सम्पत्ति पाकर उसे अपने मैकेवालों को दे देगी, या कोई उलझन पैदा की जा सकती है, पर इन महानुभावों से हमारा यही निवेदन है कि यदि आप हिन्दू समाज के हितचिन्तक हैं, तो इस बिल में रोड़े न अटकाइए। अगर पुरुष सम्पत्ति का जिस तरह चाहे उपयोग कर सकता है, तो स्त्री को क्यों उस अधिकार से वंचित किया जाय। जब

सम्पत्ति पर उसका कानूनी अधिकार हो जायगा तो उसके लड़के अथवा बन्धु सभी उसका आदर करेंगे और किसी को उसकी मर्ज़ी के ख़िलाफ़ कोई काम करने का साहस न होगा। औरत मैके की ओर तब भागती है, जब ससुराल में कोई बात नहीं पूछता। जब ससुराल में उसे आदर और रक्षा मिलेगी तो वह मैके क्यों जाने लगी। जो कुछ भी हो, इस समय हमारा सामाजिक धर्म यह है कि शास्त्रों और स्मृतियों की शरण लेकर इस बिल को रद्द कराने की चेष्टा न करें। विधवाओं के साथ समाज ने बड़ा अन्याय किया है, और अन्याय को पालकर कोई समाज सरसब्ज़ नहीं हो सकता।

[अक्तूबर 1933]

क्या स्त्रियों का पाजामा पहनना जुर्म है?

यों तो काले-गोरे का भेद इस संसार में सभी जगह मौजूद है, यहाँ तक कि इंगलैंड और फ्रांस तक में भी कालों का अपमान होता रहता है, लेकिन यह मरज दक्षिण अफ्रीका में बड़े जोरों पर है और शायद बढ़ता जा रहा है। खबर है कि किसी हिन्दुस्तानी स्त्री को गोरी औरतों की देखा-देखी पाजामा पहनने का शौक चर्राया, लेकिन काली औरत गोरी औरतों की नकल करने का साहस करे—यह बात वहाँ के मजिस्ट्रेट साहब को नागवार गुजरी। इस स्त्री पर मुकदमा चलाया गया और उसे जुर्माने की सजा दी गयी। यहाँ देहातों के बाज़ गँवार ठाकुर किसी शुद्र को कुर्ता टोपी पहने देखकर जामे से बाहर हो जाते हैं और उसकी अच्छी तरह मरम्मत करते हैं। मगर वे बेचारे ठाकुर मूर्ख हैं। वहाँ शिक्षित मजिस्ट्रेट एक महिला को मेमों की नकल करने के जुर्म में सजा देता है! क्या वह भी इतना ही उजड्ड नहीं है? हमें तो उस काली देवी की कुरुचि पर दया आती है, जो साड़ी ऐसी लोचदार चीज़ को छोड़कर पाजामा पहनने चली। जबसे हिटलर के जर्मनी में आर्यत्व की ओर अपनी संस्कृति को विशुद्ध रखने की नयी नीति निकाली है, तब से काले-गोरे का भेद शायद और भयंकर हो गया है।

[मई 1934]

❑❑